『**삼국유사**』, 승려를 따라 찾은 이야기

저자 소개

김호림 金虎林

중국 연변의 대학을 졸업하고 북경의 방송국에서 근무하고 있다. 전설과 명인, 유적을 답사, 취재하고 역사를 참선, 기록을 공유하고자 열심히 글을 쓰고 있다. 연변 고구려의 유적, 연변의 옛 지명, 관내의 고조선과 고구려, 대륙의 박달족, 백년의 조선족 인물… 등등.

『조선족, 중국을 뒤흔든 사람들』(2016), 『대륙에서 해를 쫓은 박달족의 이야기』(2015), 『연변 100년 역사의 비밀이 풀린다』(세종도서 교양부문 선정 도서, 2013), 『고구려가 왜 북경에 있을까』(2012), 『간도의 용두레 우물에 묻힌 고구려 성곽』(2011) 등 상기 옛 이야기를 지금까지 책으로 묶어냈다.

jinhulin@hanmail.net

대륙 탐방기
『삼국유사』, 승려를 따라 찾은 이야기
ⓒ 김호림 2017

초판 1쇄 발행 2017년 5월 18일

지 은 이 김호림
펴 낸 이 최종숙

책임편집 이태곤
편   집 권분옥 홍혜정 박윤정
디 자 인 안혜진 홍성권 최기윤
마 케 팅 박태훈 안현진
기   획 고나희 이승혜

펴 낸 곳 글누림출판사/서울시 서초구 동광로46길 6-6 문창빌딩 2층(우06589)
전   화 02-3409-2055 FAX 02-3409-2059
이 메 일 nurim3888@hanmail.net
홈페이지 http://www.geulnurim.co.kr
등   록 2005년 10월 5일 제303-2005-000038호

ISBN 978-89-6327-414-0 03910

정가는 뒤표지에 있습니다.

* 이 도서의 국립중앙도서관 출판시도서목록(CIP)은 서지정보유통지원시스템 홈페이지(http://seoji.nl.go.kr)와 국가자료공동목록시스템(http://www.nl.go.kr/kolisnet)에서 이용하실 수 있습니다.(CIP제어번호: CIP2017010382)

대륙 탐방기

『삼국유사』,
승려를 따라 찾은 이야기

김호림 지음

역사, 無常의 흔적과 空의 기록

金 月 道(한국불교종단협의회 사무총장)

　우리는 시간과 공간이라는 좌표 위에 놓여 있다. 시간은 과거에서 미래로 끝없이 흐르고 공간은 지금 발을 딛고 서 있는 이곳이다. 시간도 공간도 고정되지 않고 흐르는 것인데, 그 위에 놓인 인간의 생활도 함께 따라 흐른다. 그래서 일체는 무상無常하고 공空하다.

　인간의 역사는 바로 그 무상의 흔적이고 공의 기록이다. 오늘 우리가 살고 있는 이 공간은 과거 무수한 시간 속에 무수한 사람들이 무수한 일을 했던 곳이다. 물론 우리가 살다 간 뒤에도 무수한 사람들이 이 자리에 살게 될 것이다. 그래서 이 자리에서 일어난 일을 살펴보는 것은 지금을 살아가는 지혜를 얻는 것이고, 앞으로 살아갈 사람들에게 그 지혜를 전하는 일이기도 하다.

　역사는 있었던 일에 대한 이야기이지만 종교는 있을 수 있는 일에 더 많은 관심을 가진다. 그렇지만 종교 역시 과거의 일을 통해 미래를 짐작하는 지혜를 발굴하는 일이 중요하다. 종교의 유적은 오늘과 미래의 사람들에게 옛 사람들의 슬기로운 이야기들을 전하는 최고의 의미를 지닌다. 종교의 유적은 유적의 가치에 종교적 가치가 더해지기 때문이다.

중국국제방송의 김호림 기자는 참으로 부지런하고 영민한 사람이다. 그는 과거의 일들을 통해 현재를 살피고 미래를 전망하는 탁월한 안목을 지닌 사람이다. 근래 그가 펴낸 책들은 모두 시간과 공간을 초월해 인간에게 전해주는 커다란 교훈의 맥락을 명쾌하게 적시하고 있다.

　　이번에 김호림 기자가 발간하려는 책『『삼국유사』, 승려를 따라 찾은 이야기』 역시 역사와 종교적으로 의미 있는 시간과 공간의 좌표를 부지런히 찾아다니면서 다방면의 자료를 통해 전하는 일들을 추적하고 그 실체를 포착하는 성과를 보여주고 있다. 지금으로부터 1천 년, 1천5백 년 전의 고승들이 거쳐 간 흔적을 열정적으로 취재한 그의 노력은 널리 칭송받고 격려 받기에 충분하다.

　　그 노력이 한 권 책의 가치로 다 증명될 수는 없겠지만, 이 책이 고대 중국과 한국, 일본 등 동아시아 불교의 실상을 이해하는 데 커다란 역할을 할 것이 분명하다. 특히 신라와 고려 시대의 한국 승려들이 중국 대륙에서 펼친 뜨거운 구법행각과 문화 예술적 성과를 오늘의 관점에서 이야기하는 것은, 시간과 공간을 뛰어넘는 불심과 대승적 혜안의 토대가 될 것이다.

　　나는 한국의 승려로서 중국 육조사六祖寺 석오각釋悟覺 스님과의 인연으로 알게 된 김호림 기자의 근면한 저술활동에 큰 감동을 받았다. 특히 『『삼국유사』, 승려를 따라 찾은 이야기』라는 책은 한국 고승들의 발자취를 답사한 것이므로 이 책이 한국의 승려들이나 불자, 학자들에게도 크게 주목 받을 것을 믿는다.

그러한 감동과 기대의 마음을 담아 이 책의 출간을 축하하고 격려하는 서문을 작성하니, 이 또한 길상의 인연이 분명하다.

2017년 5월 한국에서

대륙 천년의 고찰에 삼국이 있었다

　불교가 중국에 전래된 시기를 두고 다양한 설이 전해오고 있다. 명明나라의 불교전적 『불법금탕편佛法金湯編』에는 진秦나라 시황始皇 때 서역의 실리방室利防 등 승려 18명이 불경을 갖고 함양咸陽에 왔다는 기록이 있다. 일각에서는 또 선진先秦 시기의 지리서 『산해경山海經』의 서술을 빌어 하夏나라 초 동이수장 백익伯益이 벌써 부처를 알았다고 주장한다.

　어찌됐거나 한漢나라 명제明帝 때부터 비로소 불교가 종교로 정부의 승인과 숭신崇信을 받고 그 기초와 규모를 이뤘다는 설이 지배적이다.

　영평永平 7년(A.D.64년), 명제는 사절使節 12명을 서토西土에 보내 불법을 구했다. 그로부터 3년 후, 사절들은 인도 승려와 함께 경서와 불상을 갖고 귀국했다. 이때 수도 낙양洛陽에 중국의 첫 불교 사원이 서는데, 이 사원이 바로 현존하는 낙양의 백마사白馬寺이다. 백마사는 그때 경서와 불상을 실어온 백마 때문에 지은 이름이라고 전한다.

　불교는 대륙 복판의 중원까지 육지와 해상의 실크로드를 통해 전래되었다. 실크로드는 옛날 비단무역을 계기로 중국에서 시작되어 아시아와 서방세계를 연결하던 교역로交易路를 이르는 말이다.

　바닷길을 통한 불교의 전래는 육로를 통한 불교의 전래 시기와 엇비슷하였다. 일부 학자는 불교가 서기 50년을 전후로 벌써 강소성江蘇省과 산동성山東省 등 연해지역에 침투되었다고 주장한다. 실제로 연운항連雲港에 있던 옛 사찰 법기사法起寺는 중국의 첫 사찰이라고 불리는 백마사와 간발의 차이를 두고 나타나고 있었다.

불교는 남북조南北朝 때 널리 선양되었으며 당唐나라 때에 이르러 한창 흥성했다.

불교의 발상지 인도는 중원은 물론 대륙 동쪽에 있는 고구려와 신라, 백제에는 더구나 먼 나라였다. 불교가 육로의 서역이나 바다 연안의 항구를 통해 중국 대륙에 점진적으로 정착되었다면 고구려와 신라, 백제에는 중원을 발판으로 삼아 들어가고 있었다. 필경은 불교가 흥기하고 있는 중원이야말로 삼국 승려들의 구법 수도로 향한 지름길이었기 때문이다.

중국 대륙과 육지로 잇닿은 고구려는 삼국에서 제일 먼저 불교를 받아들인 나라이다. 남조南朝 시기의 전기『고승전高僧傳』, 한국의 고서『삼국사기三國史記』,『삼국유사三國遺事』,『해동고승전海東高僧傳』은 모두 고구려가 불교를 접한 이 이야기를 기록하고 있다. 백제 특히 신라는 중원과 바다를 사이에 두고 있는데다가 또 고구려의 제약을 받아 그 뒤로 처지게 된다.

중원에 왔던 삼국의 구법승 가운데서 오늘날까지 그 이름을 전하는 승려만 해도 100여 명이나 된다. 와중에는 바야波若처럼 대륙에 유골을 묻은 고구려 고승이 있는가 하면 의상義湘처럼 해동海東 화엄華嚴의 초조初祖로 명성을 날린 신라 고승이 있으며 또 의각義覺처럼 대륙의 불교명산 구화산九華山에서 불상을 직접 한반도에 가져간 백제 고승이 들어있다.

대륙을 지나 직접 인도에 다녀간 삼국의 승려도 적지 않았다. 당시 삼국에서 인도까지의 왕래는 아주 어려웠지만 그렇다고 전혀 불가능한 일은 아니었다. 일찍 인도 아유타국의 공주 허황옥은 배를 타고 가락국에 와서 김수로왕과 혼인을 맺는 것이다.

현존하는 기록에 따르면 백제 승려 겸익謙益은 첫 사람으로 인도에 가서 불교를 구해온 구법승이었다. 여행기 『왕오천축국전往五天竺國傳』의 저자인 신라 승려 혜초慧超도 당나라에서 활동하다가 인도에 다녀왔다. 고구려 승려 현유玄遊는 인도로 다녀오면서 사자국(獅子國, 스리랑카)에까지 거류했다고 전한다. 『대당서역구법고승전大唐西域求法高僧傳』은 구법승 61명의 전기를 수록, 이 중에는 신라의 구법승 7명과 고구려 구법승 1명이 포함되어 있다.

잠깐, 흥미로운 일이 있다. 채소 가지茄子는 마침 불교가 전래되던 동한東漢 무렵 중국에 수입되었다고 전한다. 그런데 원산지가 인도와 동남아인 이 가지가 엉뚱하게 신라로부터 중국에 전해졌던 것이다. 훗날 수隋나라 양제煬帝는 가지를 특별히 편애하여 '곤륜자과崑崙紫瓜' 즉 곤륜의 검은 오이라고 하라는 칙명까지 내렸다고 한다.

실제로 가지는 한반도에서도 임금님의 진상품 품목에 든 식품이며, 오늘도 대륙의 연변 등 지역에 '조선가지'라는 이름으로 남아서 한때 '귀한 몸'으로 높이 있었던 옛 신분을 자랑한다.

자칫 역설적인 이야기로 들릴 법 하다. 삼국 구법승의 대부분은 본국으로 돌아가서 본국의 불교문화에 기여했지만, 일부는 계속 대륙에 머물면서 중국의 학계나 교계에 큰 영향을 미쳤다. 와중에 또 일부 구법승은 대덕大德, 고승高僧, 주지승住持僧으로 화려한 변신을 했다. 황제가 내린 대덕大德으로 신방神昉 등이 있었고 주지住持로는 법청法淸 등이 있었다. 김교각金喬覺은 지장보살의 현신으로 평가되며 승랑僧朗은 양梁나라 무제武帝가 파견한 고승들에게 삼론학三論學을 가르친다.

그러고 보면 삼국의 승려는 인도의 달마達磨대사가 바위에 수행의 흔적을 남기듯 대륙의 옛 사찰에 그들의 승적僧跡을 또렷이 찍어놓고 있는 것이다.

옛날 사찰은 대륙의 동서남북 곳곳에 적지 않았다. 남조南朝의 양나라 무제 때 수도 건강(建康, 지금의 남경)에 불교 사원이 5백여 개나 되었다. 북조北朝 때 낙양에만 해도 불교 사원은 1,300여 개 되었으며 각 주와 군에 무려 3만여 개나 되었다고 한다. 2015년 현재 대륙의 종교계에서 개방한 불교 사원은 33,652개이며 그 가운데서 한전漢傳 불교 사원이 28,083개, 남전南傳 불교 사원이 1,716개, 장전藏傳 불교 사원이 3,853개 된다고 한다. 중국 불교협회의 통계에 따르면 사원에 있는 승려와 비구니는 약 24만 명에 달한다.

오늘날 대륙의 불교 사원은 여러 조대와 시기를 거치면서 적지 않게 훼손되고 소실되었다. 그러나 잔존하는 많은 옛 불교 사원에서 여전히 삼국 승려의 흔적을 찾아볼 수 있다. 신라 승려 무상無相대사는 5백 나한羅漢의 한 사람으로 사찰에 모셔져 있으며, 석굴 사원인 용문龍門 석굴에는 옛날 신라 승려가 조성한 것으로 보이는 신라상감新羅像龕이 있다. 신라 승려 원측圓測은 고전소설 『서유기西遊記』의 주인공 삼장三藏법사의 실제 모델인 현장玄奘법사의 수제자인데, 그의 부도탑浮屠塔은 섬서성陝西省 서안西安의 흥교사興敎寺에 세워져있다.

기실 대륙의 여기저기에 나타나고 있는 삼국의 승려는 중원으로 다녀간 삼국 사람들의 일부였다. 승려는 물론 사신 그리고 상인을 비롯한 민간인의 중원으로 향한 행렬은 그 후의 통일신라, 고려 등 여러 조대를 계속 잇고 있었다. (편폭의 제한으로 책은 고려의 일부까지만 소급했다.) 일부 지역에는 아직도 고려항高麗巷, 고려산高麗山, 신라초新羅礁, 신라산新羅山 등 지명이 잔존하며 신라삼新羅參, 신라송新羅松 등 식물이름도 있다. 항구 도시 천주泉州에서는 박래품인 포채(包菜, 양배추)를 지금도 '고려채高麗菜'라 고 부르고 있다.

그때 그 시절, 대륙 연해에 집성촌을 이룬 신라인들은 신라촌新羅村, 신라원新羅院, 신라방新羅坊, 신라역어처新羅譯語處, 구당신라압아소勾當新羅押衙所 등 조직과 기구를 만들고 있었다. 신라인들의 이런 동네에는 또 그들의 이름을 따서 지은 신라사新羅寺가 늘 그림자처럼 함께 등장하고 있었다. 사찰은 이역 땅에서 사는 신라인들의 하나의 구심점으로 되고 있었던 것이다.

대륙의 고찰에 울린 풍경소리에는 분명히 한반도의 향음鄕音이 함께 날리고 있었다.

차 례

제 1 부

바다 건너 대륙의 불국으로

제 2 부

『삼국유사』의 채 못한 이야기

제 3 부

대륙에 숨은 삼국의 비사

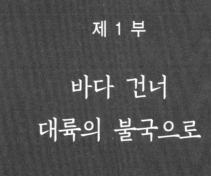

제 1 부

바다 건너
대륙의 불국으로

동이의 방국^{方國}에서 함께 만난 유불선^{儒佛仙}의 성인

"엄마, 저기 바위에 웬 사람이 있어요!" 소녀는 뒤를 따라 오는 여인을 어딘가 흥분에 젖은 목소리로 재촉하고 있었다.

공망산^{孔望山} 서쪽의 이 작은 바위벼랑에는 말 그대로 사람들이 빼곡하게 모여 있었다. 좌상^{坐像}, 입상^{立像}, 와상^{臥像}… 또 바위에 사진처럼 맨 얼굴만 박힌 사람들도 있었다. 아니, 사자 모양을 방불케 하는 짐승도 있었다.

여인은 금세 소녀와 함께 바위에 새겨있는 조각상을 하나하나 찾는데 몰두한다. 엄마나 딸애나 모두 바위의 천태만상의 군상^{群像}에 흠뻑 도취된 듯했다.

공망산은 강소성^{江蘇省} 연운항^{連云港} 시내의 서쪽 외곽에 있는 위치한다. 옛날 공자가 제자들을 데리고 산에 올라 바다를 바라보았다고 해서 중국의 사서에 남은 천년의 기이한 산이다.

⬆ 마애석각의 인물 군상

재미있는 민간전설이 있다. 그때 공자는 담국郯國에 와서 동이 사람들에게 '예악禮樂'을 가르치고자 했다. 그때 그 시절 공망산은 바다에 둘려 있었다. 공자가 산에 올라 보니 산기슭의 모래톱에 대게들이 밀물처럼 몰려오고 있었다. 대게들은 하나같이 큰 집게발을 흔들며 기고 있었는데 마치 산 정상의 공자 일행에게 손을 저어 경의를 표하는 듯 했다. 이에 놀란 공자는 신변의 제자들에게 이렇게 말한다. "이곳은 게들도 예의를 아는구나! 그렇다면 뭘 더 가르친단 말이냐?" 공자는 실망해서 일행과 함께 노魯나라에 돌아갔다고 한다.

담국은 전국戰國 시기에 나타난 동이 방국이며 춘추春秋 시기 노나라에

속했다. 동이족은 일찍부터 공망산 주변에 그들의 흔적을 적지 않게 남기고 있다. 서남쪽의 금병산錦屏山은 바로 그들이 쓴 중국 최초의 '천서天書'로 유명하다. 금병산은 청淸나라 때 산이 그림의 병풍처럼 아름답고 해서 지은 이름이다. 천서는 이 '병풍'의 있는 석각 부호로 동이족의 토지신과 태양신 숭배를 반영하고 있다.

각설하고, 공자는 정말로 '공망산'에 올랐으며 담국의 국왕 담지郯子에게 관직제도의 학문을 물었다고 한다. 사서에 기록된 '공자문관孔子問官'이라는 유명한 고사古事는 이 때문에 생긴 것이다.

마애석각에 깃든 천년의 정적은 소녀의 앳된 목소리에 또 한 번 깨지고 있었다. "엄마, 저 사람들은 뭘 하는 사람들이예요?"

그러나 엄마의 대답은 이내 이어지지 않고 있었다. 보아하니 인물 군상의 신분을 파악하기가 힘들었던 모양이다. 하긴 마애석각의 표지석에도 단지 "마애석각, 세계문화의 보물"이라고만 씌어있을 따름이니 그럴법 했다.

일행 중 누군가 부지중 아쉬움을 드러냈다.

"이걸 마애석각이 아니라 '백불암百佛岩'이라고 이름을 지었더라면 금상첨화였겠는데요"

마애석각은 오래 전에 벌써 전문가와 학자들에 의해 판독된 상태이다. 석상石像은 대소 108존이며 대부분이 불상이다. 이런 조각상들은 길이 18m, 높이 약 9m의 바위벼랑에 새겨져 있다.

석가모니가 원적圓寂에 들어 극락세계로 갈 때의 정경을 형상한 '열반도涅槃圖', 살타왕자가 몸을 던져 호랑이에 먹힌 이야기의 '사신사호도舍身

飼虎圖’가 석각에 나타난다. 석각 군상群像에는 머리 위에 지혜를 상징하는 높은 육계肉髻가 있는 인물, 어떠한 두려움도 없애준다고 하는 시무외施無畏의 수인手印을 하고 있는 인물, 가부좌를 하고 선정禪定에 든 인물, 불도를 성취해서 아라한과阿羅漢果를 이룬 나한羅漢, 초인성超人性을 나타내는 광배를 두르고 있는 인물 등이 들어있다. 또 마애석각의 부근에는 동 시기의 두꺼비 조각상이 있으며 코끼리 조각상은 연꽃을 밟고 있다. 와중에 육계가 있는 인물은 입상으로 중국 최초의 석각 입불상으로 된다.

석각으로 나타나고 있는 에누리 없는 불교이야기와 불상은 공망산에 불교예술의 성지聖地를 만들고 있는 것이다.

이 대목에서 꼭 짚고 넘어가야 할 부분이 있다. 공망산의 불교석각은 서기 170년의 동한東漢 말년에 만든 것으로 전진前秦 건안建安 2년(366)부터 시작된 돈황敦煌 막고굴莫高窟 보다 200년이나 앞선다. 막고굴은 불상과 불교이야기를 제재로 그린 벽화로 유명하며, 동굴이 약 1천개에 달한다고 해서 일명 천불동千佛洞이라고 불린다.

그러고 보면 공망산의 마애석각은 중국 대륙의 최초의 불교석각으로 된다. 공자가 산에 올라 바다를 바라보았다고 공망산이라고 불리지만, 궁극적으로 이 산에서 더 유명한 것은 인도에서 건너온 석가모니라고 할 수 있다.

예전에 불교는 인도에서 육로의 서역을 통한 육로를 통해 중국 대륙에 전래된 것으로 알려졌다. 공망산의 석각 불상은 이 정론에 정면으로 도전하고 있는 것이다. 불교의 최초의 대륙 전래는 해상 항로를 통했다는 것이다.

⬆ 지혜의 상징인 육계가 있는 마애석각의 인물 입상

실제로 연운항은 '육상 실크로드'의 종점이면서도 또 '해상 실크로드'의 시점으로 되어 인도에서 직접 불교를 받아들이고 있다.

이맘때 등장하는 특별한 인물이 있다. 초왕楚王 유영劉英은 인도에서 불교를 받아들인 첫 황제 한漢나라 명제明帝의 동생이다. 불교 신도 유영의 저택에는 승려와 거사들이 숙박하고 있었는데, 이들은 중국 사상 제일 일찍 나타난 승단僧團으로 알려진다.

불자의 최초 출현은 유영에 앞서 수십 년 지어 백년을 거슬러 올라갈 수 있다. 시초의 신도는 순리대로라면 통상 정사에 기록될 수 없는 이역의 상인 등 민간인이 대부분이다. 그러나 불교가 이들을 통해 은연중 주변의 사람들을 감화시키고 대륙에서 신도와 승단, 사원으로 발전되었다고 하는 추론은 여전히 가능하다.

유영의 봉지封地는 초楚나라의 도성都城인 팽성彭城이었다. 팽성은 현재의 서주徐州로 연운항의 서쪽에 위치한다. 연운항에서 내륙의 낙양으로 통하는 길목에 자리하는 것이다. 유영이나 승단의 승려, 거사들이 해상 경로를 통해 불교를 접했을 수 있었다는 얘기이다. 왕족인 유영은 그 신분 때문에 기전체 사서『후한서後漢書』에 등장하며, 불교 전래의 역사도 비로소 글의 행간에 일각을 드러낼 수 있게 되는 것이다.

불교의 전래 역사에서 물론 황제 한나라 명제의 사건은 더구나 유명하다. 명제가 꿈에 서방 대신大神을 만나며 사절을 서방에 파견하여 이 신을 청해오게 한다. 나중에 사절과 인도의 승려가 백마로『사십이장경四十二章經』을 실어오며 명제는 이때 중국 대륙의 최초의 사찰인 백마사를 세운다.『사십이장경』은 중국에 전래된 첫 불교경전이다.

　고대의 중국 대륙의 해상 교통상황은 많은 경우 승려들의 서행 구법 기록에 의거하고 있다. 항구 연운항에 '마애석각'으로 기록된 불상은 우연하게 나타나는 게 아니며, 불교가 유입된 바닷길의 존재를 분명하게 확인하는 실물이다.

　사실상 해상 항구는 고대 여러 국가와 세력이 교류하는 거점과 관문이었다. 해상 실크로드는 그 누가 혼자 독점한 길이 아니었다. 여러 국가와 세력은 육상뿐만 아니라 해상 실크로드를 통해 서로 문화를 교류하고 인류문명의 꽃을 피워왔다. 와중에 해신海神 장보고張保皐, 승려 김교각金喬覺, 신라사新羅寺, 신라방新羅坊 등 인물과 지명은 한반도와 대륙의 해상 교류의 진기록이다.

연운항은 고대 해상 실크로드의 중심적인 항구로 한반도의 삼국과 만난 흔적이 여러 곳에 남아있다.

옛날 동남쪽의 보가산保駕山 일대에는 신라촌이 있었다. 장보고는 바로 마을 부근의 고찰 법기사法起寺에서 발인發軔을 했다고 전한다. 발인은 글자 그대로 수레가 떠나간다는 뜻으로, 그 무슨 일을 처음 시작하는 것을 말한다. 장보고는 이곳에서 시작하여 나중에 동중국해를 누빈 해상왕으로 등극했던 것이다. 백제 사람들도 신라인들과 마찬가지로 연운항 일대에 나타난다. 이 일대의 특이한 이름인 '장군동藏軍洞'은 일명 토석실土石室이라고도 하는데 백제의 고대 석실무덤과 흡사하다. 백제의 해상 활동은 대륙 연해의 이 고장에도 이어졌던 것이다.

그건 그렇다 치고, 신라인들이 살고 있던 보가산은 어가를 보호했다는 의미의 산이다. 당唐나라 태종太宗 이세민李世民은 고구려의 명장 연개소문淵蓋蘇文에게 쫓길 때 이 산에 숨었다가 수하 장령의 구원을 받아 요행 목숨을 건졌다고 한다. 보가산의 북쪽에는 이때 연개소문이 군사를 주둔한 길목이라는 의미의 지명 소문항蘇文項이 있다.

보가산은 연운항 일대의 명산인 운대산雲臺山의 일부이다. 운대산은 산간에 늘 구름이 자오록하게 감돈다고 해서 지은 이름이다. 운대산은 청淸나라 강희康熙 50년(1711) 전까지 바다에 둘려 있었다. 금병산이나 공망산은 물론 보가산의 기슭에도 바닷물이 넘실거리고 있었던 것이다. 운대산의 여러 산봉우리들은 저마다 바다위에 울뚝불뚝 솟은 외로운 돛대를 방불케 하고 있었다.

청나라의 시인 당곤기唐昆基는 이 절묘한 풍경을 보고 시『외첨산桅尖山』을 지었다.

"신선이 배를 타고 운대산에 오거늘
백자 길이의 돛대가 바다위에서 기우뚱거리네.
구름이 산허리를 맴도니 배가 움쭉 방향을 바꾸는 듯…"

고대 중원사람들의 개념에 오늘의 발해渤海는 북해北海였다. 송宋나라 이전 동쪽의 바다는 '동해東海'라고 불렸다. 고대의 문화중심은 황하黃河 중하류와 회하淮河 일대의 평원이었기 때문에 이곳의 사람들에게 '동해'는 그 동쪽의 망망한 바다에 대한 일종의 지리적 개념이었다. 송나라 말 황하가 범람하여 물곬을 바꿔 회하를 통해 바다로 흘러들면서 동쪽의 바다는 흙탕물 때문에 누런 황색으로 되었다. 또 남송南宋 때 금金나라의 군사가 남하하여 중원을 강점하면서 대륙의 많은 부분은 금나라의 속지로 되었다. 황금 '금金'의 색깔도 황색이기 때문에 동쪽의 바다는 드디어 황해黃海로 불리게 된 것이다.

일찍 바다가 '동해'로 불릴 때 이 고장에는 동해국東海國, 동해군東海郡, 동해현東海縣이 설치되어 있었는데 적지 않은 부분은 오늘의 연운항에 걸쳐 있었다. 옛날 '동해사당東海廟'에 신주神主로 섬긴 동해군東海君은 바로 옛 동해의 신이었다. 동해군은 도교가 공봉을 하는 오제五帝의 하나인 동방 창제蒼帝이다.

이러니저러니 서기 549년에는 이 고장에 또 바다 이름을 딴 해주海州가 설치되어 있었다. 해주는 훗날 연운항이라는 새 이름으로 등장한다.

⬆ 공망산 정상의 공자와 두 제자 삼인상

　　연운항 지역은 명실공한 고대 동부 연해의 중심이었던 것이다.

　　이런 연운항에 대륙 본토에서 흥성한 도교가 나타나지 않는다면 오히려 이상하다. 아닐세라, 공망산 마애석각에서 독립적으로 존재하는 3존의 제일 큰 인물상은 한나라 때의 세속적인 의관 복식차림을 하고 있다. 일부 인물상은 주변에 '연좌蓮座', '향로', '등잔 접시' 등이 설치되는 등 그들이 도교의 거룩한 인물임을 알린다. 유불선(儒佛仙, 유교와 불교, 도교를 아우르는 말)의 성인은 결국 공망산에서 함께 만나고 있는 것이다.

　　그리고 보면 유교와 불교, 도교의 삼교三敎가 연운항에 일제히 나타나듯 또 바다 저쪽의 고구려와 신라, 백제의 삼국이 연운항에 나란히 등장하는 것도 실은 우연하지 않다.

　　산정에 오르니 앞서 이른 관객들이 조각상 앞에서 기념촬영을 하면서 법석을 놓고 있었다. 공자가 제자 안회顔回와 자로子路를 데리고 서 있는 삼인상三人像의 '공자망해孔子望海'의 조각상이었다. 이 삼인상 앞에 서니 금세 많은 생각이 밀물처럼 밀려들었다. 옛날 공자는 산기슭에서 철썩이는 바닷물을 바라보면서 도대체 무슨 생각을 했을까…

그러나 전설의 '예의' 있는 대게는 더는 보이지 않았다. 석양에 검붉게 물든 시멘트의 수풀이 차들의 소음을 타고 시야를 꽉 메워오고 있었다.

일엽편주를 타고 섬에 현신한 지장보살

바다에 들어서면 금방이라도 발에 닿을 듯 가까운 섬이었다. 이름도 잇닿을 의미를 가진 연도連島였다. 기실 연도는 바다 건너 육지와 한데 이어졌다는 의미가 아니라 섬 동쪽과 서쪽의 산이 서로 연접되었다고 해서 지은 이름이다.

그럴지라도 육지의 연운항連云港은 바다의 이 연도와 기어이 한데 이어지고 있었다. 바로 앞에 두고 있는 연도와 뒤에 업고 있는 운대산雲臺山에서 각기 한 글자를 취한 지명이기 때문이다.

사실상 연운항의 옛 이름은 해주海州였으며 1930년대에 부두를 만들면서 비로소 연운항이라고 개명했다고 한다. 우리를 안내한 정鄭씨 성의 택시기사는 연도 역시 예전에는 배가 꼭 드나드는 문이라는 의미의 응유문應由門이라고 불렀다고 말하는 것이었다.

"섬에 있는 산 사이의 움푹한 모양새가 문을 방불케 한다고 지은 이름이라고 해요"

뒷이야기이지만, 이 응유문은 또 같은 발음의 응유산^{鷹遊山}에서 파생된 지명이라고 전하고 있었다. 지방지 『운대산지^{雲臺山志}』에 따르면 옛날 섬에는 정말로 매가 늘 떼를 지어 날아다녔다고 한다.

그때 섬에 매가 많았는지는 몰라도 지금은 유람객이 꼬리를 물고 있다. 연도에 강소성^{江蘇省}의 으뜸으로 꼽히는 해수욕장이 있기 때문이다. 그러나 연도는 적어도 20년 전에는 사람들의 생활에는 몹시 불편한 섬이었다. 육지와 지척에 있었지만 필경은 배를 타고 왕래해야 했다. 태풍이 불어치고 파도가 높을 때면 단수^{斷水}의 위험까지 감내해야 했다.

1993년, 섬과 뭍 사이에 언제가 생겨났다. 장장 6.7km의 이 언제를 만드는데 무려 8년이라는 시간이 걸렸다고 한다.

"그때 바닷가의 산 하나를 깎아서 바다를 메웠지요" 정씨는 그때 언제 공사에 동원되었던 민공^{民工}이었다. 민공은 농민공의 약칭으로 중국 대륙의 특유한 어휘이다.

⬆ 연운항과 연도를 이은 중국 최장의 언제

이곳의 어부들이 그 산을 뭐라고 부르더라고 하면서 정씨는 잠깐 이맛살을 찡그렸다. 20년이나 지난 오랜 일이라서 기억에 가물가물 하다는 것이었다.

어찌됐거나 바닷가에서 산이 하나 사라지고 대신 바다에 언제가 하나 나타났던 것이다. 이 언제는 중국에서 제일 긴 언제로 알려져 있다. 위에는 왕복 2회선 도로가 자로 그은 듯 일매지게 쪽 뻗어 있었다.

🔼 명나라 때의 옛 우물. 담수가 부족한 섬에서 아주 귀중한 우물이다.

   실은 공사가 끝나던 그때 언제에는 1회선의 도로밖에 없었다고 한다. 훗날 지속적으로 언제를 보강하고 길을 밖으로 넓혔던 것이다. 언제의 남쪽에는 또 갯벌처럼 평탄한 땅이 펼쳐지고 있었고 거기에는 대형 건물이 들어서고 있었다.

   실로 '상전벽해桑田碧海'라는 말이 저절로 떠오르는 순간이었다. '상전벽해'는 동진東晋 시기 갈홍葛洪의 『신선전神仙傳』에 나오는 말인데, 동해가 여러 번이나 뽕나무 밭으로 변했다는 마고麻姑의 말에서 유래했다.

   부지중 언제 길 위에 농담을 한마디 떨어뜨렸다. "이봐, 갈홍도 마고처럼 '신선'이 되었다면 이 '상전벽해'의 언제를 미리 내다보지 않았을까?"

갈홍은 바로 이 강소성 일대의 사람으로, 동진 시기의 의학자이고 문학가이자 또 도사로 유명한 인물이다. 『신선전』은 그가 『포박자抱朴子』와 더불어 후세에 남긴 대표적인 도교 저서이다.

비록 '상전벽해'의 고사성구처럼 『신선전』에는 실리지 않았지만 연도는 벌써 '신선의 세계'처럼 이름이 난 듯 했다. 섬 기슭에 이르기 바삐 인파로 복닥복닥 하는 분위기가 갯내음처럼 해풍에 물씬 풍겨왔다.

연도에 인가가 들어선 것은 불과 수백 년 전의 명明나라 때이다. 그때 연유산에는 처음으로 군사가 상주했다. 응유산은 천연적인 바다병풍으로 되고 있었고 또 응유문은 바닷길의 문호門戶로 되고 있었다. 그러나 명나라 때 이곳에 군사를 주둔한 것은 왜구倭寇를 막기 위해서였다. 왜구는 그 무렵 중국 대륙의 연안과 한반도에서 약탈을 일삼고 다니던 일본 해적을 이르는 말이다.

이에 앞서 영유산에 나타났던 일본인은 기실 해적이 아닌 사절과 구법승이었다. 당唐나라 때 대륙과 일본의 내왕은 아주 빈번했으며, 견당사遣唐使와 구법승은 당나라로 왕래하던 도중 해주의 영유산을 경유하는 경우가 적지 않았다. 한반도의 많은 구법승들도 영유산에 들려서 장안長安으로 향발했다. 와중에 신라의 구법승 자장(慈藏, 590~658)은 귀국한 후 신라 제일의 사찰 황룡사黃龍寺에 9층 불탑을 세우는데, 다섯 번째 층을 '영유鷹遊'라고 명명한다. 일각에서는 이 매가 백제 왕실의 상징이라고 하면서 이때의 '영유'를 백제의 이름으로 보기도 한다.

아무튼 그들이 하나 같이 모두 영유산에 나타나는 이유는 따로 있었

33

다. 이곳에서 시작된 해상 실크로드는 지중해의 동해안까지 이르렀으며 아시아와 유럽 대륙을 잇던 2천 년 전의 바닷길이었다.

그러나 고전명작 『서유기^{西遊記}』에 나오는 명승 현장(玄奘, 602~664)은 하필이면 바다가 아니라 서역을 통해 천축국(天竺國, 인도)으로 다녀온다. 『서유기』는 당나라의 승려 현장(玄奘, 602~664)이 인도에 가서 불경을 가져온 역사적 사실에 근거한 명^明나라 때의 신괴^{神怪}소설이다.

『서유기』의 주인공 원숭이인 손오공^{孫悟空} 역시 애초부터 서역과는 십만 팔 천리 떨어진 이곳의 영유산 부근에서 출생하고 있다. 손오공이 괴석에서 태어나 원숭이들의 왕으로 등극했다고 하는 전설의 화과산^{花果山}은 바로 연운항의 도심 부근에 위치하고 있다.

현장, 즉 손오공이 보좌하던 삼장^{三藏} 법사의 실제 모델도 이 화과산과 인연이 깊다. 동진 시기의 신괴소설 『수신기^{搜神記}』는 동해 진광예^{陳光蕊}의 세 아들이 천^天, 지^地, 수^水 삼계를 관장했다고 서술한다. 도교는 천, 지, 수를 삼원^{三元}이라고 이르는데, 동해 일대의 1,600년 전 옛 삼원궁^{三元宮}은 화과산에 나타난다. 『서유기』에서 현장도 진광예의 아들이라고 했으니 현장은 삼원궁이 있는 화과산과 떨어뜨릴 수 없는 혈연을 맺고 있는 것이다.

"그런데 <서유기>의 저자는 왜 삼장 법사를 바닷길로 떠나보내지 않았을까요?"

솔직히 누구라도 머리를 갸우뚱할 대목이었다. 더구나 『서유기』의 저자 오승은(吳承恩, 1510~1582)은 연운항 남쪽의 회안^{淮安} 태생으로, 이웃한 영유산이 옛 바닷길의 시발점이라는 것을 모를 리 만무하다.

⬆ 산중턱의 금성선사. 백미터의 낭하와 정자가 특이한 그림을 그리고 있다.

　그럴지라도 영유문이 해상 실크로드의 대문으로 되는 데는 아무런 손색이 없다. 오늘날 영유문은 이름 그대로 문을 활짝 열고 억톤 물동량의 거대한 항구 연운항으로 거듭나고 있는 것이다.

　각설하고, 종국적으로 영유산에 이름을 새겨 놓은 것은 신라의 구법승 김교각(金喬覺, 697~794)이다. 김교각은 훗날 중생을 구제하는 지장보살의 화신으로 평가를 받는 고승이다. 이 신분이야말로 유독 그가 영유산에서 소문을 타고 있는 이유가 아닐지 한다.

　성인 김교각을 모신 사찰이라는 의미의 '금선선사(金聖禪寺)'는 소마만(蘇馬灣)에 위치하고 있었다. 선사 양쪽의 백미터의 긴 낭하가 산중턱의 수풀에 별유의 그림을 그리고 있었다. 소마만은 섬 북남 쪽의 작은 만으로, 명明나라가 멸망된 후 옛 대신 소경蘇京이 청나라에 반기를 들고 이곳에서 군사를 훈련하며 말을 길렀다고 해서 지은 이름이다.

그때 그 시절 소경이 기르던 말은 더는 소마만에 나타나지 않고 말이 물을 마시던 옛 우물만 홀로 산기슭에 남아 옛날의 감미롭던 물맛을 되새기고 있었다.

금선선사로 향한 산길은 옛 우물 부근에서 시작되고 있었다. 구불구불한 돌층계를 따라 선사에 오르니 금세 푸른 바다가 시야에 넘실넘실 달려오고 있었다. 옛날 김교각도 이곳에 서서 멀리 한반도의 고향을 바라보았을까…

김교각은 이곳을 지날 때 속명이 중경重慶이었으며 구화산에서 출가한 후 비로소 교각喬覺이라는 이 법명을 얻고 나중에 지장보살의 화신으로 추앙을 받는다. 현지에서는 김교각이 해주에 상륙한 후 다시 배를 타고 양자강揚子江을 따라 불교의 영산靈山 구화산에 갔으며 이때 영유산의 진해사에 들렀다고 전하고 있다.

금성선사의 안내판에는 그때 김교각이 지었다고 하는 게문偈文이 적혀 있었다.

"樓禪九華 一葉航來 루선구화 일엽항래
千五百年 普受鎭海 천오백년 보수진해"

정말로 게문의 단어와 일치한 이름의 고찰 진해사鎭海寺가 영유산에 있었다. 계문에 나오는 '보수普受' 역시 진해사의 옛 주지승住持僧의 이름 그 대로이다. 또 남쪽 산기슭의 만은 진해사의 이름을 빌어 '묘전만廟前灣'이 라고 불리는데, 풍랑이 일지 않아 배들이 정박할 수 있는 좋은 자리로 지금은 부두가 들어서 있다.

그러고 보면 김교각이 묘전만에 배를 정박하고 진해사에 잠깐 들려서 주지승 보수와 더불어 찻잔을 기울였을 법하다.

그러나 고문古文에 능한 일부 한학자는 계문의 '普受'와 '鎭海'를 인명 이나 지명의 명사로 해석하는 게 맞지 않다고 주장하고 있었다. '普受' 와 '鎭海'는 "널리 바다를 진압하였다"는 것으로 섬에 사찰을 지어 평안 과 안녕을 기원하는 뜻을 담았다는 것이다. 이에 따르면 계문은 성인聖人 김교각을 불루선궁佛樓禪宮의 구화산에서 일엽편주로 모셔내려 영유산 진 해사의 본전에 모셨다는 의미로 해석할 수 있겠다. 실제로 진해사는 옛 날에 지장보살을 주불主佛로 모시고 있었다고 한다. 진해사의 하원下院인 금성선사 역시 지장보살을 주불로 모시고 있었다.

더구나 계문의 해석 여하를 떠나 진해사는 1,500년 전이 아닌 250년 전의 사찰이다. 계문의 저자는 김교각이 아닌 후세의 문인으로, 계문은 사찰의 역사를 분식粉飾하기 위한 위작僞作이라는 게 중론衆論이다.

영유산에 승려가 나타난 것은 청淸 나라 강희康熙 49년(1710)이다. 이때 승려 은산隱山이 이곳에 초가를 짓고 수행을 했다고 한다. 그 후 숙성宿城 법기사法起寺가 승려 보수普受를 이곳에 보냈다. 보수는 나중에 은산으로 부터 의발衣鉢을 물려받았다. 보수는 "부지런히 수행하고 계율이 적절, 엄했으며" 건륭乾隆 17년(1761) 백간 낭하의 사찰을 세웠다고 『가경해주

직이주지嘉慶海州直隸州志』가 기록하고 있다. 금성선사는 옛 진해사의 건축양식을 본 따고 있으며 옛 사찰의 모습을 기억에 비끄러매고 있는 것이다.

이 기록에 따르면 보수는 "자체로 자재資財를 모으고 탁발을 하지 않았다"고 한다. 따라서 사찰건축의 불사佛事는 한낱 미스터리가 아닐 수 없다. 일설에 보수가 땔나무를 하던 중 산속에서 보물을 발견했다고 한다. 그래서인지 현지에는 아직도 명나라의 옛 대신 소경이 청나라에 반기를 들었을 때 영유산에 재물을 숨겨놓았다는 이야기가 전한다.

✤ 진해사 뒤의 땜에 경번이 나부끼고 있다.

진해사가 개관할 때 해주의 지주知州가 친림했으며 숙성 법기사의 주지승이 내림했고 또 주변 지역의 고승이 운집했다고 한다. 옛 진해사는 항일抗日전쟁 시기 전화戰火에 의해 훼손되었다. 현재 영유산의 서남쪽 비탈에는 '진해사'의 이름을 달고 있는 작은 불교장소가 있을 따름이다.

아쉽게도 '진해사'의 주지승은 사찰에 현신하고 있지 않았다. 본전에서 예배를 올리고 있던 여성 신도는 그가 폐관 수행을 하고 있다고 알려주었다.

"선생님도 불공을 드리세요. 여기 부처님은 옛날부터 아주 영험했다고 하지요."

여성 신도의 말은 진짜로 거짓이 아닌 듯 했다. 진해사의 영험함은 바야흐로 영유산에 새 사찰로 나타나고 있었다. 현재 진해사는 재건 기획안과 도로 건설이 모두 마무리된 상태라고 한다. 고찰의 옛 진신眞身은 인제 영유산에 다시 새롭게 등장하게 되는 것이다.

잠깐 뒤의 이야기이지만, '진해사'의 바로 뒤쪽 골짜기에서 수십 개의 불탑이 둑에 늘어서서 댐의 넘실거리는 푸른 물결 위에 신비한 불화佛畵를 그리고 있었다. 그러고 보니 멀리 앞바다의 위에 길게 누워 있는 언제는 마치 하늘 아래에 하나의 거대한 감탄부호를 찍고 있는 듯 했다.

금룡金龍의 가사를 입은 산중의 승려

　1300년 전에 생긴 일이다. 복건성福建省 녕덕寧德 북쪽의 곽동산霍童山에 문득 신라의 승려가 찾아왔다. 그의 법명은 원표元表였다. 원표는 훗날 한반도에 선종禪宗이 처음으로 들어가서 자리를 한 연기緣起 설화로 유명한 승려이다. 『송·고승전宋·高僧傳』의 기록에 따르면 원표는 천보（天寶, 742~756) 연간 당唐나라에 왔다가 인도에 가서 성인의 유적을 예배했다. 이어 그는 곽동산의 석굴에 와서 화엄경을 독송하며 그 진수를 깨쳤다고 한다.

　그때 원표는 『화엄경華嚴經』의 보살주처품菩薩住處品을 보고 이곳 곽동산을 찾았다고 한다. 『화엄경』은 부처의 깨달음의 경지에서 보이는 우주를 묘사, "진리의 연꽃의 경전"이라는 의미의 『법화경法華經』과 함께 쌍벽을 이루는 대승경전이다. 이 『화엄경』에 일렀으니, "동남방에 지제산支提山이라고 하는 곳이 있는데 옛적부터 여러 보살의 무리가 그곳에서 머물고 있었다. 지금도 천관天冠 보살이 머물고 있으며 그의 권속의 1천 보살의 무리와 늘 있으면서 설법을 강연하고 있다···”

여기에서 이야기는 잠깐 다른 가닥으로 이어진다. 지제支提는 토석이 쌓인 무더기라는 의미로 부처의 복덕이 쌓여 이뤄진 것을 이르는 말이다. 사리가 있는 것은 탑파塔婆, 사리가 없는 것은 지제라고 부른다. 실제로 인도의 남부에 지제산이 있는데, 산에 10여 채의 폐탑廢塔이 있다고 해서 불리는 이름이라고 전한다.

곽동산은 아흔 아홉 봉우리가 높이 솟아 있고 청淸나라 때까지 산기슭에서 바닷물이 철썩이고 있었는데, 그 모양새가 말 그대로 연화장蓮花藏 세계의 축소판이었다. 연화장세계는 『화엄경』에 나오는 말로, 연꽃 중에 있는 무량한 공덕과 광대하고 장엄한 불국佛國이다. 『화엄경소華嚴經疏』(권47)가 지제산을 중국 남부 즉 곽동산에 있어야 마땅하다고 지적할 법하다.

곽동산의 자락에서 원표가 수련하던 석굴까지 30km나 떨어져 있었다. 구불구불한 산길에 내리는 한여름의 보슬비가 차창 앞에 일부러 그 무슨 장막을 드리우고 있는 것 같았다. 멀고 가까운 산봉우리는 모두 하얀 운무 속에 형체를 감추고 있었다.

아스란 벼랑이 보이는 산기슭에서 차를 세웠다. 돌층계가 산허리를 감돌면서 벼랑 쪽으로 구렁이처럼 기어가고 있었다. 오솔길은 마치 숨바꼭질을 하듯 수림 속에 꽁꽁 숨었다가는 장난을 하듯 불쑥 나타나군 했다. 어디선가 경문을 읽는 소리가 은은히 들리더니 오솔길의 끝머리에 웬 건물이 갑자기 모습을 드러냈다. 산중턱의 후미진 석굴 속에 잠룡潛龍처럼 몸을 숨기듯 서 있는 고찰이었다.

정말이지 시냇물이 돌돌 흐르는 골짜기에 세외도원의 그림이 그려지고 있는 듯 했다.

산속까지 동행한 택시 기사는 뭐가 놀라운지 연신 감탄을 하고 있었다. "옛날에 스님들은 이토록 깊은 산속에 석굴이 있다는 걸 어떻게 알고 들어왔을까요?"

⬆ 나라암 사찰 입구에 세운 신라국 승려 원표 기념비

기실 원표가 심왕心王 보살의 인도를 받아 이 고장으로 올 때 곽동산은 벌써 동천洞天의 명승으로 산지사방에 소문을 놓고 있었다. 동천은 도교 용어로 신선의 거주하는 곳을 이르던 말이다. 그 의미인즉 굴속에 별유의 천지가 있다는 것이다. 도사는 이곳에서 살면서 신선의 도를 닦는다.

⬆ 나라암 석굴에 있는 고찰

곽동산에는 일찍 3천 년 전부터 도교의 진인眞人이 나타난다.『복건통사福建通史』의 기록에 의하면 "곽동은 주周나라 때의 사람이며 곽림동천霍林洞天에 거주했다." 곽동산은 이로 하여 지은 이름이다. 당나라 때의 유명한 도사 사마승정司馬承禎이 곽동산에서 수련하면서 '천지궁부도天地宮府圖'를 서술, 천하의 '서른여섯의 동천'을 열거하는데 곽동산이 단연 첫 자리를 차지하였다.

어쩌면 도사 곽동이 수련할 때 거주하던 곳이 바로 이 석굴일지 모른다. 석굴이 위치한 바위는 마치 입을 크게 벌린 사자의 머리 같은 형국으로서 적어도 수백 명을 수용할 수 있을 정도로 널찍했다. 산중에서 비바람을 피하며 수행을 하는 도장으로는 뛰어난 '별유의 천지'였다.

아무튼 석굴은 더는 도교의 동천이 아니라 불교 용어의 이름인 나라암굴那羅岩窟로 불리고 있었다. 나라암那羅岩은 범어 'narayana'에서 온 것으로 우주 생명의 근본 주체라는 의미이다.

석굴에 들어선 고찰은 목조 구조로서 위에 기와가 없는 게 특색이었다. 안쪽의 법전에서 승려가 경문을 독송하고 있었고, 바깥쪽의 공양간에서는 남녀 신도 몇이서 음식을 준비하고 있었다. 산기슭 어느 동네의 한 귀퉁이에서 벌어지고 있는 생활상이 그대로 재현되고 있는 듯 했다.

『송·고승전』이 서술하고 있는 석굴은 원체 이런 태평한 모양이 아니었다. 원표가 석굴에서 수련할 때 산에는 맹수와 독벌레가 많았다고 한다. 그러나 원표는 계곡의 물을 마시고 나무의 열매를 따서 먹으면서 별고 없이 산에서 지냈던 것이다.

원표는 석굴에서 그가 인도에서 짊어지고 온 80권의 『화엄경』을 숙습

熟習했다. 이때 석굴에는 또 부근 보복사保福寺의 승려 목정木淨도 있었다. 『화엄경』은 훗날 목궤에 넣어져 석실에 깊이 보관된다. 이 때문에 『화엄경』은 당나라 회창(會昌, 841~846) 연간 불교경전을 수색, 불사르던 법난에서 벗어날 수 있었다. 선종(宣宗, 841~859)이 계위한 후 칙서를 내려 불법을 회복하게 되자 일찍부터 옛 일을 들어서 알고 있던 보복사의 혜평慧評 선사가 승려들을 인솔하여 석실의 『화엄경』을 모셔 내왔다. 『화엄경』은 나중에 민부閩府인 복주福州의 사찰에 안치된다. 이때 어언 100년의 세월이 흘렀지만 경본經本의 종이와 먹의 색깔은 여전히 새것과 다름이 없었다고 전한다.

5대(五代, 907~960) 때 항주杭州 영은사靈隱寺의 요오了悟 선사가 복건에 와서 천관天冠보살 도장을 세운다. 송宋나라 개보開寶 4년(917), 오월왕吳越王은 '화엄사'의 편액을 하사하며 요오 선사를 국사로 봉했다. 화엄사는 또 '연화장세계', 일명 화장華藏세계의 이름을 따서 '화장사華藏寺' 혹은 지제산의 이름을 따서 '지제사支提寺'라고도 불린다.

세간에서 전하고 있는 "원표의 개산開山, 요오의 건사建寺"라는 이야기의 전말이다.

그러나 산이든 사찰이든 나중에 세간에 이름을 날리게 된 것은 승려 원표나 요오가 아니라 승복을 입은 황제 때문이다.

이 이야기는 지제산에 원표가 나타난 6백년 후에 비로소 생긴 일이다. 명明나라 개국황제 주원장朱元璋이 붕어한 후 황태자 주표朱標가 그에 앞서 죽었기 때문에 황태손 주윤문朱允炆이 즉위한다. 그가 바로 건문제建文帝이다. 얼마 후 연왕燕王 주체朱棣가 제위를 탈취하기 위해 북평北平에서 출병한다. 1402년 주체의 군사가 도읍 남경南京을 공략하였다. 연왕은 바로 즉위하는데, 그가 바로 성조成祖이다. 이때 황궁은 큰불이 일어나며 건문제는 행방불명이 되었다. 건문제가 삭발하고 승려로 분장하여 도망했다는 소문은 이때부터 생겼다. 또 주원장이 미리 황태손에게 닥칠 난을 예견하고 그를 위해 도첩度牒과 승복 등을 함에 따로 비치해 두었다는 설이 뒤따르고 있다.

실제로 주체는 즉위한 후 령을 내려 건문제를 찾았다. 『명사明史』, 『호영전胡瀅傳』의 기록에 따르면 성조는 건문제의 죽음에 의심을 가지며 태감 정화鄭和를 파견하여 서양에 가서 건문제의 종적을 추적하며 중신重臣 호영을 파견하여 군과, 향, 읍에서 장장 16년 동안 건문제의 행방을 수소문하게 한다. 그러나 지금까지 풀지 못한 미스터리로 남았으며 여러 문헌에는 "건문제의 행방을 모른다."고 주석하여 밝히고 있다.

와중에 건문제가 가사를 입고 녕덕 일대에 은닉했다는 설이 있었다. 그런데 지제사의 유물에서 명나라 때의 금룡金龍의 가사가 발견되는 것이다.

지제사는 산길에서 탑 그림자도 볼 수 없었다. 이 화엄의 불국세계는 어느 계곡의 동천에 깊숙이 숨어 있는 듯 했다. 뒷이야기이지만, 지제사의 스님은 지제산의 아흔아홉 봉우리가 아흔아홉 떨기의 연화 모양이라면 사찰은 바로 아흔아홉 연꽃의 중심에 위치하기 때문에 연꽃의 화심花心에 이르지 않으면 고찰을 볼 수 없다고 말하는 것이었다.

산굽이를 몇 개 돌았는지 갑자기 주변이 소란스러웠다. 사찰 밖의 마당에는 버스와 승용차가 빼곡했는데 저마다 빈자리를 찾느라 뱅뱅 돌아

치고 있었다. 그제 날 역마가 무리로 들이닥쳤으면 이러했을까… 심산 속에서 좀처럼 보기 드문 풍경이었다. 지제사의 문물전文物殿에는 더구나 많은 인파가 북적이고 있었다.

일부러 찾은 가사袈裟의 진열대에서 여행팀 가이드의 목소리가 연기처럼 날려 온다. "건문제가 황궁에서 도망할 때 입던 승복은 이 가사라고 하는데요…"

⬆ 현지에서 건문제의 능이라고 전하고 있는 고분

사람들의 어깨 너머로 보이는 가사는 위에 있는 금룡 때문에 범접하기 어려운 기품을 풍기고 있는 듯 했다. 들어보니 금룡은 아홉 올의 궁정 전문용 금실로 엮였다고 한다. 또 금룡의 발이 다섯이니 가사는 바로 구오지존九五之尊의 황제를 뜻한다고 할 수 있겠다.

건문제의 행방을 둘러싼 천년 미스터리는 마침내 산속의 이 고찰에서 속살을 드러내고 있는 듯 했다.

결코 건강부회가 아니었다. 지제산에서 남쪽으로 약 10km 떨어진 필통산筆筒山에는 또 연호年號가 없는 승려의 무덤이 나타나 건문제의 녕덕 도피 설에 무게를 더해주고 있었다. 제위를 잃은 건문제로서는 그의 연호를 쓸 수 없었고, 그렇다고 제위를 찬탈한 성조의 영락永樂이라는 연호를 승인할 수 없었기 때문이다. 이 무덤은 또 입을 다문 용 즉 폐취룡閉嘴龍의 조각물을 사용했는데, 명나라의 전반기에는 황제를 제외하고 누구도 사용이 불가한 장식물이라고 한다.

물론 반론도 만만치 않다. 우선 금룡의 가사는 만력(萬曆, 1573~1620)연간 황실에서 승려 대천大遷에게 하사한 성물聖物이라고 한다. 대천은 왜구倭寇에 의해 16세기 초 소각되었던 지제사를 중흥한 인물이다. 이 승려 대천이 건문제라면 2백 살의 신선 같은 인물이 되어야 한다. 필통산의 고분 역시 명나라 초 고승의 무덤이 맞지만, 실존한 다른 선사禪師의 무덤이라고 한다.

그때 그 시절 원표 역시 건문제처럼 이변을 만나서 지제산을 떠났는지는 알 수 없다. 그가 왜 인도에서 그토록 어렵게 갖고 온 『화엄경』 경본을 석굴에 두고 갔는지는 더구나 해독하기 어려운 미스터리로 되고 있다. 속설에 따르면 원표가 지제산의 석굴에서 수행하고 있을 때 홀연히 서기瑞氣가 뻗쳤으며, 원표는 그 빛을 따라 한반도에 가서 보니 전라남도 장흥군의 가지산迦智山이 지제산을 빼닮고 있어서 보림사寶林寺를 세웠다고 한다. 보림사는 신라의 선문구산禪門九山에서 제일 먼저 개산開山한

가지산파迦智山派의 중심사찰이다.

실제 장흥의 지제지支提志는 가지산 모양이 탑과 같아 지제라고 했다고 전한다.

가지산에는 또 사계동천四戒洞天, 영은靈隱洞天, 청학동천靑鶴洞天, 옥계동천玉溪洞天, 연화동천蓮花洞天 단번동천幢幡洞天 등 지명이 있어서 도교 명승지이기도 한 대륙의 지제산과 별다른 인연을 나타내고 있다.

그리고 보면 화엄사상의 주처住處인 지제산은 원표를 따라 배를 타고 인도에서 대륙 연해로, 다시 바다를 건너 한반도에 건너갔던 것이다. 서토西土와 중국 대륙, 한반도를 하나로 잇던 옛 바닷길이 그 참모습을 은연히 드러내는 대목이다.

이윽고 산을 내리는데 구름이 바람에 날려 와서 봉우리마다 하얀 연꽃을 피우고 있었다. 정말이지 산이나 나무, 인간은 물론이요, 과거와 오늘이 한데 어우러져 꿈같은 혼돈의 세계를 만들고 있는 듯 했다.

천년 고목과 해동 법사 그리고 사랑 이야기

    사찰은 공사현장 그 자체였다. 시멘트를 반죽하는 기계가 굉음을 뿜고 있었고, 전당을 에워싼 비계^{飛階}로 인부들이 분주히 오르내리고 있었다. 오불꼬불한 산길의 끝머리에 나타난 지상사^{至相寺}는 잠에서 금방 깨어난 듯 그렇게 어수선한 모습으로 일행을 맞고 있었다.

    주지 도전^{道田} 법사는 잠깐 선정^{禪定}에 들었던지 반식경이 지난 후에야 승방에서 인기척을 냈다.

    "당^唐나라 때의 지상사 모습을 복구하고 있는데요" 도전 법사가 해석 하는 말이었다.

    지상사는 서안^{西安}의 남쪽에 있는 종남산^{終南山}의 천자욕^{天子峪}에 위치한 다. 천자욕은 당^唐나라 고종^{高宗} 이치^{李治}가 출생한 곳이라고 해서 생긴 이 름이다. 그래서 태종^{太宗} 이세민^{李世民}이 천자욕의 지상사를 여러 번 참배 하고 향을 피워 올렸다고 한다.

　역설적이지만 지상사는 대륙의 멸불滅佛 운동으로 인해 생겨났다. 대륙에서 불교가 한창 자리를 잡고 있던 북위北魏와 북주北周 시기 멸불 운동이 일어났다. 이때 경성京城 장안長安에서 승려들은 근처의 종남산에 도망하여 역량을 보존했다.

　북주시기 장안의 명승 보안普安은 종남산의 천자욕 서쪽비탈에 은거하고 있었다고 『속고승전續高僧傳』이 전하고 있다. 나중에 보안은 법난을 피하여 산속을 들어온 승려들을 종남산 서쪽비탈의 유밀幽密한 처소에 안치한다. 정작 보안은 홀로 몸을 드러내고 날마다 탁발하여 승려들의 입고 먹는 것을 제공했다. 그리하여 여러 승려들은 수행을 계속할 수 있었다. 그들은 보안과 함께 종남산에 선후로 불사佛舍 27개를 세웠다. 이 불사가 바로 지상사의 추형雛形을 만든 것이다.

수隋나라 문제文帝 개황(開皇, 581~600) 초년, 지상사가 종남산에서 정식으로 창립되었다. 불교의 종파인 화엄종華嚴宗은 지상사에서 전승傳承의 법계法系를 형성하고 있었다. 지상사는 시초부터 화엄학을 가르치고 연구하는 도장이었다. 일찍 승려 보안이 화엄을 존숭했고, 뒤이어 고승 지정智正이 이곳에 와서 화엄을 연구했다. 화엄종의 2조 지엄智儼은 12살 때 지상사에 출가하며 지상사에서 지정의 『화엄경』 강설을 들었으며 또 지상사에서 『화엄경소華嚴經疏』를 연구했던 것이다.

지상사는 흥성할 때 규모가 무려 7백여 정보에 달했고 그 기세가 종남산의 산세처럼 웅장했다.

"오동나무가 숲을 이루면 봉황이 날아든다." 당나라 고종高宗 영휘永輝 2년(651), 신라의 명승 의상義湘이 장안에 들어오며 지상사에 체류했다. 또 효충孝忠, 승전勝詮, 도량道亮, 보양寶壤 등 신라 승려가 지상사를 찾아왔다.

옛날의 여느 명승처럼 의상도 고서의 행간에 신이神異한 행적을 남긴다. 고려 후기의 사서 『삼국유사三國遺事』는 <의상전교義湘傳敎>에 소설 같은 이야기를 기록하고 있다.

"(고승) 지엄은 전날 밤 이상한 꿈을 꾸었다. 큰 나무 하나가 해동에서 났는데, 가지와 잎이 널리 퍼져서 중국까지 와서 덮였다. 또 가지 위에는 봉황새의 둥지가 있었고 둥지에는 마니보주摩尼寶珠가 있어 그 광채가 먼 곳까지 비쳤다. 꿈에서 깨자 놀랍고 이상해서 집을 깨끗이 소제하고 기다리는데 의상이 왔다. 그래서 지엄은 특별한 예로 의상을 맞고 조용히 말했다. '어젯밤의 꿈은 그대가 내게 올 징조였구려.' 입실을 허락하니 의상은 <화엄경>의 세밀한 곳까지 해석했다. 지엄은 영질靈質을 만난 것을 기뻐해 마지않았다."

🔼 화엄의 조사 의상을 기리어 사찰에 세운 기념비

기실 이에 앞서 의상은 벌써 '소설' 같은 이야기를 만들고 있었고 '소설' 같은 인물을 만나고 있었다. 『삼국유사』, 『대장경大藏經』, 『송고승전宋高僧傳』 등 옛 문헌에 기록된 이야기의 판본은 약간씩 차이를 보이지만 대체적인 줄거리는 비슷하다.

의상은 29세에 머리를 깎고 중이 되었는데, 부처의 교화를 보려고 650년 중국행을 단행했다. 그런데 요동의 변방에서 고구려 순라군에 의해 첩자로 잡히며 수십일 만에 겨우 풀려난다. 의상의 육로를 통한 첫 번째 입당入唐 시도는 이로써 실패로 끝나는 것이다.

가만, 이때 의상과 동행한 인물은 원효元曉로서 훗날 의상과 쌍벽을 이룬 한국 불교계의 고승이다.

원효는 의상보다 8세 위인데 의상과 친교를 맺었고 함께 고구려의 승려 보덕普德으로부터 『열반경涅槃經』을 배웠다고 한다. 그때의 신라 풍조에 따라 당나라 유학을 결심하고 의상과 함께 중원으로 떠났던 것이다. 661년, 원효는 의상과 함께 다시 당나라로 들어가려고 한다. 원효는 여로에서 무덤의 해골에 고인 물을 마시고 그 자리에서 득도, "심외무법心外無法, 모든 것은 내 마음에 달려있다"는 것을 깨우치며 의상과 헤어져 돌아갔다. 그 후 원효는 민중 교화의 승려가 되어 당시의 귀족적 불교를 민중불교로 바꿨다. 에피소드라고 할까, 와중에 원효가 파계를 하여 요석瑤石 공주와 더불어 낳은 아들 설총薛聰은 우리말 표기법인 이두를 집대성한 신라의 대학자로 거듭난다.

한편 의상은 홀로 당나라 사신의 배를 타고 마침내 산동반도의 등주登州의 해안에 상륙했다. 의상은 현지의 한 불교신자의 집에 잠깐 기숙을 하는데, 신자는 그의 용모가 출중한 걸 보고 며칠 더 묵게 했다. 신자에게 선묘善妙라고 부르는 딸이 있었으며 손재주가 좋고 용모가 예뻤다. 선묘는 자신의 마음을 고백하지만, 의상의 마음을 돌려세우지 못했다. 이에 선묘는 도심道心을 얻고 불교에 귀의할 것을 발원한다.

의상은 장안으로 떠나며 종남산에 들어가서 화엄종의 2조 지엄智嚴으로부터 8년 동안 화엄을 공부했다. 화엄종의 3조인 법장法藏은 그의 친밀한 법우法友였다.

스승 지엄이 입적入寂한 얼마 후인 670년 의상은 급급히 귀국길에 올랐다. 『삼국유사』의 기록에 따르면 의상은 당나라의 신라 침공을 알리기 위해서 길을 떠났다고 한다. 이때 의상은 또 등주에서 상선에 탑승했다. 이 소식을 들은 선묘가 미리 준비했던 법복과 집기를 들고 부랴부랴 부두에 달려왔다. 그러나 상선은 저만치 멀리 떠나간 뒤였다. 선묘는 "용이되어 스님의 배가 무사히 신라로 돌아갈 있도록 돕겠다"면서 바다에 투신한다. 과연 선묘는 용으로 형체를 나타내고 배를 밀어 저쪽 바다 건너 한반도의 기슭에 닿게 했다.

선묘의 사랑 이야기는 여기서 끝나지 않았다. 신라에 도착한 의상은 화엄종을 전파할 장소로 태백산을 점찍었다. 사찰을 지을 때 도둑떼가 몰려와서 공사가 중단되었다. 그러자 의상을 따라온 선묘가 다시 용으로 나타나서 신력神力을 현시했으며 이에 도둑떼는 별 수 없이 물러갔다. 선묘는 이때부터 부석사浮石寺를 수호하기 위해 석룡石龍으로 변해서 사찰의 뜰에 묻혔다고 한다. 실제로 사찰의 뜰에서 언제인가 석룡 몸체의 일부가 발견되었다고 하니 바다를 건넌 선묘의 사랑 이야기가 전설인지 진실인지 헷갈린다.

어찌됐거나 의상이 세운 부석사는 허망 지은 이야기가 아니다. 의상은 676년 한국 화엄의 근본도량이 된 이 부석사를 태백산(경상북도 봉황산)에 창건했으며, 그 후 이를 시작으로 전국 각 지역에 10개의 화엄종 사찰을 지었다. 부석사는 떠있는 바위가 있다고 해서 지은 이름이다. 사찰의 부석 아래에는 틈이 있어서 실을 당기면 걸림 없이 드나든다는 얘기가 항간에 전하고 있다.

"우리 지상사가 본뜨고 있는 건축구조는 바로 부석사浮石寺인데요" 도

전 스님은 종남산에 새로 일어서는 지상사의 모습을 이렇게 밝히고 있었다.

그의 말에 따르면 부석사는 옛 지상사를 상당 부분 베끼고 있다는 것이다. 역시 참조물參照物이 되고 있는 일본 교토의 고찰도 당나라 때의 풍격이며 지상사의 옛 모습을 더듬을 수 있다고 한다.

천 년 전, 지상사는 해동에 건너간 후 정작 대륙에서는 본래의 형체를 잃었다. 당나라무종(武宗, 814~846)이 도교를 신봉하면서 또 멸불 운동을 단행, 842년부터 4년간 무려 40,000개의 사찰을 폐쇄했던 것이다. 이 멸불의 불길은 장안 부근의 명찰인 지상사에 선참으로 당겨 붙었다. 지장사의 "종과 구리 조각상은 돈을 주조했고, 쇠로 만든 조각상은 두드려서 농기구로 만들었으며 승려는 전부 환속했으며" 건물은 훼손되었다.

민국(民國, 1912~1949) 시기 종남산의 천자욕에는 사찰이 다시 수풀처럼 일떠서고 있었다. 공화국이 창립된 시초인 1950년에 지음하여 사찰은 승려가 30여 명 있었고 건물이 80여 간 있었으며 땅이 2, 3백 정보 되었다고 한다.

"그때 사찰 주변에 7층 이상의 사리탑만 해도 27채나 되었다고 합니다." 도전 스님의 한탄 섞인 말이었다.

현재 사찰에는 유물이라곤 자곡紫谷 선사의 열반탑涅槃塔 탑신 하나뿐만 남아있다고 한다. 자곡 선사는 청나라 강희康熙 황제의 국사國師이다. 자곡 선사가 은거하면서 사찰 이름은 국청선사國淸禪寺로 개명했다.

그야말로 굴러온 돌이 박힌 돌을 뽑아버린 형국이었다. 국청사로 개명한 후 지상사의 옛 이름은 집단기억에서 차츰 소실되었다. 20여 년 전,

한국의 일부 유지인사들이 여러 해 동안의 현지 조사와 탐방을 거쳐 비로소 국청사의 옛 이름을 다시 찾았던 것이다. 그 무렵 한국 화엄의 조사祖師인 의상을 기리어 특별히 세운 기념비가 뜰의 한 모퉁이를 차지하고 있었다.

📛 강희황제의 국사 탑신은 사찰에 유일하게 잔존한 유물이다.

한국 승려들은 우리 일행이 도착하기 하루 전에도 지상사를 다녀갔다고 한다. 도전 스님은 지상사는 수련장소라고 하면서 한국 승려들은 대개 여행사를 통해 지상사를 견학하고 의상 법사를 기리고 있다고 밝혔다.

어찌됐거나 이 한국 승려들은 행운아였다. 약 30년 전, 도전 스님이 산에 올랐을 때에는 사찰의 흔적마저 얼마 남아있지 않았다고 한다. 극좌운동인 '문화대혁명' 시기 '홍위병紅衛兵'들이 사찰의 건물과 사리탑을 거의 다 허물어 버렸던 것이다. 이어 지난 세기 80년대에는 부근의 촌민이 땅을 파서 문화재를 도굴했다고 한다. 그때는 마침 대륙에서 문화재 가격이 한창 천정부지로 치솟고 있었던 것이다.

이때 울지도 웃지도 못할 이야기가 생겨났다. 사리탑에서 금으로 된 함을 발견한 농부가 정작 함에 있는 물건은 버렸다고 한다. 진주를 버리고 진주함을 챙긴 것이다. 지금도 함에 있던 그 보물의 정체는 밝혀지지 않았다고 한다. 껍데기만 남은 이 함은 현재 국가급 문화재가 되어 섬서省陝西省 역사박물관에 소장되어 있단다.

사찰의 옛 이름과 더불어 만날 수 있는 천년의 옛 기억은 또 하나 있었다. 뜰에는 당나라 때 승려들이 심었다고 전하는 천년 묵은 홰나무가 있었다. 예전에 이런 고목은 사찰 주변에 200여 그루 있었다고 한다. 지난 세기 70년대 말 촌민들이 남벌하면서 종당에는 홰나무 한 그루가 홀로 서 있게 된 것이다.

카메라에 홰나무를 담다 말고 부지중 한숨을 길게 흘렸다. "도서실이라면 옛 장서藏書는 한 권밖에 없는 셈이네요"

정말이지 의상의 이야기는 인제 홰나무처럼 사찰의 외로운 고목으로 남고 있었다. 사찰은 다시 천 년 전의 원상을 찾고 있지만, 복구한 이 '법기法器'가 천년의 옛 이야기를 모두 담아낼 수 있을지 궁금했다.

사찰 저쪽에서 독경 소리가 혼잡한 동음을 헤집고 잔잔히 들리고 있었다. 저도 몰래 의상을 찬讚한 『삼국유사』의 시 구절을 머리에 떠올렸다.

"덤불을 헤치고 바다를 건너 연기와 티끌 무릅쓰니,
지상사의 문이 열려 귀한 손님 접대했네.
화엄을 캐다가 고국故國에 심었으니,
종남산과 태백산이 함께 봄을 맞았네."

배를 타고 미인의 호수에 찾아온 고려 왕자

　서호(西湖)의 기슭에 이른 후 제일 먼저 만난 건 실은 승려가 아니라 시인이었다. 호수를 다리처럼 가로타고 남북으로 길게 누운 언제, 그 언제 어귀에 시인 소식(蘇軾)의 조각상이 그 무슨 표지석처럼 우두커니 서 있는 었다. 조각상의 뒤에는 또 소동파의 기념관이 있었다.

　소식은 호가 '동파(東坡) 거사(居士)'이며 이 때문에 세간에서 '소동파(蘇東坡)'라고 불린다. 북송(北宋) 시기의 유명한 시인이고 서예가이다.

　소동파는 항주(杭州)의 태수로 있을 때 서호에 언제를 쌓았는데, 그의 치적을 기리기 위해 이 언제의 이름을 '소제(蘇堤)'라고 부른다고 한다. 기왕 말이 났으니 말이지 서호에는 또 하나의 언제가 있는데, 당(唐)나라 때의 유명한 시인 백거이(白居易)가 항주 자사(刺史)로 있을 때 쌓았다고 해서 '백제(白堤)'라고 부른다.

　언제를 걷다가 뭔가 머리를 툭 치는 게 있다. "아하, 옛날에는 시만 잘 짓는다고 이름난 시인이 되는 게 아니구나.”

그러나 호수에서 주은 속인의 이 '깨달음'은 금세 언제 위의 인파에 물처럼 잦아든다.

❖ 서호의 언제 어구에 서있는 소동파 입상 그리고 그 뒤의 소동파기념관

소제는 이 언제를 쌓은 소동파처럼 금세 소문이 났다. 남송^{南宋} 때부터는 서호 10대 경물의 첫손에 꼽혔다고 한다. 이름하여 '소제춘효^{蘇堤春曉}'이니 '소제의 봄날의 새벽'이라는 뜻. 그러나 서호가 중국 10대 명소의 하나로 유명세를 타게 되는 것은 이런 아름다운 산수의 지세를 갖췄을 뿐만 아니라 14명 제왕의 수도였던 항주에 있었기 때문이 아닐지 한다. 서호는 바로 항주의 서쪽에 위치한다고 해서 지은 이름이다.

소제를 준설^{浚渫}할 때 서호 호수 바닥의 흙모래를 퍼서 쌓아올렸다. 소동파는 또 부근의 옥잠산玉簪山의 흙을 파서 날라 오게 했다고 전한다. 백년 사찰이 있는 곳이었다. 언제는 호수 위에 생겨났지만 이로해서 사찰은 지형적으로 왼팔을 잃은 격이 되었다. 소동파가 사찰에 화근을 만들었다는 낭설은 이 때문에 생긴 것이다.

이 사찰의 이름은 혜인사慧因寺로 '정혜인연定慧因緣'에서 따온 말이다. '선정과 지혜의 인연'이라는 뜻이 담긴 것이다. 그런데 소동파가 심은 '화근'이 별난 '인연'이 되었을지 모른다. 혜인사는 병란으로 훼손되고 잇따라 보수를 거듭하는 악연을 여러 번 재연한다. 소동파가 사찰에 악연을 맺고 있었다면 오월국吳越國의 창시자 전류錢鏐는 사찰에 불연佛緣을 맺고 있었다. 전류는 불교를 신봉했으며 재위 41년 동안 항주에 많은 사찰과 불교시설을 세웠다. 혜인사는 물론 항주의 유명한 영은사靈隱寺와 육화탑六和塔도 이때 생겨났다.

비록 국왕이 세웠지만 혜인사는 나중에 왕자 때문에 이름을 떨쳤다. 배를 타고 온 고려 왕자의 이야기는 그렇게 시작된다.

가만, 항주는 배와 특별한 인연이 있는 듯하다. 상고시기 대우大禹가 치수를 할 때 이곳을 들렀다고 전한다. 그래서 이 고장은 대우가 배로 물을 건넜다는 의미의 우항禹航이라고 불렸다. 훗날 비슷한 발음의 여항余航으로 불렸고 또 건널 항杭자가 같은 의미의 항抗자로 바뀌면서 항주라는 지명이 생겨났다는 것이다. 여항이라는 이 지명은 아직도 항주에 있으니, 그저 전설로만 치부할 수 없을 듯하다.

항주에 성인聖人 대우가 등장하듯 혜인사에 승려 의천義天이 나타난다. 의천은 고려 문종文宗 왕휘王徽의 넷째 아들로 속명이 왕후王煦이다. 그는 일찍 1067년(혹자 1069년이라고 한다) 최고승통 법계를 받았다. 이처럼 일국의 왕자가 나오지만 혜인사는 결국 항주라는 지명에 가려진 듯 했다. 호수가의 다른 명소처럼 이름을 알리지 못하고 있었다. 소제에서 불과 1, 2km의 거리였지만 여러 번 길을 물어서야 사찰을 찾아갈 수 있었다.

사찰의 이름도 더는 혜인사가 아니었다. 갈림길 어귀에 세운 나무 표시판에 '혜인 고려사'라고 밝혀 있었다.

그때 그 시절 사찰은 항간에서 혜인사 아닌 '고려사高麗寺'로 불렸다고 한다. 소동파는 '고려사'라는 이 속칭마저 귀에 거슬렸을지 모른다. 원우元祐 4년(1089), 소동파는 고려에서 들어온 사찰에 보낸 2개의 금

⬆ 혜인고려사로 가는 길 표시

탑을 받지 말라고 상주문을 올리는 것이다. 금탑은 승려 의천이 스승 정원淨源을 추모하기 위해 바다 건너 고려에서 보내온 선물이었다.

사실상 고려 승려 의천과 대륙의 고승 정원의 불연은 이보다 8년을 거슬러 올라간다. 1081년, 의천은 송나라 정원淨源 법사에게 서한을 보내 경모의 뜻을 표했다. 정원 법사는 "바람 따라 오면 이심전심以心傳心을 말로 전해주리라"고 답신을 보냈다.

의천은 부왕父王 문종과 그 후의 선종宣宗에게 송나라로 갈 의향을 여러 번 진언했으나 허락을 받지 못했다. 1085년, 의천은 선종이 시찰을 나간 틈을 타 시자侍子 수개壽介 등을 데리고 정주貞州 즉 지금의 김포에 내려가 송나라 상인의 배를 타고 대륙으로 떠났다.

🔼 혜인고려사의 석판에 그려진 의천의 구법노선도

의천 일행은 밀주密州 판교진板橋鎭 즉 지금의 산동반도 교주膠州와 해주
海州 즉 지금의 강소성 연운항連雲港을 경유하여 북송의 수도 변경汴京 즉
지금의 개봉開封에 도착해 국왕 철종哲宗의 환대를 받는다. 의천은 계속
남하하여 여항 즉 지금의 항주에 도착했다. 항주에서 예전에 서한으로
만났던 정원 법사와 대면했다. 의천은 얼마 후 정원 법사와 함께 북상하
여 변경에 갔다가 다시 남하하여 혜인사에 들렀으며 천태산으로 간다.

의천은 혜인사에 체류하는 기간 동안 사비를 내어 불교경전 7,500여
권을 사찰에 비치했다고 한다. 그는 또 거액을 들여 혜인사에 화엄대각
과 장경탑을 세우도록 한다. 혜인사가 나중에 고려사로 불리는 이유는
왕자 출신의 고려 명승이 다녀갔기 때문만 아닌 것이다.

이때 소동파가 아직 항주 태수로 있지 않은 게 다행인 듯하다. 소동파

는 54살 나던 1089년 자청하여 항주에 5년 동안 좌천되어 있었다. 그는 고려와의 내왕을 반대하는 사람이었다. 명明나라 때의 산문집 『서호의 꿈을 찾다西湖夢尋』는 항주 일대의 사찰 등을 묘사, 서술한 책인데, 소동파가 국왕에게 "외국인外夷이 중국에 자주 드나들어 변방이 열리는 일이 없게 해야 한다"고 상주했다고 기록하고 있다. 소동파는 또 국왕에게 상주하여 시비를 의론한 것을 묶은 『주의집奏議集』에 "복건성의 교활한 상인 서전徐戩이 먼저 고려의 돈과 물품을 받고 고려와 거래하여 이득을 취하고 있다"고 하면서 서전에게 옥쇄를 채워 그 죄를 물어야 한다고 주장한다. 실제로 소동파가 금탑을 받지 말라고 상주한 이유는 고려가 오랫동안 공물을 바치지 않았으니 더는 고려와 내왕을 하지 말아야 한다는 것이었다.

다사다난한 고려사는 청淸나라 광서光緖 초기에 결국 소실되었다. 그러나 2007년 재건되어 다시 서호 기슭에 나타났다. '혜인고려사'라는 이 사찰 이름은 천 년의 세월을 헤가르고 고려 왕자를 호수 위에 다시 배처럼 떠올리고 있었다.

다른 참관객들과 함께 입장료를 내고 입문入門했다. 당금 뭔가 이상한 기분이 일행을 맞이하고 있었다. 향불은 타오르고 있었지만 승복을 입은 승려가 없었던 것이다.

"이건 뭐 불공을 드리는 사찰이 아니고 전시관이네." 일행 중 누군가 구시렁거리는 소리이다.

휑뎅그렁한 대웅보전에는 청소부 아줌마가 홀로 빗질을 하고 있었다. 그는 혹간 한국 스님이 들린다고 하면서 대개 관광팀에 합류하는 경우라고 알려준다. 다들 대웅보전의 오른쪽에 있는 당실堂室을 찾더라는 것이다. 당실의 문 위쪽에 '대각大覺'이라는 간판이 걸려 있었다. 대각은 고려 숙종이 의천에게 내린 시호諡號이다.

당실 앞의 뜰에서 일행은 의천의 천리 행적을 단 한 두 걸음으로 끝낼 수 있었다. 땅에 의천의 '입송入宋 구법노선도'가 돌을새김 되어 있었던 것이다. 또 당실에 들어 선 후 의천의 일생을 한눈에 볼 수 있었다. 당실 중앙에는 의천의 조각상이 있었고 벽에는 그의 일생을 묘사한 12첩의 구리판 그림이 있었던 것이다.

맞은쪽의 당실은 전시관이었다. 대륙과 한반도의 불교문화 교류에서 유명한 고승과 대덕 22명을 열거하고 있었다. 천태종 제2조의 문하에서 수학했던 백제의 승려 현광玄光도 있었다. 그러나 정작 천태산에 등장했던 고구려의 승려 반야波若, 신라의 승려 연광緣光은 없었다. 연광도 반야처럼 천태종의 조사祖師 지의智顗를 스승으로 모시고 도를 깨우쳤다. 그역시 반야처럼 신이神異한 행적을 남긴다. 연광은 죽은 뒤 화장을 했으나 혀만 타지 않고 남아 있었으며 가끔 『법화경法華經』을 독송하는 소리를 냈다고 전한다. 연광의 전기는 신라의 법화 신앙을 살필 수 있는 가장 대표적인 것이다.

의천은 미구에 천태산에 올라 옛 선조의 행적을 따라 답사했을까… 아무튼 의천은 조사 지의의 유적을 첨앙하며 그의 육신탑肉身塔의 앞에서 고향으로 돌아간 후 명이 다하도록 천태의 교리를 전파할 것을 발원한다.

얼마 후 천태산을 내린 의천은 명주明州 즉 지금의 녕파寧波를 경유하여 동쪽의 정해定海 즉 지금의 진해鎭海로 간다. 북방의 전란 때문에 북송 희녕熙寧 7년(1074)부터 명주는 고려의 출입 통상구로 되고 있었다. 1117년, 북송은 명주에 고려 공사관貢使館을 세워 사절을 접대하기에 이른다. 의천이 명주를 떠난 지 약 20년이 지난 시점이었다.

고려 사절은 의천이 북송에 왔던 그때 그 시절에도 적지 않았다. 의천은 명주를 경유하던 고려 사절단과 합류하고 그들의 배에 탑승하여 정해에서 귀국길에 올랐던 것이다.

1097년, 천태산의 동명의 국청사가 왕궁에 의해 개성에 세워지며, 의천이 주지로 임명되고 처음으로 천태의 교리를 강설한다. 이때부터 천태종은 고려 말기까지 고려불교의 중심종단으로 되어 한국 불교사상은 물론 신앙사에 지대한 영향을 미친다.

이로써 삼국의 승려로부터 시작한 천태의 불연은 오백년 후 마침내 한반도에 잇닿아 뿌리를 내리고 꽃을 피우는 것이다.

이야기가 또 다른 데로 잠깐 흘렀다. 의천 일행이 대륙을 떠난 몇 년 후 소동파가 항주 태수로 부임되었다. 그가 고려사 근처의 흙을 파서 언제를 쌓은 것은 이때의 일이다. 그런데 문충文忠은 또 나중에 고려사를 찾아 부처 앞에서 가람신伽藍神으로 되어 사찰을 수호하겠다는 발원을 했다고 『혜인사지慧因寺志』가 기록하고 있다. 문충은 소동파가 사망한 후 송나라 고종高宗이 내린 시호諡號이다. 가람신은 사찰의 호법신이니, 소동파가 혜인사의 수호자로 되려 했다는 것이다.

소동파가 혜인사의 풍수를 망가뜨린 장본인이라고 하니 이 또한 역사의 아이러니가 아닐 수 없다.

정말로 소동파는 자의든 타의든 가람
신이 되어 있었다. 1996년, 혜인사의 옛
터에서 돌조각의 인물상을 하나 발굴했
는데, 이 인물상은 손에 홀笏을 들고 단
정하게 서 있는 형상이었다. 홀은 신하
가 임금을 만나 뵐 때 조복에 갖춰 손에
드는 수판手板이다. 훗날 이 석상이 바로
항주 태수 소동파를 형상한 석상이라는
것이 고증되었다.

🔹 고려사관 옛터 부근에서
군고구마를 파는 아저씨와 조각상.
옛날과 현재가 하나로 어우러지고 있다.

"혜인사에 응분한 죗값을 치르라고 후세 사람들이 만들어 놓은 게 아
닐까요?"

서쪽하늘의 오색노을이 호수에 내려 앉아 물위에 비경秘境을 그리고
있었다. '서자호西子湖'라는 서호의 다른 이름이 새삼 향기처럼 다가온다.
호수가 항주에서 살던 월越나라의 미인 서시西施처럼 아름답다고 해서 소
동파가 일부러 지은 이름이다.

그야말로 뒤죽박죽이 아닐지 한다. 태수 소동파는 왕자의 선물을 사찰
에 들여놓지 않지만, 시인 소동파는 미인의 모습을 호수에 남기고 있는
것이다. 과연 '백마' 대신 배를 타고 왔던 고려 왕자는 대륙의 미인을 만
날 수 있었을까?

고려의 승려는 송나라의 파계승을 만났을까

제목을 쓰고 보니 또 삼국 시대의 이야기에서 빗나가고 있는 것 같다. 고려는 삼국을 지나고 통일신라를 뒤로 하고 있는 왕조이니 말이다. 고려의 승려와는 달리 삼국의 승려가 송나라의 그 파계승을 만날 수 없는 이유이다.

"삼국의 스님이 고려 시대까지 신선처럼 내처 장수했다면 또 모르겠죠"

파계승이 있었던 개봉開封의 고찰은 대륙 장안을 드나드는 역로의 길목에 자리 잡고 있었다. 실제로 고려의 사절과 승려는 옛 문헌의 행간에 불쑥불쑥 나타나 이 고찰을 만나고 있다. 고려의 사절과 승려에 앞서 삼국의 사절과 승려 역시 고찰에 들릴 수 있었다는 얘기가 된다.

그렇다면 고려의 승려는 또 명明나라의 고전소설에 등장했던 송나라의 그 파계승을 만났을까…

⬆ 개봉의 고찰 상국사

　사실상 개봉 자체가 일찍이 춘추春秋 시대에 생겨난 유명한 성읍이다.
그때 장공庄公이 정鄭나라의 동북 변강에 있는 이곳을 선정하여 식량을
저장하는 도성을 축조하고 '계척봉강啓拓封疆'이라는 뜻으로 '계봉啓封'이
라 명명했다. 서한西漢 때 경제景帝가 즉위하자 그의 이름 유계휘劉啓諱를
피해 열 '계啓'를 같은 의미의 열 '개開'로 고쳤으며 계봉을 개봉으로 부
르게 되었던 것이다.

　개봉은 중국 8대 고도古都의 하나로 북송北宋 시기에는 당시 세계적으
로 으뜸가는 대도시로 거듭나고 있었다. 명화 '청명상하도淸明上河圖'가 북
송의 이 동경東京을 배경으로 창작되었듯 많은 역사 이야기는 이 동경에

서 생겨나고 기록되고 있다. 중국의 4대 고전명작의 하나인 『수호전水滸傳』
역시 북송 말년 개봉의 북쪽지역 양산梁山에서 봉기를 일으켰던 108명
호한의 이야기이다.

어쩌면 삼국이 아니라 유독 고려 승려의 행적만 개봉에 남고 있는 원
인을 알 것 같다.

이러니저러니 택시 기사가 말하고 있는 상국사上國寺는 더는 옛 사찰이
아니었다. "황하黃河가 범람하면서 훼손되었지요, 지금은 새로 지은 사찰
인데요"

역사상 황하는 한두 번만 범람한 게 아니었다. 개봉에 물난리가 자꾸
생기자 명明나라 가정嘉靖 2년(1523), 성읍의 동남쪽 언덕 위에 우왕묘禹王
廟를 세운다. 그러나 치수의 공적을 쌓은 대우大禹의 이름도 제멋대로 날
뛰는 황하를 더는 길들일 수 없었다. 명나라 말, 개봉은 황하가 범람하면
서 물에 잠겼으며 상국사는 전부 폐허가 되었다. 청淸나라 건륭乾隆 31년
(1766), 옛터에 사찰을 재건했지만 도광道光 21년(1841), 황하의 언제가
터지면서 개봉 성내에 또 물이 들이닥쳤던 것이다.

택시 기사가 화제에 올린 황하의 범람은 분명히 청나라 때의 이 마지
막 물난리였다.

기실 상국사는 천재天災만 아니라 모진 인재人災를 겪고 있었다. 북제北
齊 천보天保 6년(555) '건국사建國寺'라는 이름으로 개봉에 나타난 얼마 후
곧바로 병란으로 훼손되었다. 당唐나라 경운景雲 2년(711) 재건했고 이듬
해 예종睿宗이 상왕相王의 신분으로 황위를 계승하면서 '대상국사'라는 이
름을 내렸다. 그 후 금金나라와 원元나라 때 전란으로 심하게 훼손되었으

며 날을 따라 내리막길을 걸었다. 명나라 때 태조 주원장^{朱元章}이 여러 번 상국사를 재건하면서 흥성했으나 나중에 물난리를 만나 폐허가 된 것이다.

택시는 길 어귀에서 멈췄다. 상국사로 가는 길은 일방통행이었던 것이다. 차의 흐름을 거슬러 사찰로 향했다. 천년의 고찰은 그렇게 세월의 저쪽에서 지적으로 다가오고 있었다.

불현듯 길가에 장마당 건물이 나타났다. 이름하여 '대상국사 시장^{市場}', 시장 어귀에 돌사자가 웅크리고 앉아 있었다. 약간 얼떨떨했다. 장마당에 사찰이 있는 걸까 아니면 사찰에 장마당을 벌인 걸까…

북송 때 상국사는 근처에 변하^{汴河}가 있었고 부두가 있었기 때문에 개봉의 아주 번화한 민간교역 장소였다. 달마다 절간장이 다섯 번 열렸고 상인이 만 명으로 헤아렸다고 한다. 와중에 이청조^{李淸照}는 달마다 초하룻날과 보름날이면 상국사 일대에 가서 서예와 그림 작품을 사들였다. 참고로 이청조는 북송 시기의 유명한 여류시인이다. 그는 작품을 사기 위해 고기를 먹지 않고 새 옷을 입지 않은 일화를 문학사에 남기고 있다.

이청조와 같은 '백락'이 개봉에 운집하고 있어서 상국사가 '천리마'의 고향으로 되었을지 모른다.

당나라 때 상국사에는 유명한 벽화와 서예 작품이 아주 많았다고 한다. '그림의 성인'으로 불리는 오도자^{吳道子} 등 많은 화백과 지엄^{智儼} 등 명승이 상국사에 작품을 남겼다. 송나라 때 상국사는 황제가 기복^{祈福}을 하는 곳이었으며 '황실의 사찰'로 불렸다. 이에 따라 당시 유명한 화백들이 또 사찰에 그들의 작품을 남겼다. 이런 희대의 작품들은 결국 옛 건물과 더불어 다른 세상으로 사라진 것이다.

옛터에 다시 세운 새 사찰은 장마당에서 불과 수십 보 떨어져 있었다. 수풀처럼 늘어선 부근의 건물에 묻혀서 별로 눈에 띄지 않았다.

평일이라서 상국사에서 열리고 있는 행사가 더구나 유표했다. 일명 '성지순례 만리 행'이었는데, 민간인들이 국가종교사무국의 비준을 받아 정부의 '일대일로一帶一路' 전략을 실행하는 문화교류활동이라고 했다. 자가운전의 방식으로 대륙의 100여 개 고찰에 가서 수집한 신자들의 소원에 대해 기복을 한다고 한다. 물어보니 대륙의 남단인 해남海南에서 시작하여 네팔의 석가모니 탄생지까지 무려 2만km를 답파한다고 한다.

이야기를 나누다가 나도 몰래 혀를 찼다. "불자님들의 '중국 꿈'이겠지요? 정말로 대단한 수행을 하고 계십니다."

'중국 꿈'은 얼마 전 대륙에 등장한 신조어로 중화민족의 부흥을 말한다. "'중국 꿈'을 이루자"는 글귀는 승려가 외우는 염불처럼 사찰 어구의 전광판에도 떠오르고 있었다.

기왕 말이 났으니 말이지 고찰 상국사는 옛날 대륙만 아니라 외국 승려의 '해외의 꿈'을 이루는 도장이었다. 일찍 당나라 때 상국사는 벌써 대륙 불교활동의 거점으로 되고 있었다. 대륙에 와서 구법을 했던 일본의 고승 구카이空海는 상국사에 오랫동안 머물렀다고 전한다. 그처럼 바다를 건너온 삼국의 승려도 상국사를 찾을 법하다. 미구에 송나라 때에는 보다 많은 나라의 외교사절과 승려가 상국사에 와서 참배하고 불법을 배웠다.

수양버들을 뿌리채 당겨서 뽑고 있는 노지심

한반도의 고승 의천(義天, 1055~1101)도 마찬가지였다. 의천은 고려 문종文宗의 아들로 고려 천태종天台宗의 대표인물이다. 1085년, 의천은 바다를 건너 구법행을 하는데, 개봉에서 약 1개월 체류한다. 이때 그는 상국사에서 운문종雲門宗의 고승 종본宗本을 방문하고 흥국사興國寺에서 인도의 고승 천길상天吉祥을 만나 범학을 배운다.

고승 종본은 송나라의 왕실에서 존경을 받는 선禪의 거장이었다. 종본은 특별히 승당昇堂하여 의천과 선문답을 나눴다. 나중에 종본은 의천에게 "그대는 아직 <화엄경>을 깨닫지 못했다"고 말한다. 의천은 『화엄경』을 수십 번이나 독파한 사람이지만, 참선參禪은 한 번도 해본 적 없는 사람이었다. 실제로 의천은 대륙에 체류한 14개월 동안 수십 명의 고승과 교류를 했지만 귀국 후 유식唯識, 화엄華嚴, 율학律學, 천태天台의 종지를 받아왔다고 말하며 선종은 언급하지 않는다.

잠깐, 의천은 귀국 후 상국사의 유명한 벽화를 주변에 애기했는지 모른다. 아니, 상국사의 방문에 앞서 벽화 이야기를 들은 적 있을지 모른다. 의천이 상국사를 방문하기 전, 고려의 사절은 특별히 상국사의 벽화를 찾아가고 있었기 때문이다.

송나라 희종熙宗 7년(1074), 고려의 사신 최사훈崔思訓이 여러 화백을 데리고 상국사에 와서 벽화를 전부 모사했다. 그 후 휘종(徽宗, 재위기간 1110~1125) 때 태종太宗의 친필 편액 '대상국사'를 사절에게 하사하여 귀국하게 했다고 한다. 상국사는 대륙 불교의 상징적인 도장이 되고 있었던 것이다.

이렇듯 유명한 상국사에 파계승이 등장하는 것 역시 이 무렵의 일이다. 파계승은 술을 먹고 고기를 뜯고 불을 지르고 사람을 죽이는 등 불교의 계율을 제멋대로 어기는 '망나니' 승려를 이르는 말이다. 그런데 종국적으로 상국사는 이 파계승 때문에 더구나 항간에 명성을 널리 전한다.

정말이지 상국사의 주지 스님을 몰라도 파계승 노지심魯智深의 이름을 모르는 사람은 없는 것 같다. 이 파계승은 원래 송나라 지방의 작은 관리였다. 그는 부녀자를 우롱하는 백정을 때리다가 살인죄를 짓게 되자 오대산五臺山에 도망하여 승려로 되었던 것이다. 뒤미처 술을 먹고 계율을 어겨 오대산에서 쫓겨나며 개봉의 상국사에 자리를 옮기게 된다. 상국사의 장로는 노지심을 감히 사찰에 두지 못하고 채마지기로 보냈다. 노지심은 채마전을 노리는 건달들을 혼낸 후 그들에게 수양버들을 당겨서 뿌리 채 뽑는 무서운 괴력을 과시한다.

『수호전』에 따르면 노지심은 미구에 사찰을 떠나 양산의 열세 번 째 호한으로 된다.

상국사를 찾는 관광객들이 너나없이 사진을 남기는 장소는 바로 노지심의 조각상을 세운 곳이다. 노지심은 수마선장水磨禪杖을 옆에 세워놓고 버드나무를 그 무슨 갈대인양 두 손으로 당겨서 우두둑 뽑고 있었다.

한국의 고대의 승려는 몰라도 현세의 승려들은 이 파계승과 자주 만나고 있는 듯했다. 상국사를 찾아오는 한국의 승려가 적지 않다고 객당客堂의 당직 스님이 소개하고 있었다. 그들은 혹자 팀을 묶어 방문을 하거나 개인적으로 탐방을 온다.

그러고 보면 강 건너 산 너머 '성지 참배'의 '만리행'은 백 년, 천 년 후에도 계속되고 있었다.

그러나 상국사의 이야기는 더 이어지지 않을 듯 했다. 사찰을 나온 일행의 발길은 언뜻 다른 데로 빗나가고 있었다. 개봉의 구경거리가 뭐냐 하고 물었더니 호텔의 도우미가 안내한 곳은 유적 '개봉부開封府'였다. '개봉부'는 상국사에서 서너 블록 떨어진 가까운 곳이다. 옛날 개봉을 다녀간 사절과 승려도 이 '개봉부'에 족적을 남겼을 수 있으리라. 아쉽게도 개봉부에 도착하니 벌써 어스름이 깔리기 시작했고 솟을 대문은 굳게 닫혀 있었다.

마침 '개봉부'의 앞 호수도 개봉의 명승지이었다. 북송 때 청렴한 관리로 소문난 포승包丞의 이름을 따서 '포공호包公湖'라고 불리고 있었다. 호수의 가운데를 다리처럼 가로지른 언제는 '사회주의핵심가치관'이라는 다른 이름의 주제공원이 되어 있었다.

⬆ 공원은 낮에는 한산한 모습이지만 저녁이면 흥성한다.

'포공호'가 공원이 아니더라도 옛날 승려가 개봉에 오면 이 도심의 호수를 거닐지 않았을까?

솔직히 제멋대로 그린 상상도였다. 눈앞의 풍경이라면 승려는 호수에 그의 그림자가 비끼기 전에 멀리 피했을 듯 했다. 언제에는 남녀 쌍쌍이 짝을 지어 다니고 있었고 혼자 다니는 사람은 별로 없었다. 나중에 호텔의 도우미가 깔깔 웃으면서 알려준 내막은 '포공'이라는 호수이름은 물론이요, '사회주의핵심가치관'이라는 공원이름과 왕창 엇갈리고 있었다.

"이곳 사람들은 언제를 '정인교情人橋'라고 불러요. 저녁이면 연인들이 데이트를 즐기는 곳이지요."

맙소사, 한밤중에 연인들의 성지를 눈을 부릅뜨고 홀로 구경을 다녔으니 이런 꼴불견의 '파계승'이 있을까 싶다. 똑같은 장소라고 해도 이름이 바뀌고 이야기가 빗나갈 줄을 신선이라고 미리 알고 있었으랴.

제齊나라의 왕부王府에 세운 신라인의 여인숙

옛날 옛적의 이야기이다. 해상 실크로드를 따라 산동반도에 상륙한 신라인들은 다시 육상 실크로드를 따라 내륙으로 향했다. 두발로 날마다 백리 길, 바닷가에서 몇 백 리 지어 몇 천 리의 여로의 어디에서 행장을 잠깐씩 풀었을까…

신라인들의 숙박소 이야기는 대륙에서 그렇게 걸음을 떼고 있었다.

그러나 숙박소라고 해서 신라인 누구라도 다 기거할 수 있는 게 아니었다. 당나라 때 관객官客과 서민을 상대한 숙박소는 관사官舍와 여인숙으로 서로 달랐기 때문이다.

역참은 관가에서 사절과 관원에게 숙박과 음식 그리고 교통도구를 제공하던 곳이었다. 법전 『당육전唐六典』에 따르면 당나라 때 역참은 30리마다 하나씩 있었다고 한다. 또 교통도구는 제공하지 않고 관원과 관가의 손님만 초대하는 관사가 있었다. 여인숙은 대부분 개인이 경영하고 있었으며 내왕하는 서민 길손에게 숙박과 음식을 제공했다.

관사나 여인숙은 나름대로 지명을 따거나 대상하는 손님에 따라 작명했다. 일본 승려 엔닌(圓仁. 794~864)의 『입당구법순례행기入唐求法巡禮行』에 기록되고 있는 등주登州 성 남쪽거리의 동쪽의 신라관新羅館과 발해관渤海館은 바로 대상하는 손님에 따라 지은 관사 이름이다.

이 신라관이나 발해관처럼 당나라 정부는 외국 사절단을 위해 여러 지역에 관사를 마련했다. 등주는 당나라 정부가 신라와 발해 사절단에 규정한 입국 항구였으며, 따라서 등주에는 특별히 그들만을 상대한 관사가 있었던 것이다.

옛날 신라와 발해 양국의 사절단은 산동반도 북쪽의 등주登州에 상륙한 후 당나라의 역참운수 노선을 따라 장안으로 향했다. 신라관은 실은 당나라의 역참운수 계통에서 한 고리로 되고 있었던 것이다.

"어느 숙박소에 들까?" 하는 고민은 적어도 우리 일행에게는 전혀 없었다. 바닷가의 위해威海에서 출발한 단 3시간 만에 목적지인 내륙의 청주靑州에 도착할 수 있었기 때문이다. 실은 산과 들을 수없이 지나는 340km의 기나긴 행로였으나 시속 100km 남짓이 달리는 고속철의 덕분으로 반나절에 완주가 가능했다.

더구나 현성은 물론 작은 진(鎭. 읍)까지 호텔이나 빈관, 여관 등 숙박소가 줄느런했다.

당나라 때도 전문 신라인을 상대한 숙박소는 신라관 하나만 아니었다. 신라관이 아닌 신라원 역시 당나라 초부터 등장하고 있다. 이 무렵 반도부터 사절뿐만 아니라 승려, 상인, 유학생들이 대거 밀려들고 있었다.

⬆ 우연일까. 신라원 옛터의 근처에 호텔이 섰다.

『불조통기佛祖統紀』에 따르면 정관貞觀 8년(634) 태조 이세민李世民은 산동반도 내주萊州의 상주문을 받는다. 그 내용인즉 고려 삼국(고구려, 신라, 백제를 지칭)의 승려가 중국에 와서 불법을 배우고자 하는데 그 허실이 뭔지 관망하고자 한다는 것이다. 이에 이세민은 그들을 막는 건 국익에 아무런 이익이 없다고 인정, 고려 삼국 구법승들의 진입을 허락하라는 조서를 내린다. 이때부터 당나라는 반도 구법승들에게 수용정책을 취하며 또 "번승蕃僧이라면 해마다 비단 25필을 주며 사계절 계절에 따른 복장을 주라"는 규정까지 짓는다.

실제로 엔닌은 그들의 구법 여로에서 당나라 지방 주와 현 정부가 시사施舍한 쌀과 밀가루 등 생필품을 받았다고 그의 순례행기에 기록하고 있다. 엔닌 일행은 위해威海의 문등현文登縣과 등주에서 서행할 때 역시 이지역의 역참운수 계통을 이용했으며 선후로 초현관招賢館, 사산관斜山館 등 관사에 숙박했다. 그가 숙박했다고 하는 신라원新羅院은 이때 청주의 고찰에서 불쑥 나타나고 있다.

엔닌이 순례행기에 기록한 내용에 따르면 청주 용흥사龍興寺의 전좌승典座僧이 그들 일행을 안내하여 신라원에 입주하게 했다. 전좌승은 사찰에서 음식과 상좌床座 등 일들을 관장하는 승직의 승려이다.

여기에서 용흥사의 이야기를 하고 건너가야 하겠다. 용흥사 하면 당나라 고종高宗 이치李治를 떠올리게 된다. 용흥사는 남북조(南北朝, 420~589) 시기에 생긴 고찰인데, 고종 함형咸亨 원년(670)에 용흥사로 개칭했기 때문이다. 용흥은 용이 하늘로 솟구쳐 오른다는 뜻으로 왕조의 흥기를 비유하고 있다. 뒤미처 전국 각 지역에서 동명의 용흥사가 우후죽순처럼 등장하게 된다.

용흥사는 청주박물관에 소장된 북제北齊 무평武平 4년(573)의 『임회왕상비臨淮王像碑』의 기록에 따르면 '정동正東의 으뜸가는 사찰'이었다. 사찰은 여러 조대에 걸쳐 계속 별원을 세우는 등 덩치를 불렸다. 당·송唐·宋 시기, 용흥사에는 와불원臥佛院, 천궁원天宮院, 신라원新羅院 등 일여덟의 별원이 있었다고 현지 학자들이 역사문헌을 통해 밝히고 있었다.

미구에 송·금宋·金이 지핀 전쟁의 불길은 고찰에도 옮겨 붙는다. "새우 싸움에 고래 등이 터진다"더니 이거야말로 "고래 싸움에 새우가 죽어나가는 것"이렷다. 사찰은 날을 따라 황폐하게 되었다. 명明나라 초, 청주 관가에서 번왕藩王의 저택을 늘려 지으면서 사찰 옛터는 끝끝내 소실되었다.

그때로부터 800년 역사의 용흥사는 사람들의 시선과 기억에서 가뭇없이 사라졌다.

1996년, 청주 시내 남쪽의 한 건축현장에서 문득 돌사람의 부러진 다리와 팔이 나타난다. 마침 시공현장의 바로 북쪽에 청주박물관이 있었으며, 유물의 발견 소식은 즉각 연구원들에게 전해졌다. 돌사람은 정체는 금방 밝혀졌다. 고대 불상이었다. 이틀 후 국가문물국의 지시로 10여 명의 전문요원이 건축현장에 들어가 발굴 작업을 개시했다.

"발굴 9일 동안 출토된 불상은 600여 존이나 되는데요, 북위北魏 때부터 수隋나라, 당나라를 이어 송나라 때까지 500년에 걸친 유물입니다." 박물관 해설원의 말이다.

그의 말에 따르면 용흥사 옛터의 발굴은 20세기 100대 고고학의 새로운 발견으로 되고 있단다. 영국학술원의 한 원사는 "동방의 미술사를 다시 쓰게 하는 중대한 발견"이라고 평가했다고 한다.

⬆ 미리 알고 지었는지 신라원 옛터의 바로 북쪽에 박물관이 서 있다.

▲ 사찰 옛터에서 출토된 삼존불, 금박을 올린 천연색 석상이다.

그러고 보면 그때 그 시절 청주를 경유하던 구법승들은 용흥사에서 불교사의 이 기적을 몸으로 직접 만날 수 있었던 것이다. 기적을 남긴 이 사찰은 10년 전 시내 서남쪽의 타산駝山 기슭에 새로 재건되었다.

잠깐, 문등현에 설립된 적산赤山 법화원法華院은 신라인이 자체로 세워 해동海東의 구법승을 접대했다고 한다면 청주 용흥사의 신라원은 관가에서 외국 구법승을 수용하기 위해 특별히 세운 별원이다.

이런 별원은 청주 서쪽으로 약 80km 떨어진 장백산長白山 기슭의 고찰 예천사醴泉寺에도 나타난다. 예천사 역시 용흥사처럼 남북조시기에 설립된 것인데, 당나라 때 사찰을 재건하면서 동산에 샘이 솟는다고 해서 중종中宗이 친히 하사한 이름이다. 고찰은 항일전쟁시기 팔로군八路軍의 병기공장과 후방병원으로 사용되다가 일본군에 의해 파괴되었으며 10여 년 전에 재건되었다.

순례행기의 기록에 따르면 엔닌 일행은 청주를 떠난 3일 만에 예천사에 도착하고 있었다. 그 무렵 예천사는 용흥사와 달리 내리막길을 걷고 있었다. 엔닌은 "승려가 본디 100여 명 있었으나 인연을 따라 흩어졌고 사찰에 남아 있는 자는 30명 남짓 했다"고 기록하고 있다. 그럴지라도 예천사에는 별원이 그냥 있었고 전좌승은 엔닌 일행을 안내하여 그들을 신라원에 안치했다.

기실 예천사는 훗날 신라원보다 북송北宋 시기의 재상이었던 범중엄(范仲淹, 989~1052)으로 인해 유명세를 타고 있다. 범중엄은 지인의 인견으로 한때 예천사에서 책을 읽었다고 전한다. "먼저 천하의 걱정을 근심하고, 후에 천하의 즐거움을 누린다先天下之而憂而憂, 後天下之樂而樂는" 경구는 바로 그가 만든 것이다.

범중엄은 신라원과 무슨 전세의 인연을 맺고 있는지 청주 용흥사의 부근에도 나타나고 있었다.

⬆ 범중엄이 책을 읽은 곳이라는 예천시 사찰. 장백산이 품에 안고 있다.

각설하고, 공양을 든 후 엔닌은 사원을 순례하고 전내에 안치한 남조南朝의 신승神僧 지공誌公의 영상을 참배하며 사찰 이름의 근원인 예천醴泉을 구경한다. 그가 한무제漢武帝의 봉선封禪 제사를 올렸던 장백산에 올랐는지는 모른다. 순례행기에 기록이 전무하기 때문이다. 장백산은 태산泰山의 부악附岳으로서 장수한 도인 백토공白兎公이 이곳에 은거하고 있었다고 해서 지은 이름이다. 기왕 말이 났으니 망정이지 이 장백산은 두만강 기슭에 있는 동명의 장백산(백두산)보다 약 1천년을 앞서 작명되었던 명산이다.

　동명의 신라원은 곳곳에 산재하고 있었지만, 그렇다고 구법승들이 선택할 수 있는 주처住處는 신라원만 아니었다.

　엔닌의 기재에 따르면 그의 일행은 신라인들의 촌락에 숙박을 잡기도 한다. 신라인들은 자체적인 대륙의 교통망과 통신망을 구축하고 있었고 또 출중한 교섭능력을 갖추고 있었다. 실제로 엔닌 일행의 통역은 신라 승려 도현道玄이 맡고 있었으며, 또 관가의 일부 수속은 촌락의 신라인들이 일행을 대행하고 있었다.

　당나라 때 엔닌이 상륙한 산동성 연해지역에는 등주, 래주, 밀주密州를 포함, 적지 않은 신라인 촌락이 있었다. 등주는 산동반도의 제일 동쪽 끝머리에 위치, 당나라와 신라가 바다로 제일 근접한 지역이었다. 따라서 신라인들의 활동이 빈번했으며 신라인들과 촌락이 적지 않았다고 엔닌이 기록하고 있다.

　사실상 당나라 경내의 신라인과 신라인 촌락에 대한 대륙과 반도의 문헌 기록은 그리 많지 않다. 상당한 부분은 거개 엔닌의 여행기『입당구법순례행기』의 기재에 의거하고 있는 현 주소이다.

　이 기재에 따르면 산동반도 연해에는 신라인 촌락이 적지 않았다. 엔닌 일행은 유산포乳山浦를 떠나 해상에서 10여 일 항행한 후 문등현의 적산촌赤山村에 정박하고 신라인 장보고張保皐가 세운 적산赤山 법화원에 입주한다. 이때 법화원에는 승려 30여 명이 있었는데, 사찰의 경전 강설 등의 예의규범은 신라 풍속을 따르고 있었다. 또 집회에 오는 사람은 도속道俗, 노소, 존비尊卑를 막론하고 모두 신라인이었다. 개성開成 5년(840) 정월 열닷새 날, 법화원은 큰 법회를 열었다. 엔닌의 관찰에 따르면 "어제는 250명이 왔고 오늘은 200여 명이 왔다… 공양 후 모두 흩어졌다." 이 기록에 따르면 부근의 촌락에 최소 수백 명의 신라인이 살고 있다는 얘기가 된다.

대중大中 원년(847) 6월, 엔닌은 초주楚州 즉 지금의 회안淮安에서 신라인 선주船主의 서한을 받는다. 그들의 선박이 산동반도 북쪽의 노산嶗山에 집결한 후 일본으로 향발한다는 것이었다. 엔닌은 그들과 함께 귀국하기 위해 이튿날 곧장 노산으로 달려간다. 이에 따르면 노산에는 신라인들의 항해 기지가 있을 가능성이 높으며 그 주변에 신라인 촌락이 있을 수 있다. 엔닌은 또 밀주密州 즉 지금의 제성諸城에서 목탄을 싣고 나오는 신라인 선대를 두 번이나 목격한다. 산동의 중부 일대에서 적지 않은 신라인들이 목탄업과 수상 운수업에 종사하고 있었던 것이다.

이런저런 자료들을 정리하다가 부지중 탄성을 한마디 뽑았다. "이것 봐요, 엔닌이 가보지 못했거나 기재하지 못한 신라인 촌락도 수두룩하겠네요"

산동을 포함한 대륙의 많은 지역에서 신라 승려는 물론 사절이나 상인들은 모두 낯익은 고향의 얼굴과 귀에 익은 고향의 목소리를 무시로 들을 수 있었다. 꼭 마치 옛 이야기가 아니라 시시때때로 눈앞에서 벌어지고 있는 정경인 것 같다. 홀연히 그 무슨 착각이 구름처럼 일어나고 있었다. 정말이지 천 년 전의 반도의 신라인들이 타임머신을 타고 현세에 등장했을까, 아니면 오늘의 대륙의 조선족들이 시침을 거꾸로 돌려서 과거로 돌아갔을까…

향도香道, 성산聖山의 세계로 향한 비밀코드

정정현正定縣에 소문을 듣고 방문객이 대거 밀려들기 시작한 것은 일찍 지난 1980년대 초반이었다.

사실상 정정현은 천 년 전부터 벌써 신기한 곳으로 이름났다. 옛날 연남燕南의 고도古都였고 경기京畿의 병풍이었다. 와중에 융흥사隆興寺는 역대로 제왕이 여러 번 주필駐蹕, 행차 도중에 숙박하던 곳이었다.

옛말로 10년이면 강산이 변한다고 했다. 하물며 천 년의 세월이 흘러 갔음이랴. 나중에 강 건너 남쪽의 석가장石家庄이 오히려 유명한 곳으로 되었다. 명明나라 때 비로소 생겨난 마을이지만 청淸나라 말 기차역이 서고 잇따라 민국民國 때 교통이 발전하면서 드디어 하북성河北省의 소재지가 된 것이다.

정정현은 청나라 말부터 정치가 부패하고 전쟁이 빈번히 일어나면서 건축이 쇠하고 인가가 멀어졌다. 비록 공화국 창건 후 문물 복구와 보호가 시행되었으나 극좌운동인 '문화대혁명'을 겪으면서 낡은 습관에 찌들고 삶과 생명을 잃고 있었다.

그러고 보면 명산의 사원에서 향을 피우고 향내를 즐기던 의례는 언제부터인가 더는 형식을 이루기 힘들고 있었다.

"품의 향을 즐기고 참배할 수 없어요 예도藝道를 할 수 없는 거죠"

옛 기억의 음침한 날씨와 숲의 생각은 드디어 꽃의 향연을 열고 있었다. 1982년, 정정현에 당 부서기로 부임한 습근평習近平은 고적을 조사하고 문물을 수리, 보수했다. 솔직히 그가 아직은 국가주석이 아닐지라도 기문 같은 사건이 일어난 것이다. 시골의 시작된 이야기는 사람들을 신선하고 즐겁게 만들고 있었다. 그 무렵 관객은 정정현에 해마다 급증했으며 3년 후인 1985년에는 연 50만 명이나 찾아왔다고 한다.

❏ 정정 현성의 옛 성문

최씨 성의 기사는 택시 도중에 거침없는 입담을 자랑했다. "중국은 하북성에 쏠리고, 하북성은 정정현에 쏠린다"는 것이다.

"지도자들은 1970년대부터 이곳에 왕림했어요. 친필 글을 쓴 영도자도 있는데요."

듣고 보니 정정현에 오고 있는 사람치고 융흥사를 모르는 경우는 없는 것 같았다. 아니, 융흥사라기보다 대불사大佛寺라고 부른다고 현지인들이 말하고 있었다. 사찰의 천수관음불상은 높이가 무려 21.3m로 중국 현존한 최고의 동주銅鑄 불상이라고 해서 생긴 속명이라고 한다. 관음불상은 일찍 송宋나라 개보開寶 4년(971)에 만들기 시작했으며 개보 8년(975) 완성했다.

그러나 사찰에는 신라인의 사신이 하북도河北道의 진주(鎭州, 지금의 정정현)에 나타날 때에는 아직 관음불상이 출현하지 않고 있었다. 뒤미처 이 신라인 사신을 그림에 담은 돈황敦煌 석굴의 제61굴 '오대산도五臺山圖' 역시 관음불상이 융흥사에 등장하기 직전인 5대(五代, 907~960) 시기의 이야기로 전하고 있다.

신라인이 사신이 천리 밖의 하북도에 나타나고 벽화 '오대산도'가 사막의 천년 석굴에 출현한 원인은 모두 하나도 이상하지 않다. 산서성山西省의 오대산은 하남성河南省의 백마사를 이어 두 번째로 절이 섰지만 중국의 불교 성지에서 첫 번째로 꼽는 산이다.

"꼭 가야죠, 불자라면 한번은 순례해야 할 성지이지요."

'오대산도'는 오대산 지역의 불교 사적事迹과 역사지리의 그림인데, 높이 3.5m와 길이 13.5m로 제작되어 돈황의 석굴에서 가장 크고 세밀한 작품으로 꼽히고 있다. 신분이 각이하고 직무가 다른 행인들은 모두 보살을 신봉하여 저마다 공물을 봉송하고 오대산을 오가고 있다. 와중에 한반도의 인연은 오대산에 특별한 것 같다. '오대산도'에서 '신라송공사新羅送供使' 즉 신라의 공양 사신은 유독 말을 타고 또 최고 신분인 장관이다.

실제로 자장(慈藏, 590~658) 법사가 문수보살을 오대산에서 친견하고 석가모니 부처의 진신사리眞身舍利를 받았다. 나중에 이 사리를 한반도에 가져가서 세웠는데, 지금 한국의 5대 적멸보궁寂滅寶宮으로 부르는 그 절이다.

'오대산도'에는 장관의 신라인이 출현하며 이에 따라 그림에는 신라인이 한명만 나타나는 게 아니다. 벽화의 오른쪽 아래에는 신라의 관원과 사신, 통역관, 마부 등 5명을 분간할 수 있다. 그들은 머리에 복두幞頭를 쓰고 옷깃에 둥근 단령團領을 입고 있다. 이 복두는 신라 때의 남자라면 즐겨 쓰던 머리였다고 한다. '오대산도'의 왼쪽 아래에는 또 '고려왕사高麗王使'가 있는데, 둥근 옷깃의 상의와 무릎까지 장포를 내려 입었다.

신라(B.C.57~935)와 고려(918~1392)는 '오대산도'에서 시기가 공존하고 있다. '고려왕사'는 신라인 사절단과 관복이 다르지만 같은 양식의 흰색 바지를 입고 있었다.

참고로 돈황의 석굴에는 또 제13굴에 고구려인으로 깃털을 4개 꽂은 조우관鳥羽冠이 있고 제237굴에 백제인이 확인되어 있다. 제17굴에는 신라 혜초(慧超, 704~787)의 『왕오천축국전往五天竺國傳』이 발견되었다.

혜초는 780년에 즈음하여 오대산의 절에 입적했다고 하는데, 그 역시 오대산에 갔다면 진주를 거쳐서 간 것으로 전한다. 하필이면 진주가 오대산으로 향한 유일한 통로로 되고 있기 때문이다. 당나라 때의 『'오대산 진향도'의 보석補釋』에 따르면 오대산으로 통하는 동선, 중선, 서선 3 갈래의 노선은 모두 정정현에서 시작하고 있었다.

더구나 진주 현성은 호타하滹沱河 일대의 평원에서 유일한 천험이다. 최씨는 진주 성벽의 동서남북 둘레가 무려 10km나 된다고 말했다. 성벽의 서북쪽 일부가 훼손되었을 뿐 대부분 장벽이 남아있었다.

성벽은 호타하의 범람을 이겨냈고 또 전란을 막아낼 수 있었다. 미구에 강남의 사람들도 북쪽의 성벽에 이주하였으며 성벽을 보수했다. 그리하여 한두 해 운수가 기울어도 성에는 수확이 있었고 기근이 시달리지 않았다.

당나라 말, 삼진三鎭이 중앙 조정의 통제를 거의 탈리했다. 이 가운데서 성덕成德 절도사가 진주를 중심으로 확대되었다. 화가 바뀌어 복으로 된 셈이었다. 당나라의 왕조는 운명이 심상치 않았지만 진주에는 운수가 형통하고 있었다. 이 무렵 당나라의 무종武宗이 거국적인 폐불 사건을 진행하고 있었는데, 성덕 절도사의 통제로 진주는 폐불 영향을 얼마 받지 않고 있었다. 백성들은 여전히 해마다 초하루 날과 열닷새이면 어김없이 대불사에 가서 향을 피우고 예배를 했다고 한다.

오호라, 나라는 모두 흩어지고 서로 싸우고 있었으며 사찰은 안전을 기원하여 향촉을 높고 밝게 올리고 있었다.

이 무렵 진주에 불교의 흥성이 가능했으며 많은 사원이 구조가 마련되고 있었다. 동위東魏 흥화興和 2년(540) 설립된 임제사도 기실 이때 임제원臨濟院라고 이름을 고쳐 들었다. 임제종을 창설한 의현(義玄, ?~867) 선사는 그때 진주에 주둔하다고 있었던 것이다. 임제선원은 바로 한반도의 불교 선종의 뿌리가 되는 곳이다. 신라 시대의 도의(道義, 생몰년 미상) 국사는 784년 당나라에 가서 지장(智藏, 735~814) 대사의 선법을 전수하며 821년 귀국한 후 처음으로 남종선南宗禪을 전했다. 지장 대사가 바로 당나라의 고승 마조 도일(馬祖道一, 709-788) 선사의 제자이다. 마조 도일은 선종의 초조初祖 달마達摩를 이어 8조八祖로 된다. 신라시대 이후 고려 말의 고승 보우(普愚, 1301-1382)에 이르기까지 한반도 불교의 선종은 모두 임제종의 법맥을 잇고 있었다.

이야기를 다시 제 곳으로 돌아가자. 일본 고승 엔닌圓仁은 이 시기 법난法難을 피하고자 석가장 남쪽의 조주趙州에서 정정 현성으로 북상하며 미구에 오대산으로 향한다. 이 내용은 훗날 엔닌의 『입당구법순례기入唐求法求巡禮記』에 기록된 이야기이다. 이 기록에 나오는 조주 관음원은 한漢나라 헌제獻帝 건안(建安, 196~220) 때 세운 사찰이다. 관음원에서 ˝조사祖師가 남긴 신발 한쪽 아직도 찾지 못했네˝라고 게송을 짓고 있는데, 이 때문에 관음원 근처의 석교는 1400년이 되는 걸작 못지않게 유명한 화두를 남기고 있다. 근년의 일이지만, 한국 불교와 다도계의 요인이 관음원에 화두를 찾아왔으며 사찰에 한중우의선차기념비를 세웠다.

한국의 승려는 관음보살의 대불사에 자주 들리고 있었다고 사찰 직원이 말했다. 패쪽에 분명 융흥사라고 이름을 짓고 있었지만 직원은 그냥 대불사라고 말하고 있었다. 산문을 지나고 있는 시내버스의 이름에도 융흥사가 아니라 대불사라고 적고 있었다.

사실상 사찰의 첫 이름은 이 융흥사나 대불사가 아니었다. 일찍 수隋
나라 개황開皇 6년(586)에 '용장사龍藏寺'라는 이름으로 개창되었다고 한다.
송나라 때 불향각佛香閣, 대비각大悲閣, 전륜장각轉輪藏閣 등이 건립되었고
이어 원元나라와 명明나라, 청淸나라 때 계속 중수를 했다고 전한다. 사찰
이름이 다시 바뀐 때는 강희康熙 15년(1706)에 황제가 융흥사라는 편액을
하사한 후부터라고 한다.

관객들이 정정현에서 대불사의 이름을 찾는 까닭은 관음불상 때문이
아닐지 한다. 천수관음은 송나라 태조太祖 조광윤趙匡胤이 명령을 하달하
여 사찰에 내렸으며 하북성 네 보물의 하나로 되고 있었다.

정작 사찰에서 사람들의 발길을 유난히 끌고 있는 것은 불상보다 홰
나무인 것 같았다. 젊은 친구 몇몇이 홰나무를 빙빙 돌면서 공경의 기도

를 하고 있었다. 이 홰나무는 무려 1,300여 년 역사가 되며 '장수의 나무'라고 불린다고 비석에 적고 있었다.

"아저씨, 우리랑 함께 홰나무를 돌면 좋을 건데요" 젊은 친구들이 일행을 넌지시 권하고 있었다.

⬆ 소원을 이루려고 나무를 세 바퀴 돌고 있는 젊은 친구들

홰나무는 중국에서 상서로운 나무로 생각하고 중국인도 매우 귀하게 여긴다. 누군가 홰나무의 틈새에 또 행전의 동전을 끼워놓고 소원을 빌고 있었다.

"복이 있는 나무라고 하는데요, 자연히 의지하고 보호를 해주겠지요"

실제로 송나라 태조는 이 나무 아래에서 걸음을 멈추었다가 좋은 조짐의 두루미가 나무 가지에 날아드는 것을 보았다고 한다. 그는 이 길조의 정경을 만나게 되자 사찰에 신심을 얻었으며 관음 불상을 지었다고 전한다.

인간은 새가 깃들면 즐겁고 새가 떠나면 슬픈 것 같다. 문득 홰나무에 관한 청나라의 옛 시가 떠오른다.

달 밝고 별이 드문데, 까막까치가 남쪽으로 날아간다.
月明星稀 烏鵲南飛
나무를 세 차례 빙빙 맴돈들, 어느 가지에 의지하랴.
繞樹三匝 何枝可依

🔼 유명한 천수관음 불상. 대불사라는 이름을 만든 원인이다.

새들이 나무에 앉아 있고 사람들이 나무에 거닐고 있어서 숲은 적막하지 않았다. 얘깃거리는 이보다 다른 내용이었다. 북쪽의 승려가 없는 대불사는 입장료를 받고 있었고 동쪽의 승려가 있는 임제사는 입장료를 받지 않고 있었다. 그건 그렇다 치고, 참선수행을 하고 있는 임제사가 오히려 대불사보다 훨씬 조용하고 평온한 분위기인 듯 했다.

마치 사찰의 이야기가 오묘하게 심겨 있어서 글 하나가 같은 듯 다른 듯 각이하다. 사찰에 만든 향도의 세계가 특별한 경험을 하고 있는 듯하다.

옛날 신라인은 오대산에 다녀갔고 진주 현성을 만나갔다. 오대산의 사찰처럼 진주의 사찰을 찾아갔는지 모른다. 그러나 '오대산도'에 있는 비밀의 코드는 종내 깨칠 수 없었다. 알듯 말 듯한 옛 벽화의 세상을 다 읽으면 안 되는 영문일까.

용왕의 바위에 출가한 황제의 이야기

　명산 오대산五臺山은 워낙 용왕보다 먼저 신선이 살던 곳이었다. 『선경仙經』에 따르면 "선계仙界라고 이름을 했고 늘 자색紫色의 기운이 있었으며 선인仙人이 살고 있었다." 지명 역시 오대산이 아니라 자부산紫府山이라고 불렸다고 한다.

　자부산은 또 선인뿐만 아니라 보살도 살던 고장이라고 했다. 이 일대에 왔던 천축天竺의 고승들은 예전에 문수文殊보살이 강설講說을 하던 도장이라고 주장했다. 동한東漢 영평永平 11년(A.D.68)에 생긴 일이었다.

　문수는 범문梵文으로 'Manjusri'의 음역을 줄인 말이며 지혜의 상징이다. 전설에 의하면 '오대五臺'는 오방五方 여래如來의 좌석이라고 한다. 오대산에는 다섯 봉우리가 있으며 문수보살이 정수리에 오계五髻를 틀고 있는 것을 상징한다. 곧바로 이 상좌上座 보살의 지혜의 원만함을 나타내는 것이다.

⬆ 청량석 바위를 떠메고 있는 스님

　정말로 오대산은 문수보살과 특수한 인연을 맺은 불교명산이 아닐지
한다.

　옛날부터 오대산에서 수련하고 있던 도사道士들은 이에 도리머리를 저
었다. 그들은 승려들이 이곳에 사찰을 세우고 문수보살을 공봉 하는 것
을 동의하지 않았다.

　"이건 말도 안 되는 주장이지요. 아전인수我田引水를 하는 억지가 벌어
지는 겁니다."

　결국 한漢나라 명제明帝는 낙양洛陽의 백마사에서 제단을 세우고 도사와
승려에게 경합을 벌였다고 한다.

그때 도사들은 제안하길, 도교와 불교의 성물을 제단에 쌓아놓고 불을 질러 타지 않는 쪽이 승리하는 것으로 하자고 한다. 도교는 성스러움이 있고 또 도사들은 신통함이 있어서 그들을 믿은 것이었다. 황제가 이에 윤허하자 백마사의 남문 앞에 도교의 단에는 신상과 경전을 올리고 불교 단에는 경전과 사리舍利를 진열했으며 미구에 불길을 지폈다. 도교는 북두칠성에 제사하는 의식을 거행했으나 불길을 막을 수 없어서 경전이 검게 탔다. 불교 단에는 사리가 방광放光을 하면서 불기운을 누르므로 경전에 변색이 될 뿐 타지 않았다고 한다.

천 년 전 대륙 종교계에서 일어났다고 하는 이 사건은 많은 문헌에 기재되어 있다. 과연 이 이야기를 어느 정도 믿어야 할까… 아무튼 오대산의 대회진臺懷鎭 일대에서 불교 사원은 이 무렵부터 일떠서고 있었다. 사원은 나중에 대회진을 중심으로 360여 채나 되었으며 오늘도 128채의 크고 작은 사찰이 잔존하고 있다.

오대산의 사찰은 '문화대혁명' 시기, 홍위병紅衞兵의 파괴에 의해 적지 않게 훼손되었다. 이런 극좌적인 홍위병은 거개 외지인들이었다고 손孫씨가 말하고 있었다. 손씨는 일행의 안내를 맡은 오대산의 현지인이다.

"그때 우리 농민들은 사찰에 감히 손을 대지 못했어요. 불교를 신앙하거나 다른 사람의 영향을 받아서 경외심을 갖고 있었거든요"

사찰이 오대산에서 다시 흥성한 것은 약 20년 전의 일이다. 손씨가 운영하는 여관도 그 무렵인 1992년부터 개장하였다고 한다. 지금은 성수기인 여름 한철이 되면 방 16개가 모두 만원이라고 했다. 그는 또 택시와 사찰 안내를 겸하고 있었다. 다른 동네에서는 식당업도 하는 경우가 있다고 했다.

　대회진은 평지가 거의 없는 산간마을이었다. 날씨가 산밖에 비해 너무 차서 주로 감자를 재배하고 있었다. 한때는 일부 사람들이 살림살이를 걷어치우고 산 밖의 오대현 현성으로 이주했다. 옛날 산속의 기후는 이보다 더 열악했다고 한다. 겨울이면 바람과 눈이 불어치고 여름이면 더위와 비를 이겨내기 힘들었다. 그래서 약초꾼이나 사냥꾼은 혹간 산속에서 살고 있는 사람들을 만나면 신선이나 야인으로 여겼다고 한다.

　그때에 비하면 오대산은 날씨든 생활이든 모두 문수보살님의 도움으로 아주 좋아졌다고 손씨가 거듭 말했다.

　"문수보살님을 알려면 먼저 청량사淸凉寺를 만나야 하지요" 손씨는 우리 일행을 먼저 청량사로 안내하는 이유를 이렇게 말하고 있었다.

　들어보니 오대산의 지명도 기실 이 청량사에서 생겼다고 한다. 청량산은 오대현 현성에서 대회진으로 들어오는 산의 어구에 위치하고 있었다.

　오대산의 원명은 '청량산'이며 훗날 다섯 채의 산봉우리를 '오대五臺'라고 해서 '오대산'이라고 이름을 불렀다고 『청량산지淸凉山志』에 기재되어 있다. 북위北魏 시기의 『수경주水經注』는 "오대산은 그 산에 오대가 우뚝 서 있으며 이로 하여 '오대'라고 불린다."고 기록하고 있다.

　이곳에서 설법하던 문수보살이 도탄에 헤매는 백성들을 구원했다고 손씨가 얘기했다. 항간에서 널리 전한다고 하는 이야기였다.

　그때 문수보살은 신통력으로 동해에 가서 용왕의 청량석을 갖고 왔다고 한다. 이 바위를 산골짜기에 놓아두자 산의 기후가 청량하게 되었으며 '청량한 불국'으로 되었다. 이로부터 산골짜기를 '청량곡'이라고 명명했으며 또 사원을 '청량사'라고 작명했다는 것이다.

청량석은 원래 용왕이 잠깐 휴식을 취하던 바위였다. 용왕은 보배의 바위가 육지의 산에 옮겨가자 크게 화를 냈다. 그는 뒤를 쫓아가서 입으로 불을 내뿜고 발톱으로 몇 번이고 갈퀴어 다녔다. 다섯 산봉우리는 꼭대기가 꺾어지고 바람처럼 날아갔다. 손씨는 지금도 산에 돌들이 널려 있으며 용왕이 돌을 뒤엎었다는 의미의 '용번석龍飜石'이라고 부른다고 말한다. 산의 이름은 이때부터 오대산이라고 불렀다는 것이다.

'청량석'과 '용번석'은 전설과 함께 오대산에서 천년 동안 전하고 있었다.

"바위가 산골짜기에 놓은 후 물이 감미롭고 풀과 나무가 무성했다고 하는데요"

손씨가 말하는 아름다운 전설은 옛날 동네방네 전하고 있었다. 일찍 수隋나라 문제文帝는 이 이야기를 들은 후 오대산의 다섯 봉우리에 각기 한 채의 사원을 설립, 문수보살을 공봉 할 칙지를 내렸다고 한다. 이 때문에 오대산도 또 일명 청량산이라고 불린다고 한다.

오대산은 곧 청량산을 말하듯 청량산은 대뜸 청량사를 떠올리게 된다.

청량사는 오대산 산문 밖에 있어서 2차 등록 수속을 해야 했다. 번거로움을 겪어야 했지만 그렇다고 다들 유명한 청량사에 가려는 수고를 마다하려 않고 있었다.

한국 승려도 이곳에 자주 다녀가고 있다고 청량사의 심도心道 스님이 말했다. 스님은 무슨 인연인지 한국말과 글을 일부 독학하고 있었다. "청량사의 상징은 청량석이지요, 20억 년 전에 형성되었는데 27톤이나 된다고 해요.”

스님은 갑자기 어린이처럼 장난기를 발동, 청량석에 허리를 들이밀어 어깨로 떠메고 있었다. 거석의 바위는 심도 스님의 허리에 의해 마치 꽃잎처럼 흔들거리고 있었다.

전하는데 의하면 문수보살이 청량석에서 설법을 했으며 이 때문에 ‘만수상曼殊床’이라고 한단다. 만수는 산스크리트어로 천상에 핀다는 꽃 이름을 말한다. 명明나라의 지리학자 서하객徐霞客도 청량석을 기술하고 있다. 청淸나라 초, 청량사의 『찬불시贊佛詩』의 기록에 따르면 순치順治 황제가 이 청량석에서 출가했다고 전한다.

그리고 보면 청량사는 일찍 남북조南北朝 시기에 설립된 오랜 사원으로 마멸할 수 없는 천년의 기억을 억년 바위에 기록하고 있었던 것이다.

이 청량산에 처음으로 나타나는 한반도의 승려는 신라의 자장慈藏, 590~658) 법사라고 『삼국유사三國遺事』가 기록하고 있다. 이에 따르면 자장 법사는 선덕왕善德王 5년(636) 당나라 청량산에 들어가서 성인을 만났다고 한다.

자장은 속성이 김씨이며 출가 전에는 진골眞骨 출신으로 알려져 있다. 그는 문수보살의 진신을 보려고 당나라의 오대산에 갔다. 그는 문수보살 석상石像에서 기도, 명상을 하다가 범어梵語의 시 구절을 들었으며 부처의 가사와 사리 등을 얻었다고 한다. 자장 법사는 선덕왕 12년(643)에 자장 법사가 당나라에서 불법을 배우고 신라에 돌아갔다고 전하고 있다.

잠깐, 자장 법사가 들렸던 청량산은 오대산의 이름과 동일하지만 오대산의 일부인 청량산도 동일한 의미일 수 있다.

◆ 청량사 사찰의 유일한 유물은 이 동굴식 승방이다.

어찌되었거나 문수보살이 강설하던 청량사는 더는 그제 날의 이야기로 사라졌다. 옛 사찰은 동굴의 승방밖에 남아있지 않으며, 기타의 전각은 '문화대혁명' 시기에 파괴되었기 때문이다.

청량사는 창건 설화가 아닐지라도 소설처럼 신비하다. 그러나 옛 사찰은 파괴가 아니더라도 소실, 변동되어 옛 모습을 더는 찾을 수 없다.

신라의 고승 혜초(慧超, 704~787)는 780년 즈음 오대산에 들어가 건원보리사(乾元菩提寺)라는 절에 입적했다는 기록이 있다. 혜초가 집필한 『왕오천축국전(往五天竺國傳)』은 프랑스에 약탈되어 파리국립도서관에 보존되어 있다. 그러나 건원보리사가 도대체 어느 사찰인지는 아직도 모르고 있다.

정말이지 오대산의 많은 유적과 경관은 구름처럼 흘러갈듯 한다. 옛날 한반도의 승려는 물론 일본, 스리랑카의 승려들도 순례 구법을 했지만 언제부터인가 오대산의 영적靈迹을 상당 수 잃고 있었다.

심도 스님은 옛 흔적을 읽지 못해 유감스러워 하는 우리 일행을 위안했다. "정성을 드리면 신령한 자취를 언젠가는 꼭 찾을 수 있어요"

사실상 오대산의 대불大佛은 천년 만에 발견되었다고 한다. 손씨가 차를 달린 것은 대회진 중심 근처의 영봉사靈峰寺였다. 이 사찰은 일찍 당나라 때 설립되었지만 몰락하여 1975년 전부 철거했으며 옛 사찰을 다시 세웠다고 한다.

영봉사의 배불대拜佛臺에 향불을 피우고 있던 비구니 스님은 못내 아쉬운 기색을 비치고 있었다. "오늘은 비가 내리고 있는데요, 부처님을 만날 수 없을 것 같아요"

비구니 스님은 불교용품점에 비치하고 있던 서책을 구구히 설명했다.

이에 따르면 골짜기 북쪽의 공포산貢布山 위에 있는 희귀한 정경은 1996년 6월 25일에 일어났다고 한다. 공포산 기슭의 보화사普化寺 주지가 맞은쪽의 영봉사에서 탑을 예배하다가 갑자기 산정의 앙천仰天 대불을 발견했다는 것이다.

⛩ 보화사. 사찰 뒷쪽의 산체 자체가 부처 형상이라고 한다.

"대불 사진을 보세요, 자연 경물이라고는 너무나도 흡사하지 않아요?"

보화사의 산정에는 양미간이 포만하고 코가 풍만했으며 두 팔을 가슴에 올려놓고 머리를 보화사에 업었으며 다리를 남산 허리에 내려놓고 있었다. 먼 곳의 산봉우리의 나뭇가지들이 마침 '일만一萬 보살이 청량淸凉, 오대산)을 두르는' 경지를 나타내고 있었다.

날마다 태양이 하늘에 홀연히 나타날 때 석가모니의 참모습이 비로소 세상에 드러내고 있었다.

천년 세월 동안 영봉사에는 어찌하여 대불이 발견되지 않았을까. 해는 날마다 산에서 떠올랐지만 부처는 사람들의 눈에 나타나지 않았다. 오대산은 마치 그 어떤 기발한 시간과 인생을 따라 운영되고 있는 듯하다. 이러한 세상의 오묘함은 너무 치밀하다고 하기에는 또 우연한 일치라고 하지 않은가.

대회진 현성의 버스터미널에서 귀경 버스를 기다렸다. 오대산이라서 그런지 오가는 관광객 못지않게 스님이 많았다. 스님의 도복도 저마다 다르고 독특한 듯 했다. 와중에 철릭의 승복 같은 장삼을 보다가 갑자기 눈을 휘둥그레 떴다.

"아니, 담배를 피우다니요? 스님이 담배를 공양하세요?"

정말 도道는 못 보이고 담배는 보이는 걸까. 누가 뭐라고 하든 스님이라면 담배를 피우지 않는 수행자가 아닐지 한다. 용왕의 바위는 진작 산에 찾아왔지만 전설의 황제는 아직 절에 출가하지 않고 있는 듯 했다.

인도의 '왕자'는 왜 곤륜산에 나타났을까

인도에서 떠난 이 이야기는 기실 대륙의 산이 아니라 한반도의 식탁에서 시작된다. 야채 가지茄子를 경상도에서 궁중에 진상하였다는 내용은 『춘관통고春官通考』(1788) 등 문헌에 기록되어 있다. 조선시대의 궁중 진상품이었던 이 가지는 훗날 중국 연변에 이주한 조선인들에게 '조선가지'라는 별칭으로 불린다.

한반도의 몽톡한 '조선가지'는 정말로 이름처럼 대륙의 길쭉한 '중국가지'와는 다른 모양새를 보이고 있다.

사실상 한반도에서 재배된 가지의 최초의 이름은 '조선가지'가 아니었다. 일찍부터 일명 '신라가지'라는 이름으로 대륙에 파다히 알려지고 있었다. 중국의 고대 의서인 『본초연의本草衍義』(1116)에 따르면 "신라에는 1종의 가지가 나는데, 모양이 계란 비슷하고 엷은 자줏빛에 광택이 있으며 꼭지가 길고 맛이 달다. 이미 중국 (대륙의) 채소밭에 널리 퍼져 있다." 이에 앞서 '가지'를 "당唐나라 이전부터 곤륜자과崑崙紫瓜라고 했다"는 기록이 의서 『본초십유本草拾遺』(741)에 남아 있었다. 일설에 곤륜자과는 수隋나라 양제煬帝가 야채 가지를 애용하면서 특별히 지은 이름이라고 전한다.

⬆ 대륙에서 원나라 때 출현한 길쭉한 가지. 계란 모양의 가지는 신라에서 출현했다고 해서 '신라가지'라고 불린다.

"'곤륜자과'는 '곤륜의 검은 오이라는 의미이니, '곤륜'을 거쳐서 유입된 채소라고 해서 불린 이름이 아닐까요?"

이맘쯤이면 누구라도 물을 법한 '가지'의 이역 여행 이야기이다. 가지의 원산지가 인도요, 또 곤륜은 인도와 중국의 접경 지역에 있는 산이니, 정말이지 누군가 일부러 박아놓은 듯 아귀가 딱 들어맞는 것 같다.

옛 곤륜은 '만산萬山의 조종祖宗'이요, '용맥龍脈의 조종祖宗'이며 중국의 명산대천에서 제일 신비한 곳이다. 이토록 신기한 곳은 당연히 여러 신들의 주처住處로 되고 있었다. 중국의 신화는 대체로 네 개의 축으로 이뤄지는데, 동방의 봉래蓬萊 신화와 남방의 초楚 신화, 중원의 신화 그리고 서왕모西王母, 반고盤古, 여와女娲를 대표로 하는 서방의 곤륜신화가 바로 그것이다. 와중에 서왕모는 모든 여신들의 수령이고 반고와 여와는 세상을 창조한 신이니, 서방의 곤륜신화는 단연 신화 중의 으뜸으로 되는 것이다.

통상적으로 곤륜산은 대륙 서쪽 청장고원 북부의 변두리에 동서로 길게 융기된 산맥을 지칭한다. 고대 육상 실크로드는 곤륜산 북쪽에 있는 타클리마칸 사막의 남북 가장자리를 지나고 있었다.

정말이지 '곤륜자과'라는 이름의 유래에 머리가 갸우뚱하게 되는 부분이다. 가지를 곤륜과 한데 잇기에는 원산지는 물론 경유지 역시 동떨어진 곳이기 때문이다. '곤륜'이 실은 지금의 말레이시아를 지칭하는 말이라고 하면서 가지가 인도로부터 말레이시아를 통해 대륙에 전파되었다고 하는 설이 나올 법하다.

기실 곤륜산은 바닷길에 떠도는 배처럼 한곳에만 머물러 있지 않다. 곤륜산은 대륙의 동북부 연해에도 나타난다. 곤륜산은 산동성山東省 동북부에서 제일 큰 산으로 장장 백여 리를 이어지고 있다. 북위北魏 시기의 사서 『16국 춘추春秋』는 곤륜산을 '해상 여러 산의 조종'이라고 칭했다. 곤륜산은 한·당漢·唐 시기부터 불교와 도교 수행자들의 수련의 도장이 되어 있었다. 금·원金·元 시기에는 도교 전진파의 개산조사 왕중양王重陽

이 전진교全眞敎를 설립한 '동천복지洞天福地'였다. '곤륜'이라는 산동성의 이 지명도 전진교 때문에 사서에 또 한 번 등장한다. "(왕중양의 수제자) 구처기丘處機는 등주登州의 서하栖霞 사람으로… 19세 때 녕해寧海의 곤륜산에서 전진교를 수도했다"고 『원사元史』가 기록하고 있다.

상기 기록에 나오는 지명들은 모두 산동성 동북부에 가지런히 모여 있는 것으로, 곤륜산이 바로 이 고장에 있다는 것을 방증한다. 오히려 또 고여산姑余山, 곤유산崑嵛山 등 지명으로 불렸으며 곤륜산이라는 이름은 와전된 것이라고 주장하는 현지인들도 있다.

재미있는 이야기가 있다. 유학 학파의 창시자인 공자도 이 곤륜산에 이름자를 내밀고 있다. 공자가문의 족보에 따르면 "장백산에서 날아온 두루미가 곤륜산에서 노닐던 암사슴과 만나니, 그 사이에서 나온 사람이 공자이다." 공자는 춘추春秋 시기 노魯나라 추읍陬邑 즉 지금의 곡부曲阜에서 출생했으니, 장백산은 물론 곤륜산의 위치를 산동성에 비정할 수 있다는 얘기이다. 실제로 산동성의 수부 제남濟南 부근에 장백산이 있으며 곤륜산과 동서로 고작 300여 km 떨어져 있다. 두루미가 날갯짓 한 번으로 날아가거나 암사슴이 뜀박질 한달음에 달려가서 서로 만날 곳에 있는 것이다. 족보에 나오는 이 장백산은 연변에 있는 동명의 장백산이 아니며, 곤륜산 역시 대륙 서부의 청장고원에 있는 동명의 곤륜산이나 남부의 광서廣西 남녕南寧 부근에 있는 곤륜관이 아니다.

'암사슴'이 노닐던 이 곤륜산은 또 한반도와 대륙 최단 거리의 바다 기슭에 위치한다. 수·당隋·唐 시기, 곤륜산 기슭의 적산포赤山浦라고 불렸던 석도石島 등에는 해상무역 항구가 있었다. 대륙 저쪽의 한반도와 섬의 사절, 상인, 유학생, 승려들은 이 항구를 이용하여 산동반도 동북부에 상륙한 후 다시 육로를 통해 내륙의 오지에로 발길을 옮겼다.

훗날의 이야기이지만, 명明나라 때에는 일명 '왜구倭寇'라고 불리는 일본 해적들이 이 일대에 자주 침노했다. 홍무洪武 31년(1398) 해상 방위시설을 세우고 "위엄이 동해를 진동한다"는 의미에서 지명을 따오니, 위해威海라는 이 대륙 동부의 항구 이름이 생겨난 것이다.

각설하고, 곤륜산은 바로 한반도와 통하는 최단의 바닷길 한쪽 끝에 등탑처럼 서 있다. 사실상 '곤륜자과'는 또 '신라가지'라는 이름과 함께 맞물려 바닷길을 통한 대륙의 유입 경로를 밝혀주고 있는 것이다.

대륙과 한반도를 잇는 바닷길에 있던 여타의 항구와 마찬가지로 옛날 곤륜산 기슭에는 신라인들이 웅기중기 모였으며 신라방新羅坊, 신라촌新羅村을 형성하고 있었다. 수·당隋·唐 시기 성읍 중심을 방坊이라고 했다. 또 성읍의 여러 골목을 방이라고 통칭하기도 했다. 대체적으로 신라방은 도시에서 신라인이 집단으로 거주하는 지역을 이르며 성읍의 바깥에 형성된 신라인의 집단 거주지는 신라촌이라고 불렀다. 이역에 와서 삶의 새 터를 잡은 신라인들에게 사찰은 일종의 구심적 역할을 하고 있었다. 그래서 신라인들이 집거한 곳에서는 거의 그림자처럼 신라사찰이 등장하고 있다. 신라사찰이 없는 경우에는 십중팔구 현지에서 아주 이름이 있는 사찰이 따로 있었다. 옛날 곤륜산 부근에도 명찰名刹이 있었다면 적산포에 살던 신라인들이 이 사찰에 가서 향불을 태웠을 법한 대목이다.

정말로 곤륜산에는 천 년 전의 유명한 고찰이 하나 있었다. 그러나 안내를 맡은 왕씨 성의 기사는 현재로선 옛터뿐이라고 하면서 사찰 행을 접으라고 권고하는 것이었다. "무염사無染寺도 성경산聖經山처럼 풍경구에 있지만 거기에는 구경거리라곤 바위밖에 없어요"

성경산은 전진교가 흥성한 곤륜산의 지맥으로, 도교의 경전인 『도덕경道德經』을 성물로 추앙하여 지은 이름이다. 우연인지 필연인지 불교와 도교는 이곳에서도 함께 만나고 있다. 무염사는 성경산과 서로 이웃, 불과 15km 떨어져 있었다.

왕씨의 권고를 귀담아 들어야 했을지 모른다. 무염사는 결국 풍경구의 입구에 간판으로 적힌 이름밖에 만나지 못했기 때문이다. 관리소 직원은 겨울 산행이 위험하다면서 기어이 일행의 진입 자체를 가로막았던 것이다.

무염사는 동한東漢 때 설립되었는데 이 지역의 제일 오랜 사찰로 한때 아주 흥성했다고 전한다. 『녕해주지寧海州志』의 기록에 따르면 "(이곳에) 거주하는 자는 육근六根이 청정淸淨하고 큰 해탈을 얻는다"고 하는 의미에서 '무염사'라고 불렀다고 한다. 제齊나라 왕과 왕후의 무덤도 부근에 있었다고 하니 과연 소문난 곳이렷다.

일본 승려 엔닌圓仁은 기행문 『입당구법순례행기入唐求法巡禮行記』에 당시 곤륜산 기슭의 추평鄒平과 문등文登 두 현에 모두 신라 교민과 촌락이 있었다고 기록하고 있다. 이런 교민들은 현지의 기타 거주민들과 마찬가지로 사찰 무염사를 찾고 있었다. 당나라 소종昭宗 광화光化 4년(901)에 세운 석비 비문에 따르면 사찰 부근에 살고 있던 신라인 김청金淸이 당나라 관부에서 '압아押衙'로 있었는데, 사재를 털어 불탑을 세우고 불상을 만들었다.

↗ 무염사의 바위에 있는 감실. 어느 관광객이 블로그에 남긴 사진이다.

이런저런 아쉬움을 길가에 털어내기도 전에 우리가 탑승한 차량은 벌써 산을 내렸고 또 현성을 지나 위해시 해변의 옛 적산포로 달리고 있었다.

'적산'은 석도石島의 바위가 적색을 나타낸다고 해서 지은 이름이라고 전한다. 이 지명은 『입당구법순례행기』의 기록에 아주 자세하게 기록된다. 엔닌은 또 이 기행문에서 적산에 사찰이 있으니 그 이름을 '적산 법화원'이라고 부른다고 적고 있다.

적산포에 신라인들의 사찰이 설립된 건 당나라 문종(文宗, 827~840) 연간이었다. 그 무렵 신라인 장보고(張保皐, ?~846) 출자하여 사찰을 세우는데, 천태종天台宗을 신봉했기 때문에 '법화원法華院'이라고 작명했다고 한다. 장보고는 통일신라 후기에 활약했던 무장이자 무역상이었다.

법화원은 본국인 신라와 연락하는 거점이었으며 또 산동반도를 통하는 신라와 일본의 구법승들에게 많은 편의를 제공했다. 승려 엔닌이 법화원에 들리고 여기에 8개월 동안이나 머물게 된 것도 이 같은 이유가 있었기 때문이다.

장보고와 적산의 남다른 인연 때문에 훗날 신라에는 2개의 '적산원赤山院'이 나타나며, 승려 엔닌도 귀국한 후 교토에 '적산선원赤山禪院'을 세우고 적산 명신明神을 만든다. 장보고로 추정되는 이 적산 명신은 현재 적산의 서쪽을 지키는 수호신으로 좌정하여 현지인들과 신도들의 추앙을 받고 있다.

⬆ 법화원의 폐관 시간. 나오는 사람만 보인다.

적산 법화원은 당나라와 신라, 일본 교류 역사의 옛 바닷길을 견증하는 유적으로 되고 있는 것이다.

법화원은 당나라 무종(武宗, 840~846)이 도교를 숭상하고 멸불滅佛 정책을 실행하던 시기에 훼손되었으며, 그로부터 천년 후인 1990년 옛터에서 새로운 '적산 법화원'으로 거듭났고 현지의 일대 명소가 되었다.

법화원에 부랴부랴 도착했을 때는 서녘하늘이 벌써 노을로 붉게 물들고 있었다. 휑뎅그렁한 마당에는 인적이 드물었다. 매표구의 예쁘장한 도우미는 곧 폐관한다면서 인제 입장한들 별 의미가 없다고 말한다. 아닐세라, 사진촬영을 하면서 보려니 관리원들이 벌써 하나둘씩 퇴장을 하고 있었다.

정작 이날 저녁의 식탁에 오른 화젯거리는 이게 아니었다. 하얀 접시에 담겨 '진상'된 파릇파릇한 상추가 겨울의 한기와 서운함을 함께 몰아내고 있었던 것이다. 상추는 고어古語 그대로 '부루'라고 하는데, 연변의 방언으로는 '불기'라고 부른다. 원산지가 지중해 연안과 서아시아라고 하는 상추는 일찍 고려에서 전래되었다고 청나라 때의 문헌 『천록식여天祿識餘』가 기록한다. 그때 고려에서 들여오는 상추(종자)가 너무 비싸서 '천금채千金菜'라고 불렸다는 것이다. 일부 학자들은 또 같은 내용을 기록한 조선시대의 역사서 『해동역사海東歷史』 등의 글귀를 빌어 이 고려가 실은 삼국 시대의 '고구려'의 약칭이라고 해석한다.

이러니저러니 상추 역시 가지처럼 먼저 서토西土에서 한반도로 유입된 후 다시 대륙으로 전래했던 것이다. 다만 그때 그 시절 가지처럼 바닷길을 따라 왔는지 아니면 육로를 걸었는지를 고증할 수 없을 뿐이다. 상추

쌈은 우리말에 '복을 싸서 먹는다'고 일컫는다. 사실상 상추쌈에는 이처럼 천년이 넘는 '실크로드'의 천금 같은 역사가 담겨 있다.

그러고 보면 한반도와 대륙을 잇던 옛 실크로드는 야채의 상긋한 내음을 타고 동화 속의 '왕자'처럼 하나의 전설을 전하고 있는 것이다.

제 2 부

『삼국유사』의
채 못한 이야기

남악南岳의 산속에 나타난 단군의 아들

"손님은 도대체 어딜 가시려는 거죠?" 택시 기사는 형산衡山의 지명을 처음 듣는 듯 이렇게 되묻고 있었다.

형산은 호남湖南성 중부의 남악南岳을 이르는 이름이다. 남악은 군권君權을 신수神授한 합법성을 확정한 오악五岳의 하나로 대륙 전체에 잘 알려지고 있는 명산이다. 그런데 이 고장이 졸지에 발이라도 달려 다른 데로 움직여 갔던가.

나중에 알고 보니 현지에서는 형산을 남악산南岳山으로 말하고 있었고 형산 자체는 남악산 기슭의 현성을 뜻하는 지명으로 되고 있었다.

기실 산이든 현성이든 형산의 이름은 예전에는 또 다른 이름으로 불리고 있었다. 진晉나라 때 곽박郭朴이 주해를 단 지리서 『산해경山海經』은 "형산은… 오늘의 남악이며 속칭 구루산岣嶁山이라고 한다."고 밝히고 있다. 당나라 때의 시인 한유韓愈가 말한 구루산도 실은 이 형산을 가리키고 있었다.

그런데 이 구루산을 처음 듣는다며 택시 기사가 이번에도 손사래를 치는 것이다. 형산 현지에서 출생한 사람이 맞느냐 했더니 그 무슨 모욕을 당한 듯 화를 버럭 낸다. 외지사람이 엉뚱한 지명을 꺼내서 현지 사람에게 일부러 약을 올린다는 것이다.

저도 몰래 고개가 갸우뚱해졌다. "옛날부터 이름난 명산이라는데 이처럼 생경한 고장으로 될 수 있을까."

'구루峋嶁'는 한漢나라 때의 『설문해자說文解字』에도 수록되지 않은 글자이다. "구루는 형산이며 형주衡州의 남악에 구루봉峋嶁峰이 있고 봉우리에 신의 우비禹碑가 있다"고 『강희자전康熙字典』이 밝히고 있다. 우비禹碑는 삼황오제三皇五帝 시대의 인물인 대우의 치수治水 공적을 위한 비석을 말한다.

⬆ 구루산으로 길에는 이와 같은 표지석이 여러 개 세워져 있다.

남악 형산의 풍경구에서 이른 후 안내 도우미에게 또 구루산을 물었다. 도우미도 마치 누군가와 약정을 한 듯 머리를 설레설레 흔든다. 마침 일행의 대화에 기웃거리던 웬 중년 사나이가 구루산을 알고 있다고 말한다. 근처에서 무허가 택시를 운영하고 있는 현지 사람이었는데, 구루봉에 두 번인가 다녀왔다고 한다.

사나이는 그의 성함을 습관처럼 노트에 적는 일행에게 어느 소설가의 이름을 말했다. "저 말이요? 『요재지이聊齋志異』를 쓴 포송령蒲松齡과 같은 성씨입니다."

『요재지이』는 요괴의 이야기로 묶은 청나라 초의 괴담소설이며, 저자 포송령은 이 소설로 하여 세간에 '요재聊齋 선생'이라고 불리는 명인이다. 보아하니 포씨는 옛 선조의 핏줄을 물려받았는지 글깨나 두루 읽은 사람 같았다. 아니나 다를까, 포씨는 구루봉의 이야기를 어릴 때 동네 노인들에게 천서天書 같은 괴담처럼 들었다고 말한다.

"구루봉에 옛 문자가 있잖아요? 세 글자를 판독하면 인명人命을 읽고 네 글자를 판독하면 지리地理를 읽는데요, 다섯 글자를 판독하면 천문天文을 읽는다고 합니다."

설명을 약간 빠뜨린 것 같다. 일행은 구루봉을 알고 있는 안내자를 놓칠까 우려해서 형산의 입구에서 방향을 바꾸고 포씨와 함께 먼저 구루산으로 향했다. 포씨의 이런저런 이야기는 구루산으로 가는 길에서 묻고 들은 것이다.

포씨는 자칭 명인 포송령의 후예라고 말하고 있었지만 선조는 이 명인의 고향인 연해지역의 산동이 아니며 오지의 사천이라고 한다. 1930년대 부친이 국민당 군대를 따라 형산으로 왔는데, 그의 고향 방언이 심해 사망할 때까지 주변 사람들에게 고향 이름을 전하지 못했다는 것이다.

"부친님은 국민당 군대의 소좌였다고 하는데요, 국공내전 시기에 미리 정세를 읽고 개인 증명자료들을 전부 소각했다고 합니다."

이로 하여 해방(1949) 후 역대의 정치운동에서 포씨의 부친은 겁난劫難을 피할 수 있었다고 한다. 그러나 포씨의 선조 고향과 그들의 옛 친지의 이름은 그 누구도 모르는 수수께끼가 되고 있었다.

그러고 보면 구루봉의 옛 주인은 세상에 메시지를 보내고 있는데도 불구하고 기어이 천년의 미스터리로 되고 있는 것이다. 비록 대우大禹는 구루봉에 비석을 남겼지만, 기괴한 글씨체의 옛 문자는 여전히 판독되지 않고 있다고 한다. 갑골문甲骨文의 거두인 곽말약郭沫若이 각고의 연구 3년 만에 겨우 세 글자를 판독했을 정도

구루봉의 옛 문자는 일명 과두문蝌蚪文이라고 하는데, 머리가 굵고 꼬리가 가늘며 올챙이의 모양이라고 해서 지은 이름이다. 일찍 선진先秦 시기의 문자이며 한漢나라 때 출현한 명칭이라고 한다.

"이상한 글자가 있다고 해서 구루봉을 찾는 관객들이 꽤나 있어요" 포씨가 이렇게 설명을 했다.

그의 말에 따르면 관객들은 거개 구루봉 남쪽의 도시 형양衡陽에서 찾아온다고 한다. 형양은 형산의 남쪽에 위치, 호남의 소재지 다음으로 꼽히는 중심 도시이다. 구루봉은 형산에서 직선거리가 40km 정도에 불과하지만, 우회노선을 이용하기 때문에 실제 70여 km의 거리를 상거하고 있었다. 그래서 남악 기슭의 현성인 형산 보다 오히려 남악의 밖에 있는 형양의 사람들이 오히려 구루봉에 익숙하고 또 이곳에 자주 다녀오고 있었다.

구루산으로 향한 서쪽 입구에는 벌써부터 길 안내판이 서 있었으며 가운데 여러 개나 등장하고 있었다. 명승지인 형산에도 없는 우리글의 안내판이 있었다. '구루봉'이라는 이 생경한 글의 지명은 우리말을 번역한 사람에게도 무척 어려웠던 모양이다. 미스터리한 우리글 이름 '군웅 펭'을 어디서 어떻게 만들어냈는지 구루봉에 오르는 내내 궁금증을 풀수 없었다.

⬆ 대우의 비석 근처에 있는 우왕전. 위로 올라가면 또 사찰 승려의 옛 무덤이 있다.

아무튼 지명의 번역은 구루봉에 한국인들이 자주 다니기 때문인 것 같다. 실제로 이윽고 산중턱의 우왕전禹王殿에서 만난 노인은 한국의 승려가 부근 산기슭의 옛 사찰 은진사隱眞寺를 다녀오면서 대우의 옛 비석에 들린다고 말한다.

과두문이 있는 대우의 옛 비석은 바로 우왕묘를 이웃하고 있었다. 글은 9행으로 되어 있으며 도합 77자였다. 현재 대륙 각 지역에는 우비禹碑가 10여 곳 되며 모두 구루봉의 우비에서 복각한 것이라고 전한다.

상고 시대 대우는 치수를 위해 산지사방을 다니면서 많은 책을 열독했다. 훗날 그는 『황제·중경黃帝·中經』에서 완위宛委 즉 남악의 형산에 황제가 숨긴 금간金簡의 옥문玉文이 있으며 이 글에 치수의 도가 있다는 것을 알게 된다.

항간의 전설에 따르면 어느 날 대우는 산을 오르다가 지쳐서 돌을 베고 잠깐 잠을 잔다. 이때 꿈에서 사자使者 '현이玄夷 창수蒼水'를 만나는데, 사자는 대우에게 금간의 옥문은 황제의 바위 꼭대기에 있으며 꼭대기의 반석磐石을 깨뜨리면 책을 얻을 수 있다고 알려준다. 비로소 반석을 깨뜨리고 보서를 얻은 대우는 치수의 도를 따라 마침내 홍수를 다스린다. 그 후 대우는 금간의 옥문은 남악산에 돌려주고 산꼭대기에 숨기니 그 봉우리가 바로 형산 남천문의 금간봉金簡峰이라고 한다. 이 같은 대우의 신적神迹은 옥백玉柏, 대우암大禹岩 등으로 남악의 여러 곳에 있다. 우비禹碑는 대우 치수 공덕을 기념하기 위해 후세 사람들이 세운 것으로 대륙에서 제일 오랜 비문이다.

🔷 구루봉 중턱에 있는 대우의 비석 옛 문자

대우가 남악에 이르렀고 구루봉 아래에 석비가 섰다는 전설은 동한東漢 때의 『오월춘추吳越春秋』에도 기록되고 있다. 구루봉의 중턱에는 대우의 신 자국이 남겼다는 바위와 대우가 주거했다는 혈거가 있으며 또 대우가 휴식을 취했다는 석상石床이 있다.

어찌됐거나 대우는 실제상 신神의 도움으로 치수의 결과물을 이뤘다는 것이다.

한국 상고사『환단고기桓檀古記』는 단군 왕검王儉을 천제天帝, 태자 부루扶婁를 북극수정자北極水精子로 적고 있다. 이에 따라 대우에게 치수의 도를 가르친 사자를 단군의 태자로 해석하는 설이 있다. 현이는 북쪽의 단군 조선 본국이며 창수 사자는 북국수의 사자로서 단군 왕검의 태자 부루를 가리킨다는 것이다.

『환단고기』는 일제강점기 초기에 편찬한 사서로 시야비야 구설수가 많으며, 이 이야기를 전개할 경우 짧은 편폭의 기사에 자칫 끝자락이 없는 논쟁으로 번질 수 있다. 고조선의 태자가 야설 같은 인물이라고 한다면 삼국 시기의 고승은 분명히 남악의 산정에 나타났었다고『송·고승전宋·高僧傳』이 기록하고 있다.『송·고승전』은 현광(玄光, 생몰년 미상) 법사가 신라 웅주熊州의 사람으로 중국에 와서 불법을 공부하여 득도했다고 전한다.

잠깐, 이때『송·고승전宋·高僧傳』은 기록의 오류를 범하고 있다. 웅주는 지금의 한국 충청남도 공주이며 옛 백제의 수도였다. 기록에 따르면 현광은 대륙 남북조南北朝 시기의 진晉나라 태건太建 5년(573)에 형산에 들어왔다.

🔶 남악의 형산에 있는 고찰 복엄사 입구

　"현광 법사는 백제 사람이 되네요 신라 사람이라면 그때 신라가 그때
벌써 웅주를 강점하고 있는 셈이 되겠죠"

　사실상 『송·고승전』을 편찬할 그 시기 송나라 사람에게는 반도의 나
라가 신라라는 이름으로 익숙했던 것이다. 관습의 오류는 그렇게 절묘한

눈속임을 만들며 세상에서 진정한 자아를 찾지 못하게 하고 있는 것이다.

　현광이 바다 넘어 대륙 오지의 형산에서 수행한 것은 진나라의 고승 혜사가 남악 형산에서 수행하고 있었기 때문이다. 혜사는 후세에 의해 '천태종 2대조'로 모시며 진나라 황제가 친히 '대선사大禪師'로 봉한 희대의 인물이다.

　미구에 일행은 형산의 산중에 올랐다가 감탄을 연발했다. 남악산은 역대로 도교와 불교의 성지였지만 지금은 신자들이 아닌 관객들로 넘치는 풍경지로 되고 있었다.

　고승 혜사가 형산에 개창한 절은 아직도 남아있으며 형산에서 제일 유명한 사찰의 하나로 되고 있었다. 진나라 광대光大 원년(567)에 지은 천년 고찰 복엄사福嚴寺이다. 이 사찰의 원 이름은 반야사般若寺로 북송北宋 시기에 이름을 바꿨다고 한다. 당나라 선천先天 2년(713), 선종禪宗 7대조 회양懷讓이 이곳에서 설법했으며 돈오성불頓悟成佛의 설을 천명, 남악파南岳派를 만들었다. 그의 제자가 또 임제臨濟, 위앙潙仰을 창설하며 이로 하여 복엄사는 '7대조의 도장', '천하의 법원法院'이라고 불린다.

　그런데 다른 절보다 복엄사에는 관객이 특별히 드물었으며 한적하기까지 했다. 실제로 복구공사가 도처에 진행되고 있어 관객이 드나들 장소가 아니었다.

　현광은 남악에 올라 혜사 법사를 알현하고 『법화경法華經』 안락행품安樂行品의 이치를 전수 받았다. 그는 열심히 정진하여 마침내 깨달음을 얻었으며 법화삼매法華三昧를 증득證得하였다. 577년, 혜사 법사가 입적하자 현광은 대륙의 강남에서 떠나는 상선을 타고 반도의 귀국길에 올랐다.

현광의 신이神異한 행적은 원元나라의 고서 『신승전神僧傳』에 기록되고 있다. 이에 따르면 현광은 귀국길에 천제의 초청을 받아 높은 곳에 올라 바다의 용왕과 수계水界의 정령들에게 7일 동안 불법을 전했다는 것이다. 귀국 후 현광은 고향 웅주의 옹산翁山에 절을 짓고 포교하였는데 그를 뒤따르는 자가 아주 많았다고 한다. 나중에 현광은 남악 형산의 조사영당祖師影堂과 천태산天台山의 국청사國清寺 사당의 28인 서상書像에 망라되는데, 이에서 그의 덕망을 어느 정도 가늠할 수 있겠다.

사찰을 오가다가 근처의 아름드리 은행나무에서 다시 걸음을 멈췄다. 이 은행나무는 수령이 무려 1400여 년 된다고 한다. 그러고 보면 우리 일행은 복엄사에서 현광이 남악의 형산을 찾았던 옛날의 그 시절의 '비석'과 다시 만나고 있는 것이다.

오호라, 천년의 비석은 옛 고장에 그대로 남아 있었지만 역사에 있었던 고사古事는 더는 다 읽을 수 없었다.

수중의 사찰에서 울리는 천년의 옛 종소리

　택시 기사는 우리 일행을 저수지 입구에 내려놓고 돌아갔다. 입구에는 차단기가 내려져 있었는데, 일부 사람은 그대로 들어가고 일부 사람은 입장권을 내고 있었다. 그 때문인지 누군가 한창 직원 차림의 아줌마와 실랑이를 벌이고 있었다.

　"잠깐이면 돼요. 저기 둑에서 사진 몇 장만 찍고 나온다니까요"

　아줌마는 저수지 안쪽의 촌민이 아니면 입장권을 구매해야 한다고 해석하고 있었다. 알고 보니 저수지 둘레가 모두 풍경구라고 한다. 저수지 역시 '세외도원世外桃園'의 일경一景으로, 당唐나라 태종太宗 이세민李世民이 고구려로 동정東征을 할 때 다녀갔던 옛 호수라고 해서 당왕호唐王湖라고 불리고 있었다. 둑에 잠깐 머물겠다고 고집하는 유람객은 실은 돈 몇 푼을 아끼려고 억지를 부리는 것이었다.

　당왕호는 강소성江蘇省 연운항連雲港의 도심에서 동남쪽으로 약 20km

떨어진 숙성宿城에 위치한다. 숙성은 이세민이 이 고장에 묵을 때 군사들이 단 하룻밤에 성과 해자를 만들었다고 해서 지은 이름이라고 한다. 비록 당왕호 주변이 훗날 '세외도원'이라는 풍경구로 되었지만, 그때의 이세민은 이 멋진 경치를 구경할 여유가 별로 없었던 것 같다. 당왕호의 남쪽 끝머리에 있는 산은 보가산保駕山이라고 불리는데, 이름 그대로 어가를 지킨 산이라는 의미라고 한다. 이세민이 이곳에서 고구려 연개소문淵蓋蘇文의 군사에 의해 포위되었다가 장령 설인귀薛仁貴가 어가를 구해 곤경에서 벗어나게 했다고 해서 '보가保駕'라는 이름을 하사했다는 것이다. 산마루에는 또 이세민이 잠깐 몸을 숨겼다고 전하는 당왕동唐王洞과 궁중의 옥새를 감췄다고 하는 옥새동玉璽洞이 있으며 또 그가 말의 고삐를 비끌어 맨 나무라고 전하는 전마송拴馬松이 있다.

산 어구의 돌계단은 양쪽의 가파른 벼랑 사이를 힘들게 기어오르고 있었다. 한 가닥의 하늘이라는 의미의 이 '일선천一線天'은 산허리까지 이어지고 있었다. 산의 여기저기에 널린 거대한 바위들은 마치 조물주가 떡 반죽을 하듯 제멋대로 짓이긴 듯 했다.

그러나 해발 52m의 보가산을 명산이라고 부르기에는 아무래도 궁색할 듯 했다. 이세민이 난중난세에 국보인 '옥새'를 묻어놓지 않았더라면 자칫 패쪽 하나 걸 데 없는 조촐한 야산이기 때문이다.

이세민은 숙성의 다른 곳에도 그의 귀한 몸의 그림자를 비껴놓고 있었다. 당왕호의 동쪽에는 제왕의 장수를 빈다는 의미의 만수산萬壽山이 있다. 부근의 산에는 또 그때 군마를 가둔 골짜기라는 의미의 함마구檻馬溝, 이세민을 쫓아왔던 연개소문의 이름자를 딴 소문항蘇門項 등 지명이 있다.

사실상 '세외도원'의 숙성에는 일찍부터 인적이 나타나고 있었으며, 한나라 때에는 벌써 많은 사람들이 여기저기에 '신선'의 마을을 만들고 있었다. 대륙 초기의 사찰인 법기사法起寺는 바로 당왕호의 기슭에 나타나고 있었다. 법기사는 "불법의 기원"이는 의미에서 취한 이름으로, 이웃한 연운항 공망산孔望山의 마애석불과 더불어 불교가 해상 실크로드를 통해 전래된 경로를 견증하고 있다.

서토의 부처는 오지의 낙양에 '백마를 타고' 왔다면 동쪽의 연운항에는 '배를 타고' 왔던 것이다.

숙성은 삼면이 산에 둘러싸여 있고 바다를 끼고 있어서 선박이 닻을 내리고 급양을 보충할 수 있는 좋은 장소이다. 또 경치가 좋은 '세외도원'은 선원들이 숙박하는 거주지로 뛰어나다. 고구려를 정벌할 때 해륙 경로를 모두 이용했던 이세민이 이 고장에 나타나는 게 별로 이상하지 않다.

그때 고구려 군사에게 쫓겼던 이세민이 법기사에 들려 궁지에서 벗어나게 해달라고 발원發願을 했는지는 모른다. 아무튼 그로부터 2백년 후 법기사에는 신라인이 나타나 향불을 피워 올렸던 것이다.

대륙에 나타난 신라인들은 처음에는 주로 정부 중심의 교섭 때문이었으나 차츰 민간교류가 늘어나면서 계층이 다양해졌다. 와중에는 유학생과 구법승이 있었고 해상 운송업과 상업에 종사하는 사람들이 있었으며 아랍 상인과 교역하는 한편 대륙과 신라, 일본을 내왕하며 국제무역에 종사하던 사람도 적지 않았다.

💶 당태종 이세민이 숨어있었다고 전하는 보가산의 당왕동

당시 중국의 해안 일대에는 남쪽으로는 복건성福建省의 천주泉州, 북쪽으로는 산동성山東省의 등주登州까지 많은 신라인들이 촌락을 이뤄 살고 있었다.

숙성은 신라의 선대가 대륙을 오고갈 때 경유하는 고장이었다. 이에 따라 신라인들이 숙성에 끼리끼리 찾아 들었다. 신라인들이 한데 모여 살면서 당왕호 기슭에는 신라촌이 나타났다. 그들은 혹자 운수업에 종사했고 혹자 농업에 종사했으며 혹자 식염 생산에 종사했다. 일부는 아예 해주(海州, 연운항의 옛 이름)에 입적했고 현지인과 통혼했다.

⬆ 호수 서쪽기슭의 신라촌 유적지, 어귀에 세운 석상 돌하르방이 유표하다.

"신라인들은 여기서도 허리에 새끼줄을 매고 바다에 들어갔을까요" 일행 중 누군가 엉뚱한 물음을 던져왔다.

하긴 고려 후기의 사서 『삼국유사三國遺事』에 따르면 신라 시대부터 한반도의 사람들은 김을 식용으로 사용했다고 한다. 명明나라의 의서 『본초강목本草綱目』도 신라인들이 깊은 바다에서 김을 채취했다고 서술하고 있다.

솔직히 그런 흔적은 꼬물치도 찾을 수 없었다. 필경은 이세민처럼 황제가 아니었기 때문일까, 신라인들은 현지에 지명 하나 남기지 않고 있었다. 호수 기슭에는 돌하르방이 신라촌 옛터를 묵묵히 서 있을 뿐이었다. 제주도민을 수호한다고 하는 이 석신石神은 10여 년 전부터 바다를 건너와서 마을 옛터를 지키고 있었다.

해신海神 장보고張保皐는 이 신라촌에서 그의 출세의 첫걸음을 뗐다. 장보고는 통일신라 후기인 9세기경 한반도 끝머리의 청해진淸海鎭을 무대로 동중국해를 누볐던 '무역의 왕'이다. 당왕호 부근의 장가루張家樓는 그가 최초에 수하의 뱃사람들과 함께 거주했던 곳이라고 전한다.

장보고의 뛰어난 통솔능력은 당왕호에서 벌써 나타난다. 신라촌 옛터의 안내판에는 그가 이곳에 신라소를 세웠다고 적혀있다. 신라소新羅所는 당나라의 통제 아래에서 신라마을의 신라인들을 자치적으로 관리하던 자치기관이었다. 본래 구당勾當 신라소라고 했는데 장長으로 압아押衙를 설치하고 그 아래에 촌보村保와 판두板頭를 두었다.

그때 장보고가 식탁에 한반도의 토종음식인 김을 올렸는지는 알 수 없다. 분명한 건 사찰의 향불 연기는 마을에 감돌고 있었으며 그의 저택 깊숙이 스며들고 있었다. 고찰 법기사는 바로 신라촌의 남쪽에 위치하고 있었기 때문이다.

실제로 사찰은 이역 땅에서 생활하던 신라인들이 힘든 몸과 마음을 기대던 곳이었다. 신라인들의 촌락과 신라사新羅寺는 늘 그림자처럼 가지런히 나타난다. 복건성 천주의 신라촌에 신라사가 있었고, 산동성 일조日照의 신라촌에 신라사가 있었다. 나중에 무역에서 큰 이익을 얻은 장보고는 신라인들이 많이 이주한 산동성 문등현文登縣에 신라인들이 법화원法華院을 세우려 하자 이를 적극 지원하는 것이다.

그로부터 천년 후 "배를 타고 온" 법기사의 부처는 폭탄에 의해 훼손되는 법난法難을 당한다. 1930년대 말 일본군의 폭격기가 다른 곳을 폭격한 후 남은 폭탄을 전부 이곳에 던졌던 것이다.

"어릴 때 물가에서 놀면서 사찰의 유적을 자주 보았지요" 산기슭에서 차밭을 정리하던 유씨 성의 촌민은 이렇게 그의 '경험담'을 이야기했다.

그때 사찰 옛터에는 담의 흔적과 건물 유적 그리고 기와조각 따위가 여기저기 널려 있었다고 한다. 돌로 만든 사자와 의자, 연꽃을 새긴 난간 등도 적지 않았다. 1960년대 초 당왕호에 댐을 건설하면서 옛터는 수중으로 사라진다.

유씨는 댐 언저리의 작은 둔덕 부근에 법기사가 있었다고 알려준다. 물 건너 저쪽의 사찰 옛터를 보고 섰노라니 한숨이 빗방울처럼 우울하게 떨어진다.

불행 중 다행이라고 할까, 마을의 옛 촌민센터에 '법기사 유적지의 유물전시관'이 있었다. 촌민센터는 현재 암자 모양으로 꾸며진 상태로, 여승 한명이 상주하고 있었다. 여승은 '법기사'의 복원을 발원하고 있었는데, 그 연기緣起 때문에 건물 안팎에 사찰의 유물을 적지 않게 소장하고 있었다.

"이건 일부인데요, 괜찮은 유물은 민가에 많이 널려 있어요"

여승의 말에 따르면 연꽃무늬 등을 넣은 일부 석조물은 농가의 장식품으로 되고 있다. 어느 농가의 뜰에 놓여 있는 돌의 걸상도 실은 법기사에 있던 유물이라고 한다.

정작 사찰 문어귀를 지키고 있던 돌사자는 '법기사'에 있었다. 뒷이야기이지만, 이 신설한 '법기사'는 당왕호 동쪽의 산 너머 '숙성풍경구'에 나타나고 있었다. '법기사'는 2006년부터 거액을 들여 재건, 현재는 거의 완공되어 그 엄청난 몸

◪ 법기사의 법사가 옛 돌사자의
　출처 등을 소개하고 있다.

집을 자랑하고 있었다. 그제 날 "회해淮海의 으뜸가는 사찰"이라고 불리던 위용을 재현하고 있는 듯 했다. 회해는 옛날 강소성江蘇省과 산동성山東省, 하남성河南省, 안휘성安徽省의 인접지역을 이르던 지명이다.

그러나 이런 유물들은 모두 숙성 법기사의 제일가는 보물이 아니었다. 사찰의 3대 가보는 실은 사찰의 역사를 대변하는 한나라 때의 기와와 불경『패엽경貝葉經』그리고 유구국琉球國의 관리가 증송한 구리향로라고 법기사의 각범覺凡 법사가 말하는 것이었다.

"참으로 아쉽지만요, 이 보물들은 지금 우리 사찰에 있지 않습니다."

각범 법사의 말에 따르면 한나라 때의 기와는 일본군이 중국을 침략했을 때 소실되었고 『패엽경』은 산동의 제남濟南박물관에 소장되어 있으

며 구리향로는 연운항박물관에 소장되어 있다고 한다. 현재 법기사에 보관된 것은 일부 석조물과 불사佛事에 쓰이던 그릇뿐이었다. 그나마 온전한 유물은 거의 없었는데, 돌사자도 다리에 보기 흉한 '상처'가 있었다.

어쩌면 '법기사'는 속절없는 세월에 잠기고 현지에는 이름만 달랑 남긴 셈이다.

법기사는 대륙 초기의 사찰인데다가 또 해상 항로의 요로의 시발점이자 육로의 종착역인 숙성에 위치했기 때문에 다녀가는 승려와 신도들이 줄을 지었다. 숙성 현지에서는 향을 태운다는 의미의 지명 '소향허燒香河'가 아직도 사람들에게 널리 불리고 있었다. 한때는 서역의 고승도 이곳에 와서 경전을 번역하고 포교布敎를 했다고 전한다.

어쨌거나 각범 법사가 기억에 담고 있는 승려는 일본의 고승 엔닌(圓仁, 794~864) 대사였다. 그가 당나라에 유학할 때 법기사에 족적을 남겼던 것이다. 이게 별다른 인연으로 되었는지 몰라도 엔닌 대사는 나중에 장보고의 도움을 받아 중국 구법순례를 완성한다.

"법기사에서 수학修學한 일본 구법승들이 도대체 얼마 되는지는 알 수 없어요"

그럴지라도 각범 법사는 일본에 동명의 고찰 '법기사'가 있다고 하면서 대륙의 이 '법기사'와 이어진 천년의 불연佛緣에 감탄을 연발했다.

일행은 숙성을 떠나기 앞서 만수산 중턱의 '선인옥仙人屋'에 잠깐 들렀다. 말 그대로 신라촌에서 엎어지면 코가 닿을 곳이었다. 암석의 동굴에는 조물주가 빚어 만든 문과 창문, 탁자가 있었다. 이 동굴은 '동해의 일경一景'이라고 자랑한다. 옛날 누구인가 이곳에서 수련하여 신선으로 되

139

었다고 하니 그럴 법하다.

정말이지 신라인들은 이 '신선의 집'에서 성도聖道를 얻으려고 수행하고 있던 '신선'을 보았을까…

그러나 신라인의 말소리는 더는 들리지 않았다. 귓가를 스치는 것은 산속의 바람에 속삭이는 나뭇잎 소리뿐이었다. 불현듯 산기슭의 당왕호에서 신라인들을 잠에서 깨우던 사찰의 종소리가 천년 기억의 수면을 헤가르며 떠오를 듯 했다.

🔼 옛날 신선이 살았다고 전하는 선인옥

바닷길에 서 있는 천년의 등대 신라초^{新羅礁}

산에는 '선녀와 나무꾼'의 설화가 있다. 옛날 옛적에 나무꾼이 사슴의 보은으로 선녀와 부부의 연을 맺게 되었다고 하는 천생연분의 이야기이다.

그러나 섬에 있는 보타산^{普陀山}에는 산길에 나무꾼이 없었다. 길에서 만난 사람들은 십중팔구 승려가 아니면 신도였다. 또 설화에 나오는 사슴이 없었고 선녀는 더구나 없었다. 흙과 풀, 나무의 냄새 그리고 청정한 햇빛이 있었다. 어디선가 물처럼 흘러나오는 불교음악은 마치 구름 위에서 들리는 천상의 소리인 듯 했다.

정말이지 산과 바다, 인간이 땅 위에 하나로 어우러진 세외도원의 그림이었다. 비싼 입장료에 고깝던 마음이 다소 풀어지는 대목이다. 얼결에 "맙소사!" 하고 외마디 탄식을 하는데, 일행 중 누군가 데퉁스럽게 말을 던져온다.

⬆ 관음보살이 가려 하지 않았다고 해서 섰다는 불긍거관음원

"불교의 명산에 와서 불호佛號를 외우지 않고 그게 뭐지?"

그럴 법하다. "산에 가면 산 노래, 들에 가면 들 노래"를 해야 하지 않겠는가. 굳이 이 속담이 아니더라도 옛날 놀라운 일이 생기면 사람들의 입에는 '나무아미타불 관세음보살…'이 달달 붙어 있었다고 한다.

그보다 보타산은 다름 아닌 관음觀音의 도장이다. 또 관음보살의 연기緣起 설화가 있었다. 배로 해동에 모셔가려던 관음상이 보타산 부근의 암초에 걸려 갈 수 없게 되어 관음원觀音院을 짓고 머물게 되었다는 불연佛緣의 이야기이다.

보타산普陀山은 보타산과 낙가산洛伽山의 준말이며 범문梵文 포타라카(Potalaka)의 음역이다. 관음보살의 주처住處와 설법 도장을 뜻한다. 절강성浙江省 녕파寧波의 동쪽 바다에 있는 섬이다.

불경에서 말하는 보타산은 원래 인도의 남쪽 바다에 있었다. 또 선재동자善財童子가 "동양東洋의 자죽림紫竹林에 가서 관음보살에게 불법을 구했다"고 전하며, 이 때문에 관음보살의 주처는 동양에 있다고 말한다. 선재동자는 범문으로는 수다나(Sudhana)이며 불도를 이룬 '구도보살'을 말한다. 출생할 때 재물財物이 아주 많은 집안에서 태어났다고 해서 불리는 이름이라고 전한다.

기왕 말이 났으니 망정이지 다들 보타산에 도착한 후 관음보살에 앞서 선참으로 이 선재동자를 입에 올리지 않나 싶다.

승객들은 배가 부두에 닿은 후에도 선착장에서 곧바로 나갈 수 없다. 보타산 입장권을 구매해야 하기 때문이다. 국가 최고급 풍경구라고 티켓 한 장의 가격이 140위안이나 된다. 배와 관광버스, 식사 등등의 비용을 주먹구구 하노라면 어느새 입이 떡 하니 벌어진다.

🔼 남대문 부근에 옹기중기 모여 있는 신도들

뉘라 없이 저절로 기침처럼 내뱉는 외마디 말.

"우리 방문객 모두를 선재동자로 알고 있지 않나?"

그러든 말든 선착장에 들어서는 배마다 만원을 이루고 있었다. 음력설 같은 명절에는 보타산에 아예 발을 내디딜 틈도 없다고 한다. 관음보살에게 서원誓願을 올리면 감응이 없지 않다고 소문을 놓은 도장이니 그럴 만하다는 생각이 들었다.

사실 보타산은 시초에 관음보살의 도장이 아니었다. 한漢나라 때 이 산은 인적이 드물었고 아주 황량했다. 도인 매복梅福이 산속에 암자를 짓고 수련을 하고 있었다. 그래서 도인 매복의 성씨를 따고 또 봉우리 잠쪽을 보태어 매잠산梅쪽山이라고 불렸다.

오대五代 후의 양梁나라 정명(貞明, 915~921) 연간 초기까지 매잠산은 바다 위의 별로 이름 없는 외로운 섬에 지나지 않았다. 고기잡이를 하는 어부 몇몇이 살고 있었을 따름이었다고 한다. 훗날 유명세를 타게 된 건 영험하다고 전하는 사찰이 나타났기 때문이다.

매잠산의 이 최초의 사찰에는 일본 승려가 등장하고 있다. 남송南宋 때의 문헌 『불조통기佛祖統紀, 1269』의 기술에 따르면 당唐나라 때인 859년, 일본의 승려 에가쿠慧鍔가 오대산五臺山에서 관음상을 일본에 가져가려고 매잠산을 경유하게 되었다. 도중에 배는 매잠산 부근에서 암초에 걸려 옴짝달싹하지 못했다.

이에 에가쿠는 "만일 보살님이 해동에 아직 인연이 무르익지 않으셨다면 이 산에 모시도록 하소서"하고 기도한다. 신기하게도 이 말이 끝나자 배가 즉각 물에 떠서 움직였다고 한다. 그리하여 에가쿠 일행은 관음상을 해상의 바위에 모시고 봉안식을 했다.

이때부터 여러 문헌의 기술은 약간씩 다르지만, 관음상은 약 916년경 조음동潮音洞 부근에 지은 사찰에 공양되었다고 전한다. 이 사찰은 고사古事의 '가려고 하지 않는다'는 의미를 담아 '불긍거관음원不肯去觀音院'이라고 불렸다는 것이다.

송宋나라 원풍元豊 3년(1080), 신종神宗이 사절단을 한반도에 보내는데 배가 갑자기 풍랑을 만났다. 이때 상서로운 금빛이 매잠산의 조음동으로부터 일어났으며 잇따라 배가 평안하게 떠나게 되었다고 한다. 이 기이한 소문을 들은 신종은 매잠산의 사찰에 액자 '보타寶陀'를 하사하는데, 나중에 이와 비슷한 음의 '보타普陀'라는 산 이름이 정식으로 매잠산을 대신하게 되었다고 한다.

각설하고, 송나라의 사절로 고려에 다녀갔던 서긍徐兢이 남긴 책 『고려도경高麗圖經, 1124』은 다른 판본의 관음 설화를 전하고 있다. 이 기록에 따르면, "보타섬에는… 영험한 관음상이 있다. 옛날 신라 상인이 오대산에서 불상을 새겨갖고 귀국하려다가 바다에 암초가 나타나서 갈 수 없었다. 이에 불상을… 보타원전普陀院殿에 봉안한 후 선박의 왕래가 가능해졌다."

누가 배의 주인이었든지 막론하고 관음상을 실은 배가 부딪친 암초는 '신라초新羅礁'라고 전한다. 명나라 만력(萬曆, 1573~1620) 연간에 저술된 『보타산지普陀山志』가 일본 승려 에가쿠와 보타산에 얽힌 고사를 기록하면서 이와 같이 전하고 있다. 이 문헌에 따르면 신라초는 신우神牛 항구의 바다에 있으며 보타산의 제일 서쪽 끝에 위치한다.

신라초 부근의 산비탈에 세운 비석

보타산 서쪽의 바다에는 정말로 큰 삿갓처럼 생긴 암초가 물위에 솟아있는데, 현지 사람들은 항비초缸飛礁라고 부른다. '항아리가 날아갈 듯한 암초'라는 의미로, 갈매기가 앉아서 쉬었다가 날아가는 암초라고 해서 지은 이름이라고 한다.

천여 년 전 신라의 상선은 보타산의 이 신라초를 지나 지금의 녕파寧波인 명주明州에 들어갔다. 절강성 동부 연해에서 해동의 한반도와 일본 등으로 통한 해상 항로는 이때 벌써 형성되어 있었다.

그때 그 시절 선박들은 바다에서 큰 파도나 무서운 해적을 만나면 해상의 등대 같은 보타산을 찾았다. 이에 따라 보타산은 안전한 도피지라는 이미지를 갖고 있었다. 그리하여 선박이 부두에 이른 후이면 선원船員과 탑승객들은 보타산에 올라 사찰에 참배를 하고 관음보살의 영력靈力에 서원을 올리거나 감사를 표했다.

이 바닷길은 훗날 '동아시아의 해상 실크로드'라고 불렸다. 신라초는 바로 이 해상 '실크로드'를 견증하는 살아있는 지명이다.

신라초는 물론 한반도의 신라국과 한데 연결되기 때문에 생긴 이름이다. 그때 신라인들은 대륙 연해 일대에서 거주하면서 '신라' 이름자의 지명을 많은 곳에 남기고 있었다. 해상 요충지에 위치한 절강 동부 연해에는 더구나 신라인들이 운집하고 있었으며, 따라서 '신라'라는 이름을 곳곳에 찍어놓고 있다. 당·송唐·宋 시기 보타산 남쪽 일대의 황암黃岩에 신라방新羅坊, 신라교新羅橋가 있었고 상산象山에 신라오(新羅隩, 신라촌)가 있었으며 임해臨海에 신라초, 신라서(新羅嶼, 신라섬), 신라산新羅山이 있었다. 와중에 신라초나 신라섬은 항로의 표지로 되고 있었고 신라방, 신라촌은 거주지, 신라산은 시신을 묻는 자연적인 장지葬地로 되고 있었다. 또 일부 지명은 신라초처럼 지금까지 전해 내려오고 있다.

이야기는 여기에서 한반도로 건너뛰게 된다. 보타산에 일본의 승려 혜악보다 장장 백오십년을 앞질러 신라의 승려가 나타나기 때문이다. 그는 '신라'의 지명처럼 보타산에 이름을 남기지 않았지만, 관음상이 아닌 사찰을 통째로 배에 실어가면서 보타산에 족적을 또렷하게 찍고 있다.

강원도 양양의 낙산사洛山寺는 보타산의 '불긍거관음원'과 비슷한 구조인데, 의상義湘. 625~702 대사가 낙산 동쪽의 바닷가 굴속에서 관음보살의 진신眞身을 보고 지었다고 하는 사찰이다. 의상 대사는 신라의 왕족 출신으로 불교 화엄종을 처음으로 한반도에 도입한 고승이다. 이때 의상 대사가 관음보살을 만난 관음굴은 지금의 홍련암紅蓮庵으로 바닷물이 굴속으로 들어왔다가 나가면서 신비스런 분위기를 연출한다. 보타산 '불긍거관음원'의 앞에 있는 조음동을 그대로 닮은 듯하다.

관음 신앙의 두 사찰이 대륙과 한반도에 쌍둥이처럼 나란히 출현하는 것은 결코 우연하지 않다. 미상불 의상 대사는 당나라에서 구법할 때 보타산의 사찰을 순례하고 보타산의 지형과 비슷한 곳을 한반도의 동해안에서 찾아 그곳에 사찰 건물을 지었던 것이다.

의상 대사를 비롯한 한반도의 구법승들의 대륙 유학, 보타산의 그림자가 비낀 낙산사 그리고 보타산과 그 주변에 남긴 신라인들의 흔적은 은연중 보타산과 이은 신라인들의 불연佛緣을 암시하고 있다.

정말이지 '불긍거관음원'은 신라인들 때문에 생겼다는데 한결 수긍이 가는 대목이다.

옛날 선단船團이 보타산에 이른 후 신라인들은 섬에 올라 사찰에 가서 향불을 피웠다. 신라 선박이 머문 부두를 '고려도두高麗道頭'라고 불렀다고 한다. '도두道頭'는 옛날 배에 오르는 곳을 이르던 말로 부두라는 의미를 가진다. 에가쿠 일행이 뭍에 올라 머문 곳도 바로 이 '고려도두'였다고 전한다.

'고려도두'는 보제사普齊寺의 옛길과 한데 연접된다고 남송 때의 문헌이 밝히고 있다. 보제사는 그 무렵에 본전本殿을 세운 보타산의 최대의 사찰이다. 일각에서는 또 고려에서 매년 공물을 바치러 송나라에 올 때 반드시 이 부두를 거쳐야 했으며 그래서 고려라는 관명冠名을 이 부두에 붙여 '고려도두'라고 불렀다고 주장한다.

하여튼 이 '고려도두'는 현재 전부 육지로 변했으며 유적조차 없다. 지난 천여 년 동안 수위가 많이 내려갔고 또 사람들이 바다를 메우고 밭을 만든 결과이다.

여타를 막론하고 보타산에서 일행이 제일 놀랜 곳은 보제사의 앞에 있는 해인지海印池였다. 해인海印은 모든 법을 비춰보는 것이 마치 바다에 만상이 나타나는 것과 같다는 말로, 우주의 일체를 깨달아서 아는 부처의 지혜를 가리킨다. 해인지는 원래 신도들이 방생하던 곳이었는데 훗날 연꽃을 심었다고 해서 '연화지蓮花池'라고 불리고 있었다.

마치 '해인'의 의미를 하늘 아래에 그림으로 현시하는 듯 했다. 못에 잠긴 울긋불긋한 단풍잎이 비단물결처럼 바람 따라 물 따라 하느작이고 있었다. 실은 착시현상이었다. 이 단풍잎은 신도들이 방생한 금붕어이었다. 물고기가 하도 많아서 못가의 단풍잎이 수북이 떨어진 듯한 양상을 연출하고 있었던 것이다.

'나'와 '너'와 함께 못가에서 금붕어와 더불어 노니는데 한겨울의 못에서 홀연히 하얀 연꽃이 피어오르는 듯한 환영幻影이 떠오른다.

"저것 봐요, 바다에서 보살님이 보여요!"

누군가 외치는 소리에 깜짝 놀라 무아몽중의 세계에서 깨어났다. 보타산의 앞바다에 연꽃처럼 떠있는 낙가산이 시야에 뛰어들 듯 달려오고 있었다. 옛날부터 낙가산을 '와불臥佛'이라고 부른다고 하더니 말 그른 데 없었다. 낙가산은 흡사 물 위에 누워있는 부처의 형상으로 머리와 목, 가슴, 배, 발 등 모양이 아주 또렷하게 보이고 있었다.

'신라' 이름의 암초는 바로 천년의 '해상 불국佛國'으로 통하는 그 바닷길에 침몰되지 않는 등대처럼 서 있었다.

천태산의 옛 비문에 적힌 『삼국유사』의 이야기

이름부터 천태산天台山은 명산 오악五嶽에 못지않게 소문을 놓는다. 절강성浙江省의 남부에 위치하는데, 주周나라 때 자미성紫微星을 지키는 상, 중, 하 삼태성三臺星의 이름을 따서 지은 이름이라고 한다. 정말로 하늘에서 별이 떨어졌을까, 주성主星을 병풍처럼 뭇별이 옹위하듯 주봉을 산봉우리들이 연꽃잎처럼 에워싸고 있다.

산이 크니 골이 깊었다. 옛날 많은 은사隱士들이 산속에서 수행을 했다고 전한다.

"이런 산속에 살면 수행을 하지 않아도 은사가 될 수 있겠지요?" 일행을 안내했던 택시 기사가 물음조로 건네 오는 말이다.

산기슭부터 오불꼬불한 산길이 주봉까지 기어가고 있었다. 이따금 급격한 굽이돌이가 나타나서 나도 몰래 손에 땀을 쥐었다. 뭔가 물으려던 것도 깜박깜박 돌덩이처럼 길가에 떨어뜨렸다.

⬆ 여행가 서하객이 세 번이나 걸었다는 천태산의 옛길

"예전에는 산속에서 살면서 시내 구경조차 하지 못한 촌민들이 적지 않았다고 합니다."

지난 1970, 80년대까지 현지에서 있었다고 하는 거짓말 같은 이야기였다. 이런 현대판 '은사'들의 은거 이유는 금방 알 것 같았다. 산중에 있는 마을 석량石梁에서 10여 km의 산길을 내려 다시 현성까지 두발로 닿으려면 하루 나절의 시간을 허무하게 길에 널어놓아야 했던 것이다.

말 그대로 범속의 세계를 떠나려는 수련자의 첫손 꼽히는 도장이렷다.

기실 천태산은 산수의 경치로도 빼어났다. 봄에는 두견화가 산을 울긋불긋 물들이고 겨울에는 설경이 그림처럼 펼쳐진다고 한다. 석량이라는 마을 자체는 바로 폭포가 쏟아져 내리는 골짜기에 바위가 대들보처럼 얹혀있다고 해서 지은 이름이다.

천태산은 당唐나라 때 벌써 세상에 이름을 떨쳤다. 『전당시全唐詩』에 나오는 2천여 명의 시인 가운데서 이백李白, 두보杜甫 등 3백여 명이 천태산을 다녀갔다고 전한다. '천고의 기인'이라고 불리는 명明나라 때의 여행가 서하객徐霞客은 일생동안 세 번이나 천태산에 올랐으며 천태산 하나를 두고 두 편의 여행기를 남겼다.

지금도 천태산에는 봄부터 구경 나들이로 산을 오르는 인파가 붐빈다고 한다. 아니, 차 때문에 천태산의 산길이 미어질 지경이란다. 그러나 우리가 산을 오르는 시기가 이도저도 아닌 어중간하다고 기사가 말했다. 눈이 녹아서 없고 꽃도 아직은 피지 않아 구경거리가 없다는 것이다. 그래서인지 겨울 막바지의 주봉 화정봉華頂峰으로 오르는 산길은 한적하기 그지없었다. 오히려 가속 페달을 밟는 내는 기사에게 속력을 줄이라고 자주 소리를 질러야 했다. 자칫하다간 산정의 고찰에 이르기 전에 나의 몸을 공양물로 올리게 될 것 같았다.

화정봉 정상의 화정사華頂寺는 후진後晉 천복天福 원년(936)에 설립된 것으로 전한다. 원래 '화정원각華頂圓覺 도장'으로 불리다가 송宋나라 치평治平 3년(1066)에는 선흥사善興寺로 개명했고 민국(民國, 1912~1949) 때 화정강사華頂講寺로 불렸다. '문화대혁명' 시기 극좌운동의 충격으로 훼손되었고 근년에 다시 개축했다고 한다.

사찰의 풍경소리를 귀에 듣기도 전에 먼저 '시주'를 해야 했다. 화정사는 '천태산 화정국가삼림공원'의 일부로 되고 있었으며, 따라서 인민폐 50원을 내고 입장권을 구매해야 했던 것이다.

정작 화정사에는 부처에게 보시를 하는 불자들이 없었다. 사찰은 보수를 하고 있었고 승려가 없는 불전에는 인부들이 들락날락하고 있었다.

화정봉은 실은 사찰보다 일명 '모봉茅蓬'이라고 하는 초막으로 소문이 났다. 통상 불도를 수행하는 큰 곳은 '절'이라고 하며 작은 곳은 '암자', 이보다 초라한 곳은 '모봉'이라고 한다. 옛날 화정봉에는 승려들이 재齋를 행하면서 기거하던 모봉이 수십 채나 있었다고 전한다.

고승 지의(智顗, 538~597)가 바로 화정봉의 모봉에서 실상의 깨달음을 크게 얻었으니, 그가 창시한 천태종天台宗처럼 유명한 '화정개오華頂開悟'라는 단어가 이로써 세상에 등장한다.

지의 대사는 화정봉에서 10년을 수행했다. 아름다운 풍경과 마음에 일어나는 번뇌의 싸움을 겪은 이 시기를 '천태의 은거'라고 말한다. 그가 고행을 하던 어느 날 새벽 어디선가 신승神僧이 문득 나타났다. 이 신승의 계시를 받고 지의 대사는 '화정개오'의 깨달음을 크게 얻으며 마침내 실상을 체달體達했다고 전한다.

역대 고승을 적은 화정사의 비문에 지의 대사는 세 번째 순위로 적혀 있었다. 일찍 동진(東晋, 317~420) 시기부터 화정봉에는 벌써 고승이 기거하고 있었던 것이다.

기실 화정봉의 수련 역사는 이보다 더 이르다. 동한(東漢, 25~220) 말년, 도인 갈현葛玄이 화정봉에서 수도를 했다. 갈현은 도교 유파의 4대 천사天師의 한 사람으로 존승을 받는 인물이다.

불교가 전래되기 전부터 수행자들은 모두 깊은 산속에서 수련했다. 단군檀君 같은 고조선의 옛 성현들도 그러했다. 세속의 소란함을 떠나 한적한 산속에 머무르면 원력原力을 더 굳게 세우고 체달의 깨달음을 얻기 쉬

웠던 것이다.

"모든 길은 로마로 통한다." 화정봉의 도인과
승려는 차탁에서 함께 만난다. 차는 산속의 수행
에 지친 몸을 닦고 수마睡魔와 피곤을 쫓을 수
있었다. 사실상 차를 심고 마시는 과정도 하나의
수행이었다. 초기의 수행자 갈현이 화정봉에 차
를 심고 마셨고 훗날의 승려들이 화정봉에 차를
심고 마셨다. 화정산의 운무雲霧 속에서 만들어
진 차는 나중에 천태산의 특산물이요, 전국의 명
차로 거듭난다.

각설하고, 화정사의 비문에는 천태종을 전수
받은 한반도의 승려가 나타난다. 고구려의 승려
반야(波若, 또는 般若라고 적는다)이다. 반야는 범어梵
語 'prai'를 음역한 한자를 다시 옮긴 우리말로

❏ 역대 고승을 기리어 화정사 불전 앞에
세운 비석에 반야의 이름이 적혀있다.

'지혜'를 뜻한다. 이 이름은 지의 대사의 수제자를 제치고 바로 지의 대
사의 뒤에 적혀 있다.

반야가 언제 어디서 출가하였는지는 잘 알 수 없다. 『불조통기佛祖統紀』,
『속고승전續高僧傳』은 이에 대해 반야가 고구려인이며 속성이 상商 씨라고
밝히고 있을 뿐이다. 이런 문헌의 기록에 따르면 반야는 남진(南陳, 557~
589) 때 금릉(金陵, 지금의 남경)에 와서 지의 대사의 설법을 들었다. 반야는
지의 대사의 설법을 듣고 그 이치를 깊이 이해했다고 한다. 지의 대사가
금릉에서 『법화경法華經』을 강설한 때가 585년이니, 유추하면 반야의 이

때 나이는 20대 중반이었다. 그 후 반야는 대륙 여기저기를 다니면서 계속 불법을 익히다가 596년 다시 지의 대사를 찾아간다. 지의 대사의 심오한 강설은 그의 가슴에서 떠나지 않았던 것이다.

이때 지의 대사는 천태산에서 머물며 교화를 펴고 있었다. 나중에 그는 선법을 전해주길 청하는 반야에게 천태산의 최정상인 화정봉에 올라가서 두타행頭陀行을 수련하도록 지시한다. 두타행은 출가 수행자가 세속의 모든 욕심이나 속성을 버리고 몸과 마음을 깨끗이 닦으면서 참기 어려운 고행을 참고 행하는 것을 말한다. 모름지기 지의 대사는 혹독한 두타행을 이겨낼 수 있는 반야의 뛰어난 근기를 읽은 것 같다. 또 그 자신이 바로 6, 7년간 화정봉에서 홀로 두타행을 하면서 큰 깨달음을 얻었기 때문이 아닐지 한다.

드디어 반야는 석장 하나에 의지한 채 홀로 화정봉으로 향한다. 돌로 만든 계단의 좁은 길이 산기슭에서 화정봉으로 구불구불 가파르게 이어지고 있었다. 반야의 화정봉의 수행도 이 산길처럼 어려운 고행이었으리라. 그때부터 반야는 장장 16년 동안 산 밖의 세상에는 그림자도 얼씬하지 않았다.

현재로서는 반야가 깊은 산속에서 어떻게 홀로 살았는지, 또 수행의 경지가 어디까지 이르렀는지 알 길이 없다. 그가 산속에서 수행할 때 옷이나 음식은 어떻게 해결하였는지는 역시 미스터리가 되고 있다. 지의 대사는 5, 60리 밖의 화정봉에 미리 옷이나 음식을 마련해두었지, 아니면 지의 대사의 경우처럼 신승神僧이 반야의 수행을 돕기 위해 화정봉에 화현化現을 했는지 궁금한 부분이다.

☝ 절이 서면 나라가 맑아진다고 하는 국청사

어찌어찌 해도 보석이라면 어디서든지 빛을 발하기 마련이다. 반야의 신이神異한 행적은 끝끝내 산밖에 그 정체를 드러낸다. 수隋나라 대업大業 9년(613) 2월, 반야는 홀연히 화정봉을 떠나 천태산 서남쪽의 불롱봉佛隴峰으로 내려왔다. 불롱은 산에 부처의 형상이 자주 보인다고 해서 불리는 이름이다. 불롱봉은 지의 대사가 이곳을 수행지로 정한 후 세운 사찰이 있었으며 황제로부터 수선사修禪寺라는 이름이 하사되었다.

옛 산길을 타고 걸어오는 반야는 더는 속세의 사람이 아닌 듯 했다. 반야의 뒤에는 하얀 옷을 사람 세 명이 옷과 발우拔羽을 받쳐 들고 뒤따르고 있었다고 한다. 절 앞에 이르자 이 세 명은 곧바로 오간 데 없이 사라졌다.

『속고승전』은 이 기록의 뒤에 산 밖에서 보인 신령함이 이러할진대

"산속의 신통과 이적異迹은 상고相考하기 어렵다"고 진술하고 있다.

반야는 수선사를 지나 산기슭의 국청사에 도착했다, 지의가 입적한 이듬해 수隋나라 양제煬帝가 국청사國淸寺를 창건하여 천태산의 중심지로 삼고 수선사는 그 도장으로 되고 있었다. 국청사는 원래 산 이름을 따서 '천태사天台寺'라고 했다가 "절이 서면 나라가 맑아진다"는 글귀를 빌어 개명한 이름이다.

국청사에는 지의 대사의 수제자인 지월智越이 주지를 맡고 있는 등 지인들이 아직도 일부 있었다. 반야는 옛 승려들을 불러 만나 깜짝 놀라는 그들에게 이렇게 말했다고 한다.

"나는 속세의 수명이 얼마 남지 않았네. 여러 스님들과 이별을 하고자 이렇게 산을 내려왔네."

며칠 후 반야는 52세의 나이로 입적하였으며 화정봉에 매장되었다. 반야의 장례식 날 승려나 신자는 물론 현지의 관리와 백성들이 구름처럼 모여왔다고 한다. 산중에서 16년 동안 오로지 수행에 전념했고 또 수선사에서 신이함을 보인 승려라는 소문은 벌써 동네방네 전해졌던 것이다.

반야는 고려 후기에 승려 일연一然이 지은 5권 3책의 사서 『삼국유사』에도 짤막한 기록으로 전하고 있다.

> "고구려의 승려 반야는 중국 천태산에 들어가 지자(智者, 지의 대사를 이르는 말)의 교관教觀을 받았다. 신이神異한 사람으로 산중에 알려졌다가 죽었다. <당승전唐僧傳>에도 또한 실려 있는데 자못 영험한 가르침이 많다."

화정사의 비문은 바로 『삼국유사』의 이 이야기를 반증하고 있는 셈이다. 반야는 1천 4백 년 전 처음 천태종의 교학과 행법이 체계를 이뤘을 때 개산조인 지의 대사의 문하에서 직접 천태 교관을 전수 받은 한반도의 첫 스님이었다. 그러나 반야는 국청사에서 적멸寂滅하면서 종당에는 천태종을 고구려에 전래하지 못했다.

천태종이 한반도에 배를 타고 건너간 것은 그로부터 약 5백년이 지난 후였다. 고려의 대각국사大覺國師 의천義天이 천태 교단의 중심지 국청사를 찾아오는 것이다. 의천은 국청사에서 수도한 후 한반도에 돌아갔으며 2년 후 한반도에서 천태종을 창시했다.

그때 의천은 송나라 상선을 타고 밀주密州에 상륙한 후 해주海州, 명주明州를 경유하는 등 옛 실크로드를 따른 구법 노선도를 세상에 남기고 있다.

"'백마'가 아니라 '배'를 타고 온 왕자네요." 저도 몰래 수긍하게 되는 소설 같은 이야기이다.

실제로 의천은 거짓 하나 없는 왕자로, 고려 11대 문종文宗의 넷째 아들이다. 이로써 천태산에는 『삼국유사』가 아닌 또 하나의 이야기가 화려하게 등장하는 것이다. 그럴지라도 정말로 신화 같은 이야기가 있는 천태산은 이 천태산이 아니다.

천태산의 전설로 전하는 신라사찰

　헷갈리지 않도록 먼저 설명을 해둔다. 이 천태산天台山은 천태종이 일어난 절강성浙江省 녕파寧波의 그 천태산이 아니다. 사실상 동명의 천태산天臺山은 중국 대륙에 십여 개나 되는데, 이 천태산은 대륙 남부가 아니라 동부의 산동성山東省 일조日照에 있다.

　일조는 일출의 첫 햇살이 제일 먼저 비춘다는 말에서 취한 지명이다. 이 지명은 천태산에 있는 동이東夷의 상고시절 태양숭배 신화로 인해 생긴 것이다.

　신화가 있는 이 태양의 산에는 한때 신라인들이 촌락을 이뤄 살고 있었다. 정말이지 천손天孫의 자식들은 태양부족의 이 옛 고향을 찾아 바다 저쪽에서 일부러 온 듯싶다.

　"천태산의 신라촌에는 노비로 팔려온 신라인이 있었다고 합니다." 국지국鞠志國, 일조시 태양문화연구회 부회장) 씨는 이렇게 그가 알고 있는 신라촌 옛 촌민의 신분을 밝혔다.

일조 시내에 있는 태양문화연구회의 사무실에서 국씨를 만났다. 근처의 기차역에서 오구작작 붐비는 인파가 실루엣처럼 창밖으로 하얗게 비쳐들고 있었다. 약 10년 전 국씨는 미국에서 공부할 때 우연하게 옛 비석을 만났으며, 나중에 이 신비한 비석의 출처를 찾아 천태산으로 오게 되었다고 한다. 이때 천태산의 산봉우리마다 널려 있는 태양유적은 그를 경이로움과 감동의 경지에 빠지게 했다. 드디어 국씨는 천태산의 태양유적을 발굴, 연구하는 고고학자로 일대 변신을 한다.

국씨의 말에 따르면 신라 노비는 성이 이李씨이며 그 후예가 현재 한국에서 살고 있다고 한다. 이씨의 이 후예가 조상의 옛 기억을 옮긴 글에서 지금까지 잘 몰랐던 신라촌의 많은 모습이 드러나고 있다는 것이다.

"신라촌은 천태산의 산골짜기에 있었고 소금 말리기와 어로, 농사를 생계로 삼았다고 합니다."

당唐나라 영태永泰 원년(765), 초대 치청평淄靑平 절도사 이정기李正己가 산동 일대를 점거하고 할거세력을 형성했다. 이정기는 고구려 유민의 후예이다. 그는 신라노비 교역을 방임했으며 이로 하여 한때 신라노비의 매매는 더구나 창궐했다. 819년, 당나라는 이정기의 할거세력을 평정한 후 823년과 828년에 걸쳐 두 번이나 칙령을 내리고 신라인을 노비로 사지 못하게 했으며 그들을 귀국하게 했다.

대부분의 신라인들은 방면된 후 여전히 대륙에 남아 있길 원했으며 연해 일대에 기거하면서 군락을 형성했다. 그들을 제외하고 대륙에 안착한 신라인들은 또 통역, 항해기술자, 학자, 승려, 심지어 바둑기사에 이르기까지 다양했다. 신라인들의 군락은 신라방新羅坊, 신라채新羅寨, 신라보新羅堡 등 이름으로 불렸으며 산동성 지어 남쪽의 복건성福建省 연해에도 나타나고 있었다.

신라인들은 뛰어난 항해술을 바탕으로 아랍, 페르시아 상인들과도 교역했고, 일본과 신라 본국을 왕래하면서 해상무역을 주도했다. 그들은 당장 당나라에서 땅을 얻어 농사를 짓기보다는 즉시 돈이 되는 일, 즉 배 만들기, 소금 만들기, 숯 굽기 등을 하기도 했다.

⬆ 부족장이 앉던 돌바위 의자에 태양 문양이 음각되어 있다.

당·송唐·宋 시기, 천태산의 부근 지역에는 염장鹽場이 있어 아주 번화했으며 신라촌의 인구도 다른 신라마을에 비해 훨씬 많았다고 한다.

현재로선 천태산의 신라촌에 이씨의 선조처럼 노비 출신이 얼마나 되었는지 알 수 없다. 그러나 천태산에 신라사를 지은 것은 그들 촌민이 아니라 승려라고 옛 비기碑記가 기록하고 있다. 대만臺灣에서 발견된 『석봉사중수비기石鳳寺重修碑記』는 "당나라 초, 신라 승려 지은智隱이 사원을 재건했으며 신라사新羅寺라고 했으니 불문이 재흥했다."고 명기하고 있는 것이다.

"신라 사찰이 먼저 섰나요? 아니면 신라 마을이 먼저 섰나요?" 부지중 이런 물음이 흘러 나왔다.

국씨는 잠깐 고개를 갸웃하더니 그건 모르겠다고 하면서 머리를 설레설레 흔들었다.

신라인들은 촌락을 이룬 후 부근에 새로 사찰을 세우는 경우가 많았지만, 시기적으로 볼 때 천태산에는 신라마을보다 신라사가 먼저 생긴 것 같다는 지적이 나왔다. 분명한건 신라사가 천태산의 옛 사찰을 재건했다는 것이다. 남북조(南北朝, 420~589) 시기의 승려 혜심慧深이 일찍 천태민사天臺憫寺를 세웠다고 『석봉사중수비기』가 자세히 기술하고 있다. 그때 혜심은 산기슭에서 굶어죽은 사람의 시신을 보고 돌을 쌓아 무덤을 만들었으며 무덤 옆에 사찰을 세우고 이름자에 불쌍히 여길 민憫을 넣어 사찰 이름을 지었다고 한다. 북위(北魏, 386~557) 때 불교도들이 모반을 꾀한다고 하면서 모든 사원을 소각하게 했으며 승려와 비구니를 일률로 참했다. 이 시기 "불문이 불행을 입어 그 화가 민사憫寺에 이르렀던 것"이다. 이에 혜심은 "분개해서 출해出海"를 하며 "정토淨土를 찾고자" 바다를 건너 다른 대륙으로 건너갔다.

재건한 신라사는 이 천태민사보다 훨씬 오랫동안 존립했다. 명明나라 홍무(洪武, 1368~1398) 연간까지 약 5백 년 동안 천태산에 줄곧 향불을 피워 올렸다. 신라촌도 여전히 천태산에 존립하고 있었으며 신라인 후예가 위주였고 촌장도 신라인 후예였다. 이씨의 옛 선조는 홍무 연간에 한 시기 신라촌의 촌장으로 있었다고 전한다.

당나라 이후 오대십국五代十國과 요遼, 금金, 원元의 여러 대의 왕조가 마치 동해의 일출처럼 나타났다가 또 일몰처럼 사라졌다. 대륙의 신라인들은 차츰 현지인들에게 동화되었으며 대부분의 마을에서 신라인과 중국인이 혼거하고 있었다.

그러고 보면 천태산에는 대륙의 여느 신라인 마을치고 아주 희소한 정경이 펼쳐지고 있은 것이다.

정말로 그래서일지 모른다. 천태산의 신라촌에는 일대 희사가 생긴다. 고려 말기의 문신 정몽주鄭夢周가 신라촌을 찾아왔던 것이다. 정몽주는 무너지는 고려를 마지막까지 지키다가 숨진 충절의 인물이다. 그는 명나라를 사신으로 방문한 기간 일부러 일조의 천태산을 찾아와서 신라촌의 유민들을 만났던 것이다.

이때 정몽주는 신라인의 뿌리를 찾고 맥을 잇기 위해 신라촌에서 젊은이들을 일부 선정하여 한반도에 데려갔다고 전한다. 정몽주는 또 은자를 내어 신라사 부근에 신라서원新羅書院을 세웠다.

정몽주는 천태산에서 신라 유민을 만난 후 감개가 무량하여 시를 지었다. 시 『일조현日照縣』는 신라촌 동쪽의 봉황산鳳凰山 산마루에 있는 은행나무 아래에 비각으로 남는다.

"海上孤城草樹荒바닷가의 외로운 성에는 초목이 황량한데
最先迎日上扶桑제일 먼저 해를 맞아 부상에 오르네.
我來東望仍搔首내가 온 동녘을 바라보노니 시름이 여전하네.
波浪遙應接故鄉파도의 물결은 멀리 저 고향에 잇닿으리."

정몽주는 이 시문에서 『산해경』에 나오는 전고典故 "탕곡湯谷에 부상扶桑 나무가 있으니, 열개의 태양이 그곳에서 목욕을 했다.湯谷上有扶桑, 十日所浴"를 빌어 바다 건너 고향에 대한 그리움을 서술하고 있다. 정몽주는 또 시 "일조의 천태산日照天臺山", "천태산의 안기사天臺山安期祠"를 남기는데, 여와女媧가 하늘을 깁고 해상의 신산神山에서 "랑아琅琊의 천대天臺"에 옮겼다고 하는 고서 『죽서기년竹書紀年』의 전설 그리고 방선도(方仙道, 도교의 초기 파벌)의 시조인 안기安期가 천태산에서 두루미를 타고 신선계로 날아갔다는 이야기를 인용하고 있다. 정몽주는 천태산의 태양문화 유적과 이야기들을 속속들이 잘 알고 있었다는 것이다.

솔직히 정몽주는 물론이요, 승려 지은도 천태산의 신라촌을 찾아왔는지 아니면 신라촌의 천태산을 찾아왔는지 의문이 생기는 부분이다. 혹여 그들 모두 천태산에 배달족의 태양숭배와 잇닿는 혈연의 '족보'가 있다는 것을 미리 알고 있었을지 모른다.

천태산의 산마루에서 해는 날마다 아침이면 어김없이 떠오르고 있었지만, 신라인들의 흔적은 명나라 때에 이르러 고무지우개로 지우듯 가뭇없이 사라진다.

명明나라 건문(建文, 1399~1402) 연간, 연燕나라 왕 주체朱棣가 '정난지역靖難之役'을 발동했다. 전란은 4년 남짓이 지속되며 거주莒州 일대는 "백리 가도록 밥 짓는 연기가 없었다." 거주는 수隋 · 당唐 시기의 행정지역으로, 천태산 북쪽의 지금의 거현萬縣 일대에 치소가 있었다. 천태산 사찰의 비각 비문도 "건문 연간 산불이 불시에 일어나서 경서와 사원이 하루아침에 훼손되었다."고 밝히고 있다. 신라촌 역시 이 무렵 전란과 산불로 인구가 분산되고 해체되었을 가능성이 십분 크다.

그 후 새로운 이주민들이 천태산 기슭에 끼리끼리 찾아온다. 진秦씨의 족보에 의하면 그들의 선조는 전란이 끝난 건문 4년 이후 동해 즉 연운항連雲港에서 천태산으로 이주를 했다. 진씨 종족宗族은 나중에 신라사의 옛터에 사찰을 중수하며 석봉사石鳳寺라고 이름을 지었다고 한다.

신라사와 신라서원, 신라촌의 이름이 후세에 전해질 수 있던 것은 신라인들이 일부 천태산에 남아있었기 때문이 아닐지 한다. 어찌됐거나 이때부터 천태산에는 신라인에 대한 기록이 더는 나타나지 않는다.

천태산의 고찰에 얽힌 악연은 천년의 윤회를 반복하고 있었다. 청淸나라 말, 일조에서 향민鄕民과 독일 천주교 교회 사이에 충돌이 생기며, 이를 진압하던 독일군이 천태산을 떠날 때 거국莒國 시조 제사비석과 정몽주의 시문비각 그리고 석봉사 재건비석 등 3점의 유물을 훔쳐갔던 것이다.

국씨가 미국에서 만났던 옛 비석은 바로 거국 시조의 제사비석이었다. 이 비석의 도난은 실은 나중의 참혹한 겁난劫難을 예고하고 있는 듯 했다. 20세기 60년대, '홍위병'들이 천태산에 올라와서 불상을 훼손하며 이어 70년대 촌민들이 대량으로 채석을 하면서 석봉사는 철저히 훼멸되는 것이다.

🔼 방선도의 시조 안기의 이름자가 새겨진 천태산 산정의 바위

　기실 석봉사 자체도 불교와 태양숭배 문화의 응집체였다. 사찰은 부처
님을 공양했지만, 벽화는 태양이 천태산에서 미역을 감고 후예后羿가 활
을 쏘아 해를 떨어뜨리는 등 신화 이야기였다고 전한다.

　잠깐, 명나라 말기에 비로소 천태산에 나타난 진씨 종족은 어떻게 이
전설을 알게 되었을까? 그리고 천태산의 최초의 이주민이라고 일컫는 신
라인들은 또 어떻게 이 전설을 알게 되었을까…

　"그러고 보면 신라의 지은 스님이 일부러 '태양 신화'를 찾아왔다고
해도 얘기가 되네요"

　배달족은 워낙 상고시절부터 태양을 숭배하던 족속이 아니던가. 신라

167

의 승려 지은은 실은 이 이야기를 듣고 천태산을 찾아왔을 수 있다. 아니라면 이역의 승려가 천태산의 골짜기에 숨어있는 옛 사찰의 폐허를 미리 알고 왔다는 걸 해석하기 어렵다.

태양숭배 유적 역시 사찰처럼 신라인들의 하나의 구심점이 되었을 수 있다. 신라마을이 천태산에 나타난 이유를 비로소 알 것 같다.

그러나 한때 천태산에 살고 있었다고 하는 그들은 단지 옛 시, 글에서 간신히 읽을 수 있을 뿐이다. 촌락의 정확한 위치는 아직도 알려지지 않는다. 오히려 상고시절의 신화는 천태산에 돌탑과 암석화, 석총으로 분명하게 남아있다.

천태산의 신라사는 더구나 비문에만 적혀있는 허망한 전설이었던가?

드디어 특기할 만한 사실이 발견된다. 몇 년 전, 산으로 통하는 길을 닦을 때 신라사의 옛 부처 조각상이 골짜기의 모퉁이에서 발굴되는 것이다. 신라사는 그 흔적을 분명하게 천태산에 묻고 있었던 것이다.

천년의 전설은 허구가 아니라 진실한 실화였다.

소림사에서 쿵푸功夫를 배운 신라의 승려

입구의 거석에 있는 입상立像은 검을 추켜든 무승武僧이었다. 그래서 사찰이라기보다 흘제 어느 무술 도장에 들어서는 듯한 느낌이 들었다. 실제로 소림사少林寺 하면 너도나도 눈앞에 떠올리는 것은 다름 아닌 쿵푸이다. 쿵푸는 '숙달된 기술이나 재간'을 이르는 말로 쓰이지만 여기서는 무술武術을 뜻한다. 소림사는 1982년 무협영화 『소림사』가 상영되면서 더구나 쿵푸와 한데 이어져 크게 명성을 떨쳤다.

"그때 이름이 났지만 사찰에 들어가는 길은 그냥 먼지가 날리는 흙길이었지요" 왕씨 성의 가이드의 말이다.

매표구의 근처에는 왕씨 같은 가이드 여럿이 대기하고 있었고, 여기저기에 관광객이 옹기중기 모여서 시끌벅적했다. 아스팔트를 따라 골짜기에 늘어선 호화스런 건물은 그제 날의 기억을 말끔히 지우고 있는 듯 했다. 왕씨는 사찰에 이처럼 늘 관광객이 몰리면서 종종 하루에 안내를 두

세 번 맡는다고 말한다.

보아하니 사찰은 도장이라기보다 관광명소가 되고 있는 것 같았다. 승려들의 선경禪景은 여행객들의 선경仙境으로 탈바꿈한 것이다.

소림사는 하남성河南省 등봉登封에서 서북쪽으로 10여 km 떨어져 있다. 695년, 무측천武側天이 신하들을 데리고 등정하여 제천祭天의식을 가졌으며, 이에 따라 황제가 숭산嵩山에 올라 봉선封禪을 했다는 의미로 연호를 '만세등봉萬歲登封'이라고 했다. 숭산 기슭의 숭산현이 등봉현으로 개명된 것은 이때부터라고 한다.

갑자기 앞에서 웅성거리는 소리가 들렸다. 길가의 넓은 마당에 무술경기장이 만들어져 있었고, 도복을 입은 수련자들이 경기장 주위를 빼곡하게 채우고 있었다. 왕씨에 따르면 사찰 주변의 무술학교 수련자들이 이곳에서 자주 무술경합을 벌이고 있다고 한다.

소림사의 유명세를 타고 부근에는 무술학교가 우후죽순처럼 일떠서고 있었다. 등봉에는 수련자가 만 명 단위인 무술학교만 해도 2개, 기타의 크고 작은 무술학교는 세 자리 수를 헤아린다고 한다.

실제로 소림사가 세상에 이름을 알린 것은 바로 승복을 입은 무인들 때문이다. 수隋나라 말년, 천하가 크게 혼란했다. 당시의 소림사 주지는 대세를 파악하고 이씨李氏의 당조唐朝가 천하를 통일하게 될 것을 예견했다. 그래서 소림사의 무승武僧을 인솔하여 근처의 성을 빼앗아 이씨의 당군唐軍에 귀순했다. 이 일화가 '열세 명의 승려가 당왕唐王을 구한 이야기'로 후세에 전했으며 한때 대륙에서 흥행한 무협영화 『소림사』를 만들게 된 것이다.

⬆ 매표구 앞에 있는 검을 잡고 자세를 취한 무인 조각물

　왕씨는 소림사가 무술과 인연을 맺을 수밖에 없었다고 말한다. "사찰은 골짜기에 깊숙이 들어와 있어요. 산에 출몰하는 맹수를 대처하려면 자위용으로 쿵푸를 익혀야 하겠죠?"

　소림사는 또 개봉開封에서 낙양洛陽에 통하는 길목의 산속에 위치한다. 어느 조대든지 눈독을 들이는 군사 요충지였으며 전란을 비켜갈 수 없었다. 이에 따라 현지에서는 자기 몸을 지키기 위해 무술을 수련하는 게 풍속이 되어 있었다.

　"난세의 많은 장령들이 패전한 후 출가하여 산에 숨었지요." 왕씨는 소림사의 무술이 남달리 발전할 수 있게 된 원인을 이렇게 해석하고 있었다.

무술은 고대 전쟁에서 전승된 예술로서 전쟁의 기술이다. 호반虎班 무武 자체가 바로 창을 들고 달리는 모습을 나타낸 것이다. 소림사는 종국적으로 이 전쟁의 기술을 선禪의 수행으로 개발, 발전시킨 것이다. 선의 수행은 "행行, 주住, 좌坐, 와臥" 등 방식으로 나뉘는데, 무술의 수련 즉 무선武禪은 그 중의 '행선行禪'이 된다.

그렇다고 해서 신라의 불자 혜소慧昭가 무술에 혹해서 소림사를 찾은 건 아니다. 혜소는 일부러 소림사에 와서 구족계具足戒를 받았다고 전한다. 구족계는 출가한 사람이 정식 승려가 될 때 받는 계율이다.

⬆ 관객으로 붐비는 소림사 사찰입구

⬆ 소림사 고승들의 안식처인 탑림. 역시 관광객이 수풀을 이룬다.

혜소는 천 년 전의 금마(金馬, 지금의 전라북도 익산) 사람으로 속성이 최씨이다. 그는 31세의 나이에 출가했는데, 당나라에 유학하여 먼저 북쪽의 창주滄州에서 남종선南宗禪의 유명한 선사禪師인 신감神鑑 대사를 만나 계를 받았다고 한다. 대륙 오지의 종남산終南山에 들어가서 수련을 하기도 했다.

혜소가 하필이면 소림사를 선택하여 구족계를 받은 이유를 밝히기는 어렵지 않다. 소림사는 당시 대륙에서 불학의 중심으로 되고 있었다.

북위北魏 태화太和 19년(495), 효문제가 그의 숭앙하는 인도 고승 발타跋陀를 안치하기 위해 낙양에서 마주 보이는 숭산 소실산少室山의 북쪽 기슭에 사찰을 세웠다. 소림사는 소실산의 무성한 죽림에 에둘려 있다고 해서 지은 이름이라고 한다. 이때 인도 고승 달마達摩가 중원에 도착, 소림사에서 전법傳法하면서 처음 마음으로 마음을 인가하는 '이심인심以心印心'의 선종 교법을 창도했다. 달마가 창립한 선종 교파는 중국 불교의 최대 종파로 흥성했다. 이로써 소림사는 선종 조정祖庭의 숭고한 지위를 확립했다.

"소림사는 대륙에서 선종 교파의 메카가 된 겁니다." 왕씨가 자랑스레 하는 말이다.

정말로 '메카'라는 왕씨의 말이 실감났다. 승복을 입은 길손 가운데는 다른 대륙의 백인과 흑인도 나타나고 있었다. 그보다 방방곡곡의 각양각색 관광객이 꼬리에 꼬리를 물고 있었다. 소림사는 2천년 무렵부터 급속하게 세속화되면서 상업적으로 전례 없이 흥성했다. 소림사의 입장권 수입만 해도 3억 위안이나 되는 등 각종 이권의 '삼국' 분쟁은 한때 세간의 열띤 화제로 떠올랐다.

일행의 입에 오르내린 이야기는 여전히 그게 아니었다. "혜소도 자의든 타의든 무술을 수련했겠죠? 소림사에 여러 해나 머물러 있었는데요"

소림사에서 여러 해나 머물렀던 혜소가 여느 승려처럼 무선武禪을 했을 수 있다. 아쉽게도 혜소의 무술의 '쿵푸'가 어느 경지인지는 알 수 없다. 옛 문헌은 혜소가 배워서 한반도에 전한 '쿵푸'를 범패梵唄의 음곡音曲과 창법唱法으로 기록하고 있다. 무림武林이 아닌 범패의 종장宗匠으로 된 것이다. 참고로 범패는 절에서 재를 올릴 때 부르는 불교음악이다. 인도의 소리라는 뜻으로 범음梵音 또는 어산魚山이라고 한다.

🔲 산정 부분에 있는 달마동. 수련하는 스님은 여기에 더는 없다.

"혜소는 소림사와 불연佛緣을 맺은 스님인데요, 왜 무술 이야기는 하나도 없죠?"

미상불 범패의 소리가 하도 높아서 무술의 기예를 가려버렸을까… 어디에 있을지 모를 대답을 얻고자 왕씨를 부지런히 쫓아 다녔다. 소림사의 대웅보전에 들려 향불을 피웠고 또 고승들의 안식처인 탑림塔林을 지나 오유봉五乳峰 기슭의 초조암初祖庵에 이르렀다.

초조암은 달마가 전법하던 곳에 세운 암자이다. 왕씨의 안내는 거기서 끝났다. 암자의 뒤로 산길이 나타났고, 그 산길의 끝머리에 달마가 면벽, 좌선하던 동굴이 있다고 한다. 그러나 동굴은 거리가 너무 멀다고 해서 안내코스에 빠져있었다.

뒷이야기이지만, 가파른 산길은 왕복 2시간 정도 걸렸다. 길이 멀고 험해서 웬만한 사람은 손을 들고 나앉을 법 했다. 그러나 예전에 선종의 이 '메카'를 일부러 찾았던 허씨 성의 친구가 도중에 발길을 돌린 것은 그 때문이 아니었다고 한다.

"비가 온 뒤였는데요, 흙탕길을 오르다가 신발창이 다 떨어져서 기권을 했지요"

지난 1990년대까지 오유봉의 산길에서 심심찮게 생기던 일이라고 한다. 지금은 산길에 돈으로 돌을 깔아서 그런 일은 옛말이 되고 있었다. 산속에 우거진 숲속으로 길이 숨바꼭질하듯 숨고 있었고, 산을 오르내리는 사람들의 목소리가 마치 땅속에서 솟아나듯 문득문득 숲속의 어디선가 샘물처럼 흘러나오고 있었다.

달마는 바로 이 산꼭대기의 동굴에서 무려 9년 동안 면벽수련을 했다고 전한다. 달마로부터 시작된 중국의 선은 6조 혜능慧能에 이르러 비로소 '선의 중국화中國化' 즉 인도의 것에서 떠나 중국의 성격에 맞는 불교를 이룬다.

혜능이 단순히 선종의 법통을 이어받는데 그치지 않고 변혁을 시도했다고 한다면 혜소는 귀국한 후 화엄경의 유포를 중심으로 이뤄지던 화엄종의 방식과는 달리 범패를 통해 선禪의 사상을 확대한다. 그는 850년 나이 76세에 입적하며 헌강왕憲康王 때 그를 진감眞鑑이라고 시호하고 비를 세우는데 비문에 이르기를, "(혜소는) 범패를 잘하여 그 소리가 금옥 같았다… (그 소리가) 멀리까지 전해지니 신라에서 어산魚山의 묘음을 익

삼구유사 승려를 따라 찾은 이야기

176

히려는 사람들이 다투어 옥천에서 남긴 음향을 본뜨려고 하니, 어찌 소리로써 제도하는 교화가 아니겠는가?" 혜소를 이어 신라의 선사들이 범패를 수행의 한 방법으로 많이 사용하였다.

백의민족의 정서에 어울리는 이 범패는 훗날 가곡, 판소리와 함께 한국 3대 전통 성악의 하나가 된다.

혜소가 한반도에 가져간 '쿵푸'는 음악의 범패만이 아니었다. 그는 대가람大伽藍을 중창한 후 중국에서 차나무의 씨앗을 가져다가 사찰의 주위에 심었다. 이 가람은 훗날 쌍계사雙磎寺로 이름을 바꿔 오늘에 이르는데, 바로 의상義湘 대사의 제자인 삼법三法이 지리산에 창건했다고 하는 옥천사玉泉寺이다.

옥천사는 불교사佛教史의 천년의 미스터리가 깃든 사찰이다. 혜소가 이 사찰을 선택, 중창한 이유가 아닐지 한다. 여기서 이야기는 다시 6조 혜능에게 돌아간다. 삼법은 당나라에서 구법을 하던 도중 "혜능의 머리를 모셔다가 삼신산三神山의 눈 쌓인 계곡 위의 꽃이 피는 곳에 봉안하라"는 꿈을 꾸었다고 한다. 삼법은 홍주洪州 즉 지금의 남창南昌 개원사開元寺에서 남종南宗 선법을 배우고 있던 신라승려 김대비金大悲와 모의하고 중국인 역사力士 장정만張淨滿을 시켜 혜능의 머리를 탈취했다. 전하는 바에 따르면 삼법은 그날 밤으로 김대비와 더불어 낮에는 숨고 밤에는 길을 재촉하여 한반도에 도착, 지금의 지리산 쌍계사 금당金堂 자리에 이른 후 꿈에 본 자리임을 깨닫고 혜능의 머리를 봉안하며 사찰 이름을 옥천사라고 했다는 것이다.

중국 옛 문헌에 나타나는 '장정만의 난'은 개원開元 23년(722)에 일어나며, 옥천사의 창건은 신라 성덕왕聖德王 23년(723)년이다. 사찰을 창건하는데 걸리는 시간 등을 고려할 때 '혜능 정상頂相의 해동 봉안설'은 신빙성이 있어 보인다. 실제로 혜능의 초상화를 안치한 7층의 육조 정상탑은 쌍계사의 상징물이 되어 있다.

그런데 혜능의 진신眞身은 대륙 남쪽의 광동성廣東省 남화사南華寺에 공양되어 있는 것이 현 주소이다. 이에 따라 쌍계사에 세워진 혜능 정상탑은 전설과 더불어 지리산에 커다란 물음부호를 만들고 있다.

산길에 문득 패루가 나타났다. 뒤미처 비탈의 동굴이 보였다. 달마가 면벽수련하던 곳이 바로 이곳이라고 한다. 그가 선정禪定에 든 후 새가 어깨에 내려앉아 둥지를 틀려 했다는 일화는 항간에 전설로 내려오고 있다. 동굴의 벽에는 사람의 형상이 비껴 있는데, 달마가 오랫동안 면벽하면서 그 형상이 그대로 사진처럼 찍힌 것이라고 전한다.

동굴의 어귀에는 승려 대신 웬 장사꾼이 좌판을 벌이고 물을 팔고 있었다. 그리고 보니 한여름의 땡볕에 목구멍이 막 타들어가고 있었다. 물한 병을 사들고 돌 걸상에 앉는데, 금세 땀이 흥건히 흘러내려 걸상에지도 한 장을 그린다.

"거기까지 힘들게 올라가선 뭘 해요?" 하던 왕씨의 방금 전의 물음이 떠올랐다. 허위허위 산을 톺아 오른 이유를 드디어 밝힐 수 있을 것 같다. 찾고자 하던 답은 원래 거기에 있었다. 장장 9년이나 면벽한 '쿵푸'라면 정말로 그림자라도 바위에 그림으로 새겨질 수 있지 않았을까…

"거짓을 전설로 만들겠어요? 실제 있었던 일이 아니라면 전설이 아니겠죠"

혜능慧能 대사의 머리를 베어간 신라승려

　남창南昌, 이 도시는 중국 사람들에게 각별한 의미를 갖는 고장이다. 남창을 모른다고 하면 수부로 소재所在한 강서성江西省은 물론이요, 중국 대륙의 사람이 맞느냐고 의심할 정도이다. 사서에 한 페이지로 기록될 만큼 아주 특별한 역사 이야기가 깃들어 있는 고장이기 때문이다.

　이맘쯤 퀴즈를 하나 내놓는다면 과연 어떨지 싶다. "남창이라고 하면 곧바로 머리에 떠올리게 되는 단어가 뭐지요?"

　잠깐, 남창은 도시 역사가 오랜 것으로 유명하다. 한漢나라 고조高祖 5년(B.C.202) 성읍을 구축하면서 벌써 그 역사를 시작하는 것이다. 남창은 시초에 '남방의 창성昌盛', '남부 변강의 창대昌大南疆'를 기원하는 의미에서 지은 이름이다. 이 지명은 약 2천년 동안의 풍운변화를 거치면서 여러 번이나 바뀌었다. 한나라 때는 예장豫章이라고 했고 당唐나라 때는 홍주洪州라고 했으며 송宋나라 때는 융흥隆興이라고 했고 명明나라 때 비로소 남창이라고 정명定名 되었다.

　그러나 여기의 어디에도 정답은 있지 않다. 실은 상상력이 어느 시대까지 날아가는지를 알아보는 퀴즈가 아니기 때문이다. 솔직히 이 퀴즈라면 대륙의 누구든지 딩동 하고 골든 벨을 울릴 수 있다.

　"그거야 기의起義', '의병을 일으킨다'는 의미의 '기의'이지요"

　바로 이 '기의' 때문에 남창은 종국적으로 '영웅의 도시英雄城'로 불린다. 과연 "난세에 영웅이 난다"고 했던 옛말이 그른 데 없나 보다. 1927년 8월 1일, 일명 '8·1기의'라고 일컫는 '남창기의'가 일어났다. 남창에서 일어난 이 무장반항사건은 중국공산당이 독립적으로 영도하는 무장투쟁과 혁명군 창설의 서막을 열었다. 이로써 민국(民國, 1912~1949)의 군사수도에서 공화국의 군기軍旗가 최초로 휘날린 것이다.

　'남창 8·1기의 기념관'은 시가지를 남북으로 종단縱斷한 장강의 동쪽 연안에 위치하고 있다. 그때 그 당시 기의를 친솔한 지도자들이 머물던 총지휘부의 옛터라고 한다. 평일이지만 삼삼오오 관객이 꼬리에 꼬리를 물고 있었다. 기념물 앞에서 사진을 찍으려면 순서를 기다려야 했다. 정말로 남창 하면 빠뜨릴 수 없는 특이한 명물이 된 듯 했다. 아이러니하게도 이 옛터는 원래 관광객을 상대했던 강서성 대여행사大旅行社가 1924년에 세운 건물이라고 한다.

　기념관을 나선 후 곧바로 택시를 불렀다. 행선지가 우민사佑民寺라고 했더니 기사는 짐짓 놀란 듯한 표정을 짓는다.

　"예? 사찰을 찾는 외지의 손님은 정말 오랜만인데요"

　기사의 말을 따른다면 외지의 여행객들은 대개 '8·1기념관'을 찾으며 고찰 우민사를 찾는 경우가 극히 드물다고 한다. 기사는 실은 우민사가 남창의 손꼽히는 명물이라고 말하면서 고찰을 도외시하는 현실에 무척 아쉬워했다.

우민사는 남창 시내에 현존하는 유일한 불교 사찰이다. 지방문헌인 『남창부지南昌府志』의 기록에 따르면 사찰은 양梁나라 무제武帝 태청大淸 원년 (547)에 세웠다. 우민사는 원체 앞뒤가 7, 8백 미터에 달하는 큰 사원이었다고 한다. '문화대혁명' 시기에 훼손되었고 1986년에 사찰을 재건했다. 1991년에 비로소 산문山門과 천왕전天王殿, 대웅보전大雄寶殿, 약사전藥師殿 등을 완성했다. 명색이 천오백년의 고찰이지 뚜껑을 열고 보면 기껏해야 30년에 불과한 신찰新刹인 셈이다.

🔼 아파트 사이에 위치한 사찰의 입구를 돌사자가 지키고 있다.

🔼 남화사에 공양되고 있는 혜능 법사의 진신

"그래서 토박이들은 아니라고 해요, 고찰의 옛 귀퉁이를 차지한 모양새라고 하지요".

문득 차가 멈춰서 웬일인가 했더니 벌써 사찰에 도착했단다. 정말이지 기사가 귀띔하지 않았더라면 사찰을 얼핏 지날 뻔 했다. 사찰은 천 년 전의 옛 위용을 아파트의 회색의 수림 속에 깊숙이 묻어버리고 있는 듯했다.

우민사는 경학經學을 강의하던 남창의 옛 도장이었다. 신라의 많은 승려들이 보리심을 등불로 삼아 남창에 와서 구법을 하고 귀국했다. 한반도의 승려들이 우민사에서 수학修學한 옛일은 객당에 있던 젊은 승려도 들어서 잘 알고 있었다.

"몇 년 전에는 한국 스님들이 사찰에 비석을 세우기까지 했는데요"

그가 말하는 비석은 한국 불교 최대 종단인 조계종曹溪宗의 종사宗師 도의道義의 입당구법入唐求法 기념비였다. 이 기념비는 사찰 동불전銅佛殿의 뜰 모퉁이에 우뚝 서서 옛 기억을 더듬게 하고 있었다.

동불전의 이 구리불상은 약 20년 전에 새롭게 주조한 것이었다. 청淸나라 가경(嘉慶, 1796~1820) 연간 주조했던 시초의 구리불상은 '문화대혁명' 시기에 훼손되었다고 한다. 이 구리불상은 우민사의 구리종과 보현사普賢寺의 철불鐵佛과 더불어 남창의 '삼보三寶'로 불렸다.

현지에는 "남창이 암만 가난해도 3만 6천근의 구리가 있다"고 하는 속담이 있다. 이 민간 속담은 바로 우민사의 구리불상을 이르던 말이라고 한다.

동불전에서 만난 스님은 옛 구리불상의 행방을 묻는 말에 고개를 흔들었다. "그때 '홍위병'들이 톱으로 머리를 켜서 구리불상을 폐철더미로 만들었다고 하지요"

'홍위병'은 중국 '문화대혁명(1966~1976)' 시기에 산생된 특수한 산물로 대학교와 중학교 학생들이 주종을 이뤘다. "낡은 사상과 문화, 풍속,

습관을 타파한다."는 것을 표방한 사회운동은 홍위병운동과 더불어 중국 대륙을 강타했다

보현사의 철불도 이 시기에 사찰과 함께 훼손되었다. 현재는 구리종만 홀로 남아 '삼보'의 옛 이름을 떠올리고 있다.

옛 구리종은 우민사 서쪽 골목에 있는 종루鐘樓에 있었다. 웬 아파트의 마당에 있는 이 종루는 안내가 없으면 미궁의 궁전처럼 찾기 힘들다. 사찰 입구에서 입장권을 팔고 있던 여성 신도는 아예 옛 구리종이 뭔지도 모르고 있었다. '문화대혁명' 시기에 유독 구리종이 잔존하게 된 원인이 아닐지 한다.

🔼 철문 안쪽의 중앙에 있는 건물이 옛 종루이다.

각설하고, 조계종의 종사 도의는 속명이 왕원적王元寂이며 법명이 명적明寂이다. 784년 당나라에 유학, 광부廣府의 보단사寶檀寺에서 비구계를 받았다. 훗날 그는 홍주洪州 개원사開元寺 즉 지금의 우민사에 와서 중국 선종禪宗의 9조 지장智藏의 법맥을 이어받았다.

9조 지장은 8조 도일(道一, 709~788)의 수제자이다. 도일은 7조 회양懷讓에게서 득법得法 한 후 개원사에 도장을 열고 불법을 설파했다. 그는 선후로 제자 130명을 두었는데, 이런 제자는 훗날 모두 일방一方 종주宗主의 고승으로 되었다. 도일은 이 때문에 개원사의 개종開宗 조사로 추대된다. 도일 본인도 속성이 말 마馬이기 때문에 불문 제자들에 의해 마조馬祖로 존숭되며 또 마조 도일이라고 불린다.

중국의 선종禪宗은 6조 혜능慧能에 이르러 남북종南北宗으로 나뉘었다. 남선종南禪宗은 혜능으로부터 시작된다. 8조 마조 도일은 자심즉불自心卽佛 즉 "타고난 마음이 곧 부처가 된다"고 설파한다. 도일이 있던 지명을 딴 홍주종洪州宗의 참모습이다. 그런데 이 홍주는 황제黃帝 시대 음악을 관장하던 홍애洪厓가 수도하던 고장이라고 해서 지은 이름이라고 한다. 도교의 발원지가 또 불교의 일파인 홍주종의 발원지로 되고 있는 것이다.

아무튼 우민사는 홍주종으로 인해 비로소 해내외에 명성을 날리게 되는 것이다. 신라승려 도의는 남창에서 바로 이 홍주종을 익히고 한반도의 서라벌에 돌아갔다.

기실 우민사에는 홍주종에 앞서 선림禪林을 들썽케 한 비사秘事가 있다. 수학修學을 왔던 신라승려 김대비(金大悲, 생몰년 미상)가 6조 혜능의 머리를 훔쳐가려 했던 것이다. 구리불상을 톱으로 켰던 '홍위병운동'은 이처럼 천 년 전에 벌써 일어나고 있었다.

『조계대사별전曹溪大師別傳』과 송宋나라 이후의 『육조단경六祖壇經』은 혜능은 "내가 죽은 뒤 동방의 인물이 내 목을 탈취하리라"는 유언을 남겼다고 전한다. 제자들은 이 말을 기억하여 혜능의 목 부분을 쇠로 감아서 탑에 모셨다. 아닐세라, 당나라 개원開元 10년(722), 김대비가 6조 혜능의 머리를 얻어 해동에서 공양하려고 했다. 김대비는 역사力士 장정만張淨滿에게 2만 냥을 주어 육조탑六祖塔에 가서 혜능의 머리를 훔치게 했다.

이때 한국 측의 기록에 의하면 김대비는 6조 혜능의 머리를 훔쳐서 신라로 무사히 귀국했으며 이것을 지리산의 쌍계사雙磎寺에 공양하였다. 쌍계사의 탑전에 있는 6조 정상탑頂相塔이 바로 그것이라고 전한다. 중국 측의 기록은 이와 다르다. 722년, 괴한이 6조 정상탑에 접근하자 그를 붙잡았다는 것이다. 관아는 국법으로 다스리면 중죄가 되겠지만 고승 공양이 목적이었기 때문에 그 죄를 사면했다고 한다.

사실상 혜능의 진신眞身은 현재 광동성廣東省 남화사南華寺에 공양되고 있다. 정말이지 지리산 쌍계사의 6조 정상탑의 진실은 무엇인지 궁금한 대목이다.

일각에서는 그때 괴한 장정만이 칼로 혜능의 목을 쳤다고 전한다. 그러나 목에 감은 쇠 때문에 종당에는 머리를 취하지 못했다는 것이다. 이 전설은 혜능의 목 등 육신을 철로 가공한 사실을 미화하려고 일부러 만들어졌다고 주장하는 사람들이 일부 있다. 혜능의 '진신眞身'은 실제로 가공품의 조각상이라는 것이다.

시야비야를 떠나서 혜능의 '진신'은 칼에 의해 '참모습'을 드러낸 적

있다. 일본이 중국을 침략했던 1940년대에 있은 일이라고 한다. 어느 날, 남화사에 일본군 몇 명이 찾아왔다. 그들은 '진신'이 거짓이라고 의심하고 칼로 '진신'의 등에 작은 구멍을 냈다. 이 구멍으로 육신 내부의 골격과 내장이 드러났다. 이 몇 명의 일본군은 불교 신도였을 가능성이 높다. 그들은 '육신보살'에게 절을 올린 후 다소곳이 물러갔다고 전하기 때문이다.

"화가 복이 된다"는 말은 이런 경우를 두고 하는 것이 아닐지 한다. 일본군의 칼은 혜능의 잔등에 상처를 남겼지만 또 이 때문에 완정한 남화사를 세상에 남겨놓았다. 일본군이 '진신'에 경외심을 품지 않았던들 남화사가 잿더미로 변할 수 있었기 때문이다.

이 '진신'이 참혹한 법난을 당한 것은 '문화대혁명' 시기였다. 혜능의 '진신'은 홍위병들에 의해 밀차에 실려 사찰 소재지인 소관韶關에서 조리 돌림을 당했다. '진신'은 가짜이고 사람을 속이는 '물건'이라는 것이다. 홍위병들은 혜능의 머리 위에 승려들의 밥그릇인 바리때 발鉢을 덮어씌우고 얼굴에 '나쁜 놈'이라는 글자까지 써놓았다고 한다.

『불원화상법회佛源和尙法滙』의 서술에 의하면 이때 홍위병들은 혜능의 잔등에 쇠막대기로 사발 크기의 구멍을 뚫고 오장육부를 꺼내 사찰의 전당에 아무렇게나 던졌다고 한다. 불원(佛源, 1923~2009)은 그때 남화사에 있었던 승려로 훗날 모 불학원佛學院의 초대원장을 지낸 인물이다.

6조 혜능의 영골靈骨은 이 불원 선사 등에 의해 비밀리에 보존되며 1979년 당시 광동성 정부의 고위관리로 있던 습중훈習仲勛의 명령에 의해 사찰에 다시 공양된다. 사찰에서 천년을 이어오던 법난法難은 이로써 한

단락을 맺게 되는 것이다.

우민사의 천년의 역사를 전하는 종소리는 끝끝내 들을 수 없었다. 구리종을 보관한 종루에 자물쇠가 잠겨 있었고, 열쇠를 관리하는 승려가 마침 자리를 비우고 없었다. 종루 아래의 뜰에서는 종소리 대신 웃음소리가 간간이 터지고 있었다. 끼리끼리 모여 앉은 동네 사람들이 그 무슨 이야기로 웃음꽃을 피우고 있었다.

정말이지 대륙과 한반도의 과거와 현대, 거짓과 진실이 하나로 뒤섞여 남창의 고찰에 소설 같은 굴곡진 이야기를 만들고 있지 않나 싶었다.

'황제보살'을 위해 설법한 고구려의 승랑僧朗

사찰로 통한 대문은 뭔가를 감추려는 듯 꽁꽁 닫혀 있었다. 알고 보니 이곳에서 북쪽으로 약간 떨어진 풍경구의 입구를 이용해야 한단다. 사찰은 대륙 중부의 강소성江蘇省의 소재지인 남경南京 서하산栖霞山 풍경구의 일부로 되고 있었고, 따라서 사찰로 들어가려면 인민폐 25위안을 내고 풍경구의 티켓을 구매해야 했다.

"억지도 이런 억지가 있어요?" 일행 중 누군가 부르튼 소리를 했다. '억지 춘향'의 이상한 모양새가 되었다는 것이다.

옛말에 "맞기 싫은 매는 맞아도 먹기 싫은 음식은 먹지 못한다."고 했다. 그러나 사찰에 발을 들여놓으려면 '울며 겨자 먹기'로 풍경구의 관광객이 되어야 했다. 어쩌면 서하사栖霞寺의 덕분에 "님도 보고 뽕도 따는" 일석이조一石二鳥의 호사가 아닐지 모른다.

실제로 서하산 풍경구의 백미는 산의 이름처럼 노을이 물든 단풍이라고 한다. 일행이 탑승했던 택시의 기사는 현지 태생이었는데, 언제인가 가족과 함께 일부러 서하산을 찾은 것은 단풍 구경을 하기 위해서였다고 했다.

청淸나라 건륭乾隆도 한때는 서하산의 이 단풍을 찾아왔다. 그래서 서하산 동쪽 봉우리의 부근에는 건륭의 행궁이 있었다. 건륭의 남방 순시에서 사용된 여러 행궁에서 제일 큰 행궁이다. 건륭은 6차의 남방 순시에서 선후로 5차에 걸쳐 45일 서하산에 머물렀으며, 심지어 서하산을 '금릉金陵의 제일 아름다운 산'이라고 말했다고 한다. 금릉은 남경의 별칭이다.

금릉이 옛날 부근의 산에서 따온 성읍의 지명이라면 '서하산'은 도장의 이름에서 따온 옛 지명이다. 그렇다고 해서 산보다 도장이 먼저 생겼다고 하는 부질없는 얘기가 아니다. 원래 산은 약재가 많아 섭생攝生을 할 수 있다고 해서 섭산攝山이라고 불렸다고 한다. 남조(南朝, 420~589) 시기 명승소明僧紹가 섭산에 있는 그의 거소를 '서하정사栖霞精舍'로 명한다. 명승소는 산동山東 사람으로 한때 정직랑征直郎, 참군參軍, 정원외랑定員外郎 등으로 있었으며, 이 때문에 또 '명정군明征君'이라고 불렸다. 명승소는 그와 가깝게 보내고 있던 선사禪師 법도法度를 청해 정사에 머물면서 예불禮佛하게 했다. 이 도장이 동네방네 소문을 놓게 되면서 도장이 자리하고 있는 산은 서하산으로 불리게 되었다는 것이다.

길 양쪽에 늘어선 석등石燈 모양의 장식물이 사찰의 분위기를 물씬 풍기고 있었다. 사찰 입구에 버티고 서 있는 동상銅像이 유달리 눈길을 끌고 있었다. 여느 사찰과 달리 사자가 아닌 대상(大象, 코끼리)이었기 때문이다.

"'대상大象은 무상無象'이라고 했으니, 이 코끼리 조각물은 '가장 큰 형상은 형체가 없다'는 도道를 말하려는 걸까요?"

기실 코끼리는 덕망과 위용을 상징하는 것으로 석가모니의 태몽으로부터 불교와의 인연을 시작한다. 그러나 대답을 하기도 전에 또 하나의 물음표가 홀연히 떠올라서 발부리에 걸리고 있었다. 산문山門 밖에서 '수항정受降井'이라고 하는 괴이한 이름의 우물이 나타나고 있었던 것이다. '명정군'을 기리여 당唐나라 때 세운 비석은 바로 이 우물가에 서 있었다. '명정군' 비석은 남경에 잔존한 당나라 시기의 제일 큰 비석으로 고종高宗의 어서御書가 씌어있는 것으로 유명하다.

⬆ 서하사 정문에 서 있는 코끼리 동상

그건 그렇다 치고 수항受降이라고 하면 항복을 받았다는 의미가 아닌가. 그렇다면 명승소가 정사를 세울 때 누군가에게서 그 무슨 항복을 받을 일이 있었던가…

한참이나 빗나간 생각이었다. 수항정에 있는 안내문은 왕창 다른 시공간의 이야기를 적고 있었다. 민국(民國. 1912~1949) 34년(1945) 8월, 국민정부가 본국으로 송환할 일본군 포로의 일부를 서하사에 집중시켰는데, 그때 포로들이 식수용으로 이 우물을 팠으며 그래서 지은 이름이 '수항정'이라고 한단다. 기왕 말이 났으니 말이지 중일전쟁 때 남경을 점령한 일본군은 중국인 포로와 민간인을 무차별로 학살했다. 이로 인해 1937년 12월 13일부터 1938년 2월까지 6주간 약 30만 명의 중국인이 무고하게 죽음을 당했다. '수항정'은 실은 약 80년 전 남경에 있는 피비린 기억을 땅에 유물로 깊숙이 파놓고 있는 것이다.

그러나 고찰의 천 년 전의 옛 기억은 폐허에 묻히고 상당 부분이 발굴, 복구되지 않고 있는 듯 했다.

객당客堂에 있던 각준覺俊 장로는 승랑僧郞 대사의 위패에 참배하러 서하사에 일부러 왔다고 여쭈었더니 대뜸 사찰 뒤쪽의 웬 법당으로 우리를 안내하는 것이었다. 얼떨결에 장로의 뒤를 따랐더니 이 법당은 신도와 사찰에 있던 승려들의 위패를 봉안奉安하고 있는 추모의 시설이었다.

보아하니 서로 한심한 엇박자를 만들고 있었다. 장로는 승랑 대사가 누군지도 잘 모르고 있는 듯 했다.

"장로님, 승랑 대사님은 이 사찰의 옛날의 주지스님이라고 하던데요"

　그러자 각준 장로님은 "아차!" 하더니 금세 미안한 기색을 짓는다. 우리가 미구에 당도한 곳은 조사당祖堂이었다. 조사당은 객당客堂의 바로 맞은쪽이니 한 바퀴 빙 돌아서 제자리로 돌아온 셈이었다.

　그런데 또 헛걸음을 해야 했다. 어둔 조사당에 전깃불이 들어오지 않아서 위패의 이름을 읽을 수 없었다. 이윽고 각준 장로님은 손전등을 찾아들고 다시 조사당에 들어왔다. 사찰의 역대 조사祖師의 위패는 그렇게 약간 굴곡적인 길을 걷게 만든 후에야 비로소 우리에게 진신을 드러냈다.

　선대先代의 40여 명 주지와 고승을 열거한 위패에서 승랑의 이름은 이내 눈에 뜨이지 않았다. 잠깐 후의 일이지만, 승랑은 위로부터 세 번째 줄에서 오른쪽으로 열한 번째 자리에 적혀 있었다. 생각보다는 너무 뒤로 밀린 위치였다. 이름 못할 아쉬움이 조사당의 어둔 그림자처럼 스멀스멀 기어들었다.

승랑은 한국 불교사의 첫 페이지를 장식, 삼론종 창설의 선구자로 중국 불교사에도 반드시 등장하는 인물이다.

다른 건 잠시 제쳐놓더라도 승랑은 그때 그 시절 일명 '황제보살'이라고 불리는 독실한 불자 양나라 무제(梁武帝, 464~549)에게 설법하여 소승小乘을 버리고 대승大乘으로 돌아서게 했다고 하니 그의 막강한 영향을 가히 짐작할 수 있겠다.

승랑은 고구려 20대 왕 장수왕(長壽王, 394~491) 후기에 요동에서 태어났고 30세 때 내륙으로 건너와서 명승 승조(僧肇, 383~414) 계통의 삼론학三論學을 공부했다. 그는 대륙 서쪽의 돈황敦煌까지 가서 담경曇慶으로부터 삼론을 배웠고 또 대륙 남쪽의 회계산會稽山에 있는 강산사岡山寺에 머무르기도 했다.

삼론학은 '3론' 즉 『중론中論』, 『백론百論』, 『십이문론十二門論』을 널리 내세움으로써 얻은 이름이다.

유감스럽게도 승랑의 생몰연대는 아직까지 밝혀지지 않고 있다. 그가 나중에 왜 고구려로 귀국하지 않았는지도 풀 수 없는 천년의 미스터리로 남아 있다. 승랑의 자세한 구법 노선도 역시 베일에 가려 있다. 혜교(慧皎, 497~554)의 『고승전高僧傳』 등에 수록된 승랑과 관련한 내용들은 거개 단편적인 내용들이다. 그러나 승랑이 고구려의 요동 일대부터 내륙으로 이어지는 육상 '실크로드'를 따라 이동했다는 추론은 여전히 가능하다. 당시 고구려와 중원의 여러 나라가 바닷길은 물론 육로를 통해 서

삼구유사 승려를 따라 찾은 이야기

194

로 인적, 물적 왕래를 했던 기록은 많은 고대 문헌에 등장하기 때문이다.

승랑의 저술은 현존하지 않지만, 길장(吉藏, 549~623)의 저술 등 중국과 일본에 현존하는 삼론관계의 문헌들에 그의 논설이 적지 않게 인용되고 있다. 길장은 승랑에서 시작한 일가 전통의 충실한 계승자로 '삼론종학'을 크게 완성하여 삼론종의 창시자로 간주되기도 한다. 삼론종은 "모든 것은 본성적으로 실체가 없다諸法性空"는 설을 거듭 천명하기 때문에 '법성종法性宗'이라고도 불린다.

각설하고, 승랑은 양무제의 초청을 마다하고 수도 건강(健康, 지금의 남경)의 번화가에서 멀

⬆ 불호를 외우며 사리탑을 돌고 있는 신도들

리 떨어진 서하산에 은둔했다. 이때 그는 초대 주지住持 법도法度를 스승으로 모시며 법도가 원적圓寂한 후 그의 뒤를 이어 서하사의 주지를 맡았다고 전한다. 천감天監 12년(512), 양무제는 당시의 승정僧正이었던 지적智寂을 비롯하여 승진僧詮 등 고승 10인을 특별히 선발, 파견하여 승랑의 가르침을 받게 한다. 승랑의 학설은 승전僧詮으로부터 훗날 삼론종의 대사로 된 법랑(法郞, 507~581)으로 이어지는데, 법랑의 후계자가 바로 삼론종의 가르침을 체계화한 길장이었다.

궁극적으로 서하사는 강남 불교인 '삼론종三論宗'의 발원지로 거듭나며, 당唐나라 때에 이르리 중국 대륙의 4대 명찰의 하나가 되었다. 사찰에 당

나라 황제의 친필 글씨가 남아있을 법하다. 그런데 삼론종의 초조初祖이
자 사찰의 제2대 주지인 승랑의 이름이 조사의 위패 명부에서 뒤로 밀려
있다는 게 서운하지 않을 수 없었다.

그런데 서운한 일은 또 뒤를 잇고 있었다. 아니, 서운하다고 하기보다
못내 쓸쓸하기까지 했다.

사찰의 뒤쪽에는 산에 기대어 만든 '천불암千佛岩'의 유적지가 있다. 집
계에 따르면 천불암에는 294개의 불감佛龕과 515존의 불상이 있다고 한
다. 대부분의 불감에는 주불 1존이 있으며 주불 양쪽에 제자나 보살이
보좌한다.

각준 장로는 이 가운데서 제일 유명한 불상은 무량수불(無量壽佛, 아미타
불)이라고 알려주는 것이었다. "무량수불은 대좌臺座까지 합치면 10미터
가 넘는다고 하는데요, 천불암에서 제일 큰 불상이지요."

명승소가 운명한 후 그의 아들과 선사 법도는 먼저 암벽에 무량수불
을 파서 만들었다고 전한다. 이에 앞서 법도는 사찰에서 『무량수경無量壽
經』을 여러 번 강설했는데, 이 경전은 무량수불이 중생의 서원誓願을 인도
하는 등의 내용을 담고 있다. 그런데 완성된 불감에서 난데없는 광채가
뿜겨 나왔다는 것이다. 이 소식을 들은 제齊나라와 양梁나라의 귀족, 선
비들이 저마다 달려와 산의 바위에 불감을 만들고 불상을 새겼다고 『서
하사비栖霞寺碑』가 기록하고 있다.

그맘때 서하정사에서 수행에 정진하고 있던 승랑은 모름지기 천불암
의 탄생을 상당 부분 현장에서 지켜본 최초의 견증자가 되고 있었던 것
이다.

❖ 천불암은 문화대혁명 시기에 많이 훼손 되었다.

천불암의 불상은 극좌운동인 '문화대혁명'이 대륙을 휩쓸던 기간 사찰과 함께 크게 훼손되었다. 불감에 옹립되고 있던 불상들은 적지 않게 머리가 뎅강 잘려나가는 등 전례 없는 법난法難을 당했던 것이다.

건륭은 천불암 불상의 참모습을 만날 수 있은 마지막 황제였다. 또 서하산의 단풍도 구경할 수 있었으니 과연 황제다운 호화스런 행운이렷다. 아이러니하게도 그가 기거했던 화려한 행궁은 뒤이어 함풍咸豊 연간의 전란에서 훼손되었다고 한다. 그러고 보면 서하산은 행궁이나 사찰이 아닌 단풍으로 중생들의 단체기억에 남으려고 작정을 한 듯하다.

천불암에서 내리는데 신도 여럿이 불호佛號를 외우면서 사리탑을 돌고 있었다. 이 사리탑은 남당南唐 시기의 유물로 서하사에서 제일 가치가 있는 옛 건물이라고 한다. 또 장강 남쪽에서 제일 오랜 옛 석탑의 하나라고 전한다.

팽이처럼 사리탑을 돌고 있는 신도들을 묵묵히 지켜보고 섰는데, 그들 중의 누군가 자기들의 대열에 함께 들어서라고 권한다.

"우리처럼 탑을 세 바퀴 돌면 한 해 내내 평안하다고 하지요"

미상불 사리탑은 본의를 떠나 미신으로만 추앙되고 있는 듯 했다. 불자들의 참선과 수행의 참된 의미를 되새기게 하는 순간이었다. 정말이지 난데없는 희망虛妄의 세계가 마치 눈앞의 탑처럼 허공을 꿰지르고 가슴 깊이에서 솟아오르고 있는 듯 했다.

산중의 검은 샘물을 마시던 명승의 이야기

산중의 옛 이야기는 어느 농가의 뜰에서 발견된 비석에서 시작되고 있었다.

광양산廣陽山의 산 고개는 마치 담처럼 이 농가의 마을을 에워싸고 있었다. 광양산은 하북성河北省 남부의 명산으로 삼면 모두 해를 볼 수 있다고 해서 지은 이름이다. "산은 높아서가 아니라 신선이 있어서 이름이 나는 법", 도교의 교조敎祖 노자老子가 『도덕경道德經』을 쓴 후 바로 이곳에 은거하면서 수련했다고 전한다.

솔직히 사장촌寺庄村도 이름처럼 산중에서 수련하는 사찰 마을을 연상케 하고 있었다. 택시기사 임씨任氏는 형태邢台의 도심에서 불과 80km 떨어진 곳에 이런 산골 마을이 있는 줄은 여직 몰랐다고 한다.

"처음입니다, 오불꼬불한 산길을 오르면서 무척 긴장이 되던데요"

산속의 촌락은 대개 흙집이나 초가이지만, 이곳은 흙처럼 흔한 돌을

쌓아 집을 짓고 있었다. 농가의 뜰에 뉘어 있는 옛 비석도 원래는 식탁 대용품으로 쓰였다고 한다. 네모 반듯한 돌비석은 이리저리 손질할 품을 덜어주고 있었던 것이다.

집주인 진생금(陳生金, 86세) 옹의 알아듣기 힘든 현지 방언 때문에 아

❏ 마을로 들어가는 산 어귀에는 마을 이름이 아닌 사찰 이름의 비석이 서 있다

들 진맥량陳麥良이 드문드문 '통역'을 했다.

"사찰의 비석은 네 조각인데요, 달구지로 실어온 것은 그중의 두 조각이라고 해요"

마을 근처의 이 고찰은 지난 1960년대 대륙을 휩쓸었던 '문화대혁명'에 의해 철저히 훼손되었다. 진금생 옹은 '문화대혁명'이 한창이던 1968년 무렵 사찰 터에서 옛 비석 일부를 집에 옮겨왔다고 한다.

옛 사찰은 칠천사漆泉寺라고 불렸다고 현지의 지방문헌인 『사하현지沙河縣志』가 기록하고 있다. "칠천사는 (당나라) 정관貞觀 5년(631) 칙령으로 설립"한 황실사원이며 "칠천漆泉이 사찰의 왼쪽에 있는데 그 색깔이 옻처럼 검다"고 해서 생긴 이름이라는 것이다.

뒷이야기이지만, 칠천은 물이 깊어서 색깔이 검게 보인다는 의미였다. 산중의 샘터 아래에 둑을 쌓고 있었는데, 물이 많아서 작은 댐을 이루고 있었다. 정말이지 사찰에서 물은 어떻게 길어먹나 하고 머리에 달고 산을 올라왔던 의문이 풀리는 대목이었다.

샘물은 사찰의 이름을 만들었고 또 형태의 지명을 만들고 있었다. 나

라 이름 형邢은 옛날 우물 정井과 통했다. "혈지穴地에서 물이 나오니 정井이라고 한다"고 『강희자전康熙字典』이 해석한다. 형태는 옛날부터 샘물천지로 소문난 고장이었으며 이에 '따라 정방井方이라고 불렸다. 상고시절 황제黃帝가 형태 일대에 우물을 파고 밭을 만들었으며 성읍을 쌓고 거주했다. 후세의 사람은 황제의 이 공덕을 기리기 위해 우물 정井과 고을 읍邑 두 글자를 하나로 합쳐 나라 형邢을 만들었다고 한다.

진금생 옹이 살고 있는 돌집이야말로 컴컴한 우물을 방불케 하고 있었다. 뙤창을 신문지로 도배하고 있었는데 햇빛이 들어오지 않아 습기로 눅눅했다. 어둔 집에서 얘기를 나누다 말고 숨이 컥 막히는 듯해서 함께 밖으로 나왔다. 진생금 옹은 곧바로 문가의 툇마루에 걸터앉는다. 처마 아래에 툇마루로 놓은 그 돌이 바로 옛 비석 조각이었다. 이제는 식탁이 아니라 툇마루로 쓰고 있었던 것이다.

⬆ 농가의 툇마루로 사용되고 있는 옛 비석

비석은 마을은 물론 시에서도 다 알고 있는 '보배'라고 진맥량이 자랑했다. 언제인가 한국의 학자들이 돌집에 찾아와서 비문의 탁본을 만들어 갔다고 한다.

"당신들 선조의 '보배'가 아닙니까? 돈을 내고 사가세요." 진맥량이 권하는 말이다.

　사실상 음식 찌끼가 널려있는 이 비석 조각은 진씨네 집에서는 그저 '툇마루'가 되어 있을 뿐이었다. 그러나 외국 학자들도 관심을 갖는 것은 그 무슨 '보배'이기 때문이라고 생각하고 선뜻 사회에 반환할 의향이 꼬물치도 없는 듯 했다.

　『대당광양칠천사혜각선사비大唐廣陽漆泉寺慧覺禪師碑』는 2014년 현지의 고고학 요원들이 칠천사 옛터를 발굴하면서 발견되었다. 뒤미처 누씨樓氏 성의 한국 유학생이 논문 '새로 발견된 신라 입당구법승 혜각 선사의 비명碑名'을 발표하면서 또 한국에 알려지게 되었다. 혜각 선사는 6조 혜능(慧能, 638~713)과 7조 신회(神會, 670~762)의 법맥을 이은 계승자이다. 그는 대학자 최치원(崔致遠, 857~?)에 의해 지증대사적조탑비智證大師寂照塔에 소개될 정도로 신라 최고의 명승이었다.

　혜각 선사의 비석은 전체 높이와 넓이가 각기 215cm와 104cm 정도였을 것으로 추정되고 있다. 비문 내용을 분석한 누씨 성의 유학생 논문에 따르면 혜각 선사는 유식학唯識學이 성행했던 신라 성덕왕(聖德王, ?~737) 때 선종宗禪을 배우기 위해 입당入唐했다. 혜각 선사는 7조 신회의 직계제자로 유일한 외국인이었다. 그는 형주(邢州, 형태) 개원사에 6조 혜능 비석을 세우는 등 하북 지역에서 남종선南宗禪의 권위를 확립했던 것이다.

칠천사는 형주 나아가서 전국에서 남종南宗의 '돈오선종頓悟禪宗' 중심사원이었다. 사찰을 지을 때 당나라의 명장 위지경덕尉遲敬德이 직접 현장감독을 맡았다고 한다.

위지경덕은 민간에서 신격화되어 저택의 수호신 즉 문신이 된 인물이다. 유불선의 성현과 신선의 사적을 서술한 명나라 때의 저서 『삼교원류수신대전三敎源流搜神大全』은 문신의 연원을 이렇게 밝히고 있다.

"당나라 태종 이세민은 일찍 싸움터에서 사람을 무수히 죽였다. 그래서 즉위한 후 밤마다 꿈자리가 좋지 않았다. 귀신들이 날마다 악몽에 나타나서 궁전 내외에 기와와 벽돌을 뿌리며 소리를 지르지 몹시 두려워했다. 신하들은 원수 진경秦琼과 대원수 위지경덕 두 사람이 밤중에 갑옷을 입고 무기를 소지한 채 궁문 양쪽을 지키게 할 것을 제안했다. 그날밤 과연 아무 일도 일어나지 않았으며 또 날마다 이러했다. 시간이 오래되자 이세민은 두 장군이 밤마다 고생하는 것을 걱정하여 궁중 화공에게두 눈을 부릅뜨고 손에 무기를 든 갑옷 차림의 두 장군의 그림을 그려서 궁문 양쪽에 걸어놓게 했다. 그때부터 귀신이 나타나지 않았다. 훗날 민간에서 이를 따라 문신 풍속이 생기게 되었다."

민간에서는 문짝에 진경과 위지경덕 두 영웅의 그림을 붙이고 집안의 평안을 수호하는 신으로 간주했다. 재미있는 일은 한때 이세민의 당나라 군대를 뒤쫓아 하북 일대에 이르렀던 고구려의 명장 연개소문^{淵蓋蘇文} 역시 이런 문신으로 대접을 받았다는 것이다. 명·청^{明·淸}과 민국^{(民國,} ^{1912~1949)} 시기, 형태 북쪽의 석가장^{石家庄} 일대를 중심으로 하북성의 많은 지역에서 연개소문은 문짝에 붙어있는 수호신이었다고 한다.

어찌됐거나 형태 부근에서 이세민의 군대를 뒤쫓은 적장은 연개소문이 아닌 두건덕^(竇建德, 573~621)이라고 전하고 있다. 두건덕은 수^隋나라 말, 당나라 초 하북 일대에 웅거하고 나라를 세웠던 농민봉기군 수령이다.

잠깐, 옛 비석의 비문에 적힌 이야기는 공교롭게 '고구려'에서 한데 만나고 있다.

대업^{大業} 7년⁽⁶¹¹⁾, 수^隋나라 양제^{煬帝}는 고구려를 정벌하기 위해 대규모의 징병을 한다. 이때 두건덕은 군중에서 두목인 백인장^{百人丈}을 맡고 있었다. 그는 병사와 민중들이 고생에 허덕이는 걸 보고 고구려 정벌을 반대하여 군사를 일으키고 수나라에 반기를 들었다.

당나라 건국시기에 두건덕이 세운 하^夏나라를 비롯하여 대륙 경내에는 무려 10여 개 정권이 존립하고 있었다. 무덕^{武德} 4년⁽⁶²¹⁾, 두건덕은 형태 부근의 전투에서 이세민에게 패배하여 체포되며 그해 장안에 압송되어 처형되었다.

이 두건덕이 언제인가 진왕^{秦王} 이세민을 쫓게 되었다고 한다. 이세민이 갈팡질팡하고 있을 때 누군가 나타나서 그를 사찰에 숨겼으며 두건덕을 속여 다른 데로 추격하게 했다. 미구에 이세민은 인사를 하려고 그를 찾았으나 홀연히 오간 데 없었다.

"똑 마치 연개소문이 이세민을 쫓은 전설 이야기의 복제판 같네."

실제로 연개소문이 고구려 군사를 인솔하여 이세민의 당나라 군대를 추격한 이야기는 하북성은 물론 동부의 산동성山東省과 남부의 강소성江蘇省에 적지 않게 나타나고 있다. 더구나 이런 이야기는 훗날 이세민을 하늘이 내린 황제로 분식하기 위해 천지신명의 도움을 받았다거나 심지어 패배를 전승으로 바꾸는 등 억지로 뜯어고친 흔적이 적지 않다. 어쩌면 두건덕의 이세민 추격설도 연개소문의 이야기를 따온 것 같다.

그러나 이세민이 형태 일대에서 두건덕의 부대와 격전을 벌인 것은 분명하다. 형태의 서남부에는 그때의 유적이 적지 않게 남아있다. 칠천사의 뒷산에는 이세민의 군대가 주둔하던 진왕채秦王寨가 있으며 북쪽에는 진왕호秦王湖가 명승구로 거듭나고 있다. 생사의 위험에서 누군가 이세민을 구했던 일도 전설이 아닌 것 같다. 칠천사의 부근에는 어가를 구했다는 의미의 구가촌救駕村이라고 불리는 마을이 있다. 이 마을은 현재 아홉 가구라는 의미의 동명의 촌명 구가촌九家村으로 불린다.

칠천사는 이에 앞서 광양산에 있던 고찰이었다. 이세민이 숨어든 사찰은 바로 이 칠천사였다. 이세민은 사찰의 부처가 현신하여 그를 보우했다고 생각하고 앞으로 이곳에 부처를 위해 도장을 짓겠다고 발원했다. 그래서 즉위한 후 특별히 위지경덕을 파견하여 광양산에 사찰을 세우게 했던 것이다.

명나라 만력萬曆 2년의 『사하현중수칠천사전우기沙河縣重修漆泉寺殿宇記』의 기록은 이를 견증하고 있다. "(사하)현 서쪽 80리 정도 되는 곳에 옛날부터 칠천사라고 하는 고찰이 있었으니, 언제 지었는지 모른다. 대당 연간에 중수重修했으며 위지경덕이 현장감독으로 있었으니 지금까지 천여 년이나 된다."

"우리 집에 있는 사찰의 물건은 이뿐만 아닌데요" 진맥량은 마모가심한 석비에 아쉬워하고 있는 일행에게 이렇게 말했다.

진생금 옹의 저택 어귀에는 사찰 옛터의 주춧돌이 있었고 근처에는용무늬의 장식용 돌조각이 있었다. 기실 칠천사의 옛 비석만 해도 무려25종이나 발견된 걸로 알려져 있다. 청나라 때까지 존속했던 천년 사찰에는 유물이 적지 않았다.

⬆ 칠천사의 옛터에 홀로 서 있는 명나라 때의 비석

칠천사의 옛터는 산언덕을 하나 더 넘어 동북쪽으로 약 3리 되는 산비탈에 있었다. 도중에 길가에서 옛 우물을 만났고 또 비탈의 밭에서 사찰의 유물을 만날 수 있었다. 허리를 치는 수풀 속에는 사찰의 옛 담과

연자방아, 주춧돌, 기와 등이 여기저기에 시체처럼 지저분하게 널려 있었다.

사찰 옛터까지 동행한 임씨는 약간 놀라는 기색이었다. "이곳 정부 부문은 문물을 수집, 보관하는 데 전혀 관심이 없나 보네요"

산비탈의 펑퍼짐한 곳에 명나라 때의 석비가 고독하게 서서 고찰의 옛터를 알리고 있었다. 어디선가 울리는 새의 울음소리가 더구나 을씨년스런 분위기를 자아내고 있었다.

비문에 따르면 혜각 선사는 칠천사의 개산開山 주지였다. 그러나 그가 어떻게 되어 이세민과 만나게 되었고 또 이 황실사원에 오게 되었는지는 모른다. 혜각 선사는 종국적으로 귀국하지 않고 당나라에 입적했으며 그의 전기도 전해지지 않고 있다. 칠천사의 잔존한 비문은 혜각 선사의 일부만 기록하고 있을 뿐이다. 혜각 선사의 이야기는 칠천사의 비석처럼 파편으로 되어 형태의 산야에 흩어지고 있는 것이다.

문득 농가의 '툇마루' 가녘에 외롭게 자라던 풀 한 포기가 새삼스레 눈앞에 떠올랐다. 칠천사의 주지 혜각 선사가 그 툇마루에 앉아서 천년 사찰의 폐허를 우울하게 지켜보고 있는 것 같았다.

제 3 부

대륙의 숨은
삼국의 비사

신비한 소가 있는 터미널 저쪽의 신라정부

어느 영화에 나오는 시간여행을 하면 그럴까 싶다. 버스터미널의 저쪽에 신라정부가 있었다. 이 신라는 일찍 진晉나라 태강太康 3년(282) 대륙에 나타나고 있다고 한다. 반도에서 신라가 건국한 후 200여 년이 지난 시점이었다.

"시내 동쪽의 강가에 있는데요, 걸음이 빠르면 30분 정도면 닿을 수 있어요" 기차역의 도우미는 일행에게 이렇게 신라정부의 위치를 설명하고 있었다.

물론 도우미가 말하고 있는 기차역은 타임머신 저쪽이 아닌 2016년 10월의 세계이었다. 늦은 가을의 북방에서는 낙엽이 소슬하게 날리고 있었지만 이곳 남방에서는 푸른 잎사귀가 빗방울에 춤추고 있었다. 싯누런 흙탕물만 뒤섞인 용진하龍津河가 시내를 용용하게 흘러 지나고 있었다.

용진하는 복건성福建省 중부 용암시龍岩市의 '어머니의 강'으로, 대륙 남

⬆ 용진하 기슭에 강물을 진압하는
옛 풍수비보탑이 있다.

방 지역의 최초의 용 문화의 상징이라고 한다. 신라의 이름을 개명한 용암도 이와 마찬가지로 용바위가 승천한 바위에서 붙어진 지명이다. 옛날 용진하와 용암은 모두 대륙 남방의 용 문화의 발상지였다. 용암은 용의 고향이었고 용의 부호符號로 되고 있었다. 그 때 현지의 토착민들은 현성 동쪽 취병산翠屛山 기슭의 용암동龍岩洞을 용암현으로 개명할 것을 조정에 상서上書했다고 한다. 이에 따라 천보天寶 원년(742), 당唐나라 명황明皇은 직접 신라현을 용암현으로 개명했다. 천자가 직접 만든 이름이라고 해서 그럴까, 용암은 미구에 중국에서 유일하게 '용'으로 명명한 지방 행정구역의 시市로 되었다.

그러나 유명한 지명의 용암동이라고 해서 다 아는 게 아니었다. 헛걸음을 몇 번 걷다가 웬 촌민의 안내로 용진하 건너 쪽 산기슭의 표지판을 찾을 수 있었다. 용암동은 마을 사이에 끼어 있는 작은 산길을 걸어야 했다.

"예전에는 숲길이었는데요, 언제인가부터 마을이 자리하고 있어요"
촌민은 이렇게 일행에게 말했다.

산중턱에 있는 용천사龍泉寺도 기실 8, 9년 전에 비로소 일어섰다고 한다. 나중에 용천사의 비구니 스님이 소개한 이야기였다.

⬆ 산비탈의 땅 밑에 있는 용암동. 예전의 일부밖에 남지 않았다.

용암동은 용천사의 바로 동쪽의 산속 숲에 있었다. 말이 용암동이지 용암동 예전의 크기의 반의 반 정도밖에 되지 않는다고 한다. 지난 세기 60년대, 현지 시멘트공장에서 채석을 하면서 용암동의 전동前洞과 후동後洞을 폭파했다고 한다. 그들이 지속적으로 중동中洞을 폭파하려고 할 때 동굴 기슭의 사원에 있던 비구니와 거사가 극력 반대해서 보존되었다는 것이다.

잔존하는 용암동은 땅 속의 집 한 채 크기였다. 핸드폰의 액정 불빛에 암벽의 문자가 나타났다. 명明나라 때 용암 태생의 관원 왕원(王源, 1376~1455)이 쓴 산문散文으로 용암동의 최초의 문자라고 한다. 산문『용암기龍岩記』는 취병산 기슭의 용진하를 넘어 용암동에 왔던 이야기를 동굴의 암벽에 새겼다고 한다. 이 기록에 따르면 동굴에는 청백색 무늬의 용이 있으며 또 누른 색 비늘의 용이 있었다.

남방의 습윤한 날씨는 동굴 꼭대기에서 물방울을 방울방울 떨어뜨리고 있었다. 누군가 물방울처럼 말 한마디를 동굴의 땅바닥에 떨어뜨린다. "동굴의 용은 오랜 세월을 흐르면서 물방울이 만든 조화네."

천정에서 용이 몸을 꿈틀거리며 동굴 어구로 머리를 내밀고 있었다. 왕원이 글에서 밝힌 많은 용은 동굴을 폭파할 때 파괴되어 소실되었다고 한다. 우리가 동굴에서 볼 수 있는 그림은 이미 바뀐 그림이었다. 용천사 부근에 생긴 용왕묘龍王廟와 공자묘孔子廟 그리고 암자 역시 몇 년 전에 옛 그림을 지우고 새로 만든 것이었다. 그러고 보면 주객이 뒤바뀌고 손님이 주인보다 떠들썩한 모양새가 된 것이다.

사실상 중원에서 남쪽으로 이주한 선민들은 오래전에 벌써 남부지역의 주인으로 되고 있다. 이런 한족漢族 선민들은 부동한 부족에서 생활하면서 서로 방언이 다르지만 어원은 모두 중원의 동일한 옛 언어라고 한다.

대륙의 신라인도 반도의 신라인과 방언이 다를지 모른다. 그러나 적어도 두 지역의 지명만은 원서原書에서 베껴낸 것처럼 동일했다. 한국의 충청북도 청주에도 동명의 지명인 용암동이 있다. 옛날 신라는 청주에 진출하여 삼국통일의 지반을 마련, 용암동의 주인이 되고 있었다.

🔲 장정 옛 성의 일각

　혹여 바다 건너 서로 천리나 떨어진 동명의 지명에 무슨 인연이 있을까. 용암 지명은 용이 승천한 바위에서 붙어진 이름이듯 두 신라 마을의 지명에는 모두 포유동물 소가 살고 있다. 용암동이 있는 반도의 청주에 와우동臥牛洞이 있듯 신라가 있는 대륙의 용암에 신비한 소가 있는 것이다.

　이 이야기는 당唐나라 개원開元 말, 신라 관아의 장관 손봉선孫奉先이 전하고 있다고 『태평환우기太平寰宇記』가 기록하고 있다. 宋송나라 태종太宗 태평흥국(太平興國, 976~983) 연간에 있은 『태평환우기』는 손봉선이 대낮에 큰방에서 비몽사몽에 신비한 소를 어렴풋이 만났다고 말한다. 이 신비한 소가 말하기를, "나는 신라산新羅山의 신인데, 당신의 큰방에서 소먹이를 구하는 바이요." 이 이야기에서 알 수 있듯 신라는 소가 있는 산의 이름이다. 지방 문헌인 『정주부지汀州府志』도 "…신라는 산의 이름이다."고 말하고 있다.

산은 움직일 수 없지만 마을은 소처럼 자리를 뜨고 있었다. 『정주부지』의 기록에 따르면 "(신라산은) 장정長汀의 서쪽에 있다. 진·당晉·唐은 이 산으로 현 이름을 만들었다. 오늘의 용암성이 아니다."

"진안군晉安郡은 진나라 태강 3년(282)에 설치, 8개의 현을 예속하고 있었으며 그 중의 하나가 신라현이다."라고 당나라 때 편찬한 『진서晉書』가 <지제오志第五>에 기록하고 있다. 후대에 교간校刊된 『진서』는 이에 또 "신라성은 정주부汀州府의 동남에 있다"고 주해를 달아놓고 있다. 정주는 현재의 장정 지역을 말하니, 장정의 동남쪽에 신라성이 있다는 말이겠다. 일부 한국 학자는 동남쪽에 있는 지명 신교新橋와 나방羅坊을 거론, 신라현의 위치가 바로 이곳에 있다고 말한다. 그러나 지명 나방의 경우 마을에 나씨 성이 대부분이라고 해서 생긴 이름이며 신라 지명과 관련이 없는 것으로 확인되고 있다.

지방 문헌인 『정주현지汀州縣志』는 신라성의 방위를 『진서』와 달리 해석한다. 이 현지縣志는 신라 현성은 "장정 현성 북쪽 5리의 동방東坊 대구도大丘頭에 있다"고 자세하게 기술하고 있는 것이다. 이에 따르면 옛 신라현은 오늘날의 초평草坪 일대에 위치한다. 당나라 개원開元 21년(733) 인구가 늘어나면서 오늘의 상항현上杭縣 일대의 신라현 소속 신라구新羅口에 신라현을 설치했다. 개원 24년(736) 진나라 신라현의 고초진苦草鎮 즉 장정현의 제일 남쪽인 용암 성관城關 일대에 신라현을 옮겨갔다. 뒤미처 8년 후의 천보 원년에 신라현은 용암현으로 개명했다. 신라 옛 성이 장정현 북쪽의 아닌 남쪽에 있었다고 하는 낭설은 이 훗날의 지명으로 인해 나온 것이다.

신라성은 미구에 소처럼 발이 달린 듯 또 한 번 지명을 바꾼다. 1997년, 용암 지역이 지급地級시로 되면서 현급縣級 용암의 옛 시 구역은 신라구新羅區로 개칭했다.

결국 용암에 남고 있는 신라현의 잔상殘像은 실상이 아닌 허상이 되고 있는 것이다.

신라현의 이름을 만들었다고 하는 신라산 역시 이처럼 다른 곳에서 나타난다. 용암에서 북쪽으로 약 800km 떨어진 절강성浙江省 "임해현臨海縣의 서쪽 30리에 신라산이 있다"고 청淸나라 때의 『대청일통지大淸一統志』가 기록하고 있다. 당·송 때 생긴 지명이라고 하지만 우연인지 필연인지 임해현 신라산의 부근에도 마침 소의 지명이 있다. 3대 중국 여행기로 일컫는 『표해록漂海錄』은 조선 시대의 최부(崔簿, 144~1504)의 표류기인데, 그가 5백 년 전인 1488년 고향으로 항해하던 도중 갑작스레 태풍을 만나 14일간 표류하다가 구사일생으로 임해현 우두외양牛頭外洋에 표착한다고 기술하

中国人民政治协商会议 龙岩市新罗区委员会

龙岩市新罗区人民代表大会 常务委员会

☑ 신라구 정부 청사의 현시판 이름

고 있다. 우두외양은 임해현 서쪽 바다의 우두산牛頭山에 근접한다고 해서 생긴 이름이다.

참고로 임해 일대에는 신라 이름의 촌과 산, 섬이 복수複數로 존재하고 있었다. 기전체 역사서 『삼국사기三國史記』는 신라 문무왕 15년(675) 태종의 둘째 아들 김인문金仁問이 당나라로부터 임해군공郡公의 봉작을 받았다고 기록하고 있다. 대륙 연안의 지역 임해가 바다 건너 신라와 특수한 연계를 갖고 있다는 얘기가 된다.

신라산이 있던 장정의 이야기로 다시 돌아가자. 장정은 용암의 바로 북쪽에 상거한 복건성의 오지이다. 서쪽으로 광동성廣東省, 북쪽으로 강서성江西省을 이웃하면서 옛날에는 복건성 5대주의 하나가 되었다. 세 지역을 인접한 대동맥으로 되고 있으면서 서진(西晉. 265~317) 이래 남쪽으로 이주하는 중원의 한인들을 계속 받아들였다. 당나라 때부터 청나라 말까지 주와 군, 부의 치소治所였다. 천하의 물은 동쪽으로 흐르는데, 남쪽은 위치가 장정 정丁이다. 옛날 군郡의 이름을 위치이자 강 이름인 '정주汀州'로 취한 원인이다.

정강汀江은 강의 이름으로 지명을 만들듯 수상운수의 역사가 오래다. 옛날부터 배들이 노를 저어 나들었다. 지난 1950년대까지 정강의 배의 통로는 120여 km에 달했다고 한다. 그러나 1960년대 말 정강에 둑을 만들면서 수상운수가 점차 줄어들었다.

아무튼 신라인들이 중원의 한인처럼 오지의 정강에 진출하고 신라산의 지명을 만들 정도로 군거하고 있을 이유를 이해할 수 있겠다.

실제로 신라는 조선기술이 발달하여 대륙에 널리 진주했으며, 이 기록은 일본 승려 엔닌(圓仁, 794~864)의 기행문인 『입당구법순례행기入唐求法巡禮行記』와 이에 약간 앞선 일본의 사서 『속일본기(續日本記, 697~791)』에서 읽을 수 있다. 대륙의 고서인 『구당서舊唐書』의 기록에 의하더라도 신라인이 건조한 배들은 대륙 복판의 양자강 나루터를 장악하고 수만 척의 배들이 주야로 왕래하며 교역을 했다고 한다.

신라인들은 여기저기 군락을 이뤄 신라방, 신라촌을 만들었고 산에 무덤 떼를 이뤄 신라산을 만들었다. 촌락을 이루면 주변에 사찰을 만들었다. 용암의 관음암觀音庵도 처음에는 주변의 인가가 모여 마을을 이뤘다가 훗날 암자를 설립한 경우이다. 관음은 청나라 시기 남해 보타산普陀山의 법사에 의해 '원통사圓通寺'로 개명한 후 사찰의 이름으로 전승되어 왔다. 그러나 원통사의 역사는 관음암부터 시작하더라도 당나라 때의 일이며, 신라인은 이보다 여러 조대를 앞선 진나라 때 벌써 용암 지역에 진출하고 있었다. 현존하는 다른 고찰 역시 주변에 10여 개나 되지만 모두 당나라 때부터 송宋나라, 명明나라, 청나라 때 설립된 도장이며 웬 일인지 신라마을에 있어야 할 신라 사찰이나 신라인 승려는 나타나지 않는다.

신라사는 도무지 흔적을 찾을 길 없지만 용의 고향에 그냥 옛 종소리를 울리고 있었다. 용암의 신라구新羅區에는 신라의 관아가 있고 신라의 상가가 있었으며 신라의 병원이 있었다.

용암에서 완행열차에 오르면서 길에서 길을 물었다. 새 신라를 떠나 옛 신라로 가려면 얼마 걸릴까… 나중에 보니 장정 현성까지는 단 1시간 30분 만에 금방 도착할 수 있었다. 천 년 전의 신비한 소는 실은 그의 영각소리가 귓가에 들릴 듯 가까운 곳에 살고 있었다.

신라방, 절세의 명인을 낳은 옛 명당

솔직히 행선지에 가면서 제일 먼저 눈앞에 떠올린 건 원숭이였다. 자 첫 '붉은 원숭이의 해' 즉 2016년 병신년^{丙申年}에 시작한 첫 답사 때문이 라고 생각할지 모르지만, 행선지에는 대륙의 삼척동자도 다 알고 있는 손오공^{孫悟空}이 나타나고 있기 때문이었다.

손오공은 신괴^{神怪} 소설 『서유기^{西遊記}』에 나오는 주인공으로, 화과산^{花 果山}의 돌에서 태어난 원숭이다. 손오공은 신통력을 얻어 천상계에 올라 가 횡포를 부리다가 석가여래에게 진압된다. 손오공은 당승^{唐僧} 삼장^{三藏} 법사에게 구원된 후 그의 시종으로 되며 천신만고를 겪으며 인도에 가 서 경전을 가져온다.

옛 도시 회안^{淮安}은 바로 이 유명한 손오공을 만든 명^明나라 때의 소설 가 오승은^(吳承恩, 1501~1582)의 고향이다.

중국은 옛날 명산과 대천으로 행정구역을 나누었다. 회하^{淮河}는 사독^四

潢 즉 강하회제江河淮齊의 하나로 당연히 지역을 나누는 표식이 되었다. 오제五帝 시대 천하를 구주九州로 획분, 회하의 북쪽은 서주徐州였고 회하의 남쪽은 양주揚州였다. 회안은 회하의 남안에 위치하였으니 양주의 관할 지역이 되었다.

서주에서 완행 기차로 회안까지 이르는 데는 2시간 남짓이 걸렸다. 그래도 200여 km의 이 길에 두발로 쌓았을 선민先民들의 노고에 비하면 큰 호사를 누린 셈이다.

1월 초의 회안은 뭔가 화를 내듯 찌뿌둥한 얼굴을 하고 있었다. 흐릿한 하늘에서 찬 빗방울이 찔끔찔끔 땅에 떨어뜨리고 있었다.

✿ 신라방 부근에 있는 오승은기념관

시가지의 동남쪽 변두리에 위치한 '오승은 고향집'은 싸늘한 날씨 때문인지 다소 한산했다. 그러나 세계 첫 3D 방송드라마 '오승은과 서유기'의 촬영 세트장이고 부지면적만 1만 5천 제곱미터나 되는 등 인민폐로 40위안이라는 티켓 값이 별로 비싸다는 생각이 들지 않았다. 5백 년 전의 '고향집'에서 오승은과 더불어 신과 인간, 요귀가 함께 등장하는 '서유기'의 세상에 잠시 취할 수 있었다.

'고향집'을 나오다가 안내 도우미에게 '신라방' 유적지가 여기서 얼마를 더 가야 되는가 하고 물었다.

"신라방이 뭐예요? 우리 회안에 그런 게 있어요?"

"혹시?" 해서 거듭 물었지만 똑같은 물음이 메아리처럼 돌아오고 있었다. 온라인 지도로 미리 찾았던 지상 표지물을 물었더니 그곳은 여기서 고작 1km 정도 떨어져 있다고 말한다. 뭔가 크게 잘못되고 있다는 느낌이 들었다. 『서유기』가 신괴 소설이라면 '신라방'은 누군가 지어낸 허구였던가.

기실 회안이라고 하면 거개 『서유기』나 '신라방'이 아닌 옛 지명 '회음淮陰'을 머리에 떠올린다. 회음은 회안의 원명인데, 한漢나라 때 한신韓信을 '회음후淮陰侯'로 봉하면서 더구나 유명세를 탔다. 한신은 이 회음의 태생으로 고조高祖 유방劉邦을 도와 한나라를 세우는데 제일 큰 공헌을 한 대장군이다.

회안은 2001년에야 지은 이름이며, 기차도 2005년에야 비로소 통했다.

그럴지라도 회안시는 옛날부터 해내외의 교역으로 이름난 고장이었다. 그때 그 시절 회하는 회안의 동쪽에서 바다로 흘러들었으며, 이로 하여 회안은 대륙 연해의 중요한 항구도시로 되고 있었다.

당唐나라는 대외 정책에서 아주 개방적이었다. 많은 외국인들이 당나라에서 버젓하게 벼슬을 했다. 바닷길과 육로를 따라 대륙에 들어온 외국인들은 또 무역으로 부를 쌓았고 대륙의 많은 지방에 그들의 거주구인 '번방蕃坊'을 만들었다. 신라방은 그때 대륙 연해에 진출한 신라인들이 한데 집중하여 거주한 '번방'이었다.

지금의 말을 빈다면 '신라방'은 신라 교민의 집거구 즉 '코리아타운'이었다.

'오승은의 고향집'을 나서자마자 삼륜차를 불렀다. 삼륜차는 서민들이 단거리의 교통수단으로 즐겨 이용하는 무허가 '택시'이다. 삼륜차 기사라면 회안의 골목골목을 속속들이 꿰고 있을 것 같았다. 그런데 기사 역시 '신라방' 유적지를 어느 별나라에 있는 곳으로 알고 있었다. 유적지 부근에 있다고 하는 유명 호텔의 이름을 댔더니 그제야 신나게 차를 달린다. 호텔에 이르러서 만나는 사람마다 붙잡고 신라방 유적지를 물었다. 나중에 신라방 유적지의 선색을 알려준 사람은 외지의 '농민공'이었다. 그는 호텔 서남쪽에 있는 네거리에서 몇몇이 함께 공사현장의 경비를 서고 있었다.

"저기에 엎어진 돌이 기념비 같던데요 '신라방'인가 뭔가 하는 글씨가 있지요"

과연 공사현장의 흙무지에 네모나게 일부러 깎은 거석이 여기저기 쓰러져 있었다. 궤도전차의 역에 지하연결통로를 만들면서 살풍경이 되고 있었다. 와중에 '신라방 유적지'라고 음각한 거석을 쉽게 찾을 수 있었다. 글씨가 있는 쪽의 그 바위 면이 땅에 머리를 박지 않은 게 천만다행

♣ 신라방유적지의 옛 모습.
사이트에서만 볼 수 있는 유물이 되었다

이었다.

무엇이든지 신라방은 결국 세상에 남긴 이 유일한 흔적마저 잃고 있었다.

당나라 때 신라방은 초주楚州의 두 번째로 가라고 하면 서러울 명물이었다. 초주는 회안의 또 다른 하나의 옛 지명으로, 일찍 수隋나라 때 설치한 주의 이름이다. 초주 관리기구는 지금의 회안시에 위치한다. 초주의 신라방은 자체적인 관리기구인 구당신라소勾當新羅所가 설치되어 있는 등 상당한 자치권을 갖고 있었다. 신라소에는 관리자인 압어押御 혹은 총관이 있었고 또 전문직의 통역사가 있었다. 이런 관리나 직원은 모두 신라인 자체로 충당되고 있었다.

초주의 신라인들은 주로 조선업과 항해업에 종사했다. 신라인들이 있던 초주 항구는 해주海州 즉 지금의 연운항連運港, 명주明州 즉 지금의 녕파寧波 그리고 천주泉州, 광주廣州와 어깨를 나란히 하는 유명한 항구가 되어 있었다. 천주, 광주의 행상行商들은 지어 초주에 와서 선박을 주문하거나 임대했다.

운하와 해운 경제가 발달한 초주에는 천개의 돛이 서로 이어졌고 사시장철 드나드는 배들이 그칠 새 없었다고 전한다. 그래서 당나라의 유명한 시인 백거이白居易는 초주를 "회하 동남쪽의 으뜸가는 주"라고 칭했다.

뒷이야기이지만, 일본의 구법승 엔닌(圓仁, 794~864)은 귀국할 때 초주 신라방에서 한꺼번에 60명의 뱃사람을 차출하기도 했다. 초주의 신라방에서 살고 있는 신라인이 최소 수천 명의 규모에 달하고 있었던 것이다.

초주의 신라방은 대륙 연해의 크고 작은 여러 신라방과 신라촌에 살고 있는 신라인들의 사회중심으로 되고 있었다. 신라인들도 초주를 중심으로 연해 남북의 교주(膠州, 산동 동부 위치), 해주 등 지역으로 분포하고 있었다.

기실 신라방이 위치하고 있는 북진언北辰堰이 초주 교통로의 중심이었기 때문에 가능한 일이었다. 북진은 곧바로 북극성이니 북진언은 한구邗溝의 북쪽 끝머리의 언제라는 의미를 갖는다.

한구는 2,500년 전의 춘추春秋 시대에 만든 옛 운하이다. 노魯나라 애공哀公 9년(B.C.486), 오吳나라는 월越나라와 싸워서 이긴 후 북진하여 중원을 제패하려고 했다. 이때 군수물자를 운송하기 위해 남쪽의 양주부터 시작되는 운하를 만들고 회하와 연결했다. 한구의 강바닥이 회하보다 높았기 때문에 한구의 물이 죄다 회하로 빠질 것을 염두에 두어 한구의 북쪽 끝머리에 봇둑처럼 언제를 쌓았으니 그게 바로 북진언으로 된다. 북진언은 또 운하의 제일 북쪽 어구라는 의미의 말구末口로 불린다. 종국적으로 세상에 남은 지명은 이 말구이다. 한구는 그 후 약 1500년 동안 여러 번이나 물길을 바꿨지만 회하에 흘러드는 말구의 위치에는 변함이 없었다.

말구는 회하에 흘러드는 운하의 입구로 그 전략적인 위치가 두드러진다. 회하는 예로부터 대륙에서 바다로 통하는 중요한 통로이었다. 동쪽으로 이웃한 신라와 고구려, 백제는 물론 일본 등 나라는 많은 경우 회하를 대륙 내왕의 교통로로 삼고 있었다.

⬆ 옛 말구에 세워진 기념물

동진東晋 융화隆和 2년(363), 이 고장에 산양성山陽城을 구축하는데 이 산양성이 바로 최초의 회안 옛성이다. 산양성은 운하의 물길이 입해구 부근에서 U자 모양을 이루는 산양만山陽灣에서 비롯된 이름이다. 산양성은 북진언 즉 말구의 남쪽으로 2km 정도 떨어져 있다. 그 무렵 말구가 움푹한 지대였기 때문에 남쪽의 지세 높은 곳에 성을 쌓았던 것이다.

그러나 당나라 때 말구의 저지대는 더는 성 밖의 버려진 땅이 아니었다. 초주가 대륙 연해 일대의 교통과 정치, 상업무역 중심의 항구도시가 되면서 '노른자위'로 거듭났다. 말구의 양쪽에는 인가가 오밀조밀하게 들어앉았다. 그 마을 이름이 바로 천년의 역사가 묻어나는 '신라방'이었다.

대륙 연해 일대의 신라방, 신라촌은 마치 거미줄처럼 얼기설기 이어지고 있었다. 여러 신라 마을의 수집된 정보는 초주의 신라방으로 집결, 다시 여러 신라마을로 전파되고 있었다. 승려 엔닌이 초주에 이르자 미구에 남쪽의 천태天台와 양주의 서한이 당도했고 또 방문자들이 뒤따랐다고 한다. 한반도의 삼국 구법승들도 초주를 경유한 경우가 적지 않았겠지만, 엔닌처럼 이름자를 남긴 승려는 별로 없다. 엔닌은 여타의 승려와는 달리 그의 여행 과정을 문자기록으로 명백하게 남겼기 때문이다. 엔닌은 여행기 『대당구법순례행기大唐求法巡禮行記』에서 또 그가 시초에 초주의 개원사開元寺에 머물렀다가 용흥사龍興寺로 자리를 옮기며 그 후 모두 신라방에 행장을 풀었다고 기록한다. 신라방의 신라인들이 나서서 그를 위해 잡다한 일을 교섭, 해결했다.

초주 신라방을 세 번이나 경유한 엔닌의 뒤에는 그렇게 역사力士처럼 신라인들이 서 있었던 것이다.

개원사와 용흥사는 말구 옛터에서 남쪽으로 5, 6리 더 내려가야 한다. 두 사찰은 모두 전란에 의해 크게 훼손되었다. 용흥사의 경우 한때는 '동방 제일의 사찰'이라고 불렸지만, 현재로선 탑 하나만 외롭게 남아있다.

에피소드가 있다. 이 용흥사는 『서유기』에도 등장한다. 명나라 때의 잡기雜記 『호해수기湖海搜奇』는 정덕正德 6년(1511) 용흥사에 불이 일어나 사찰이 다 타버렸으며 선당禪堂이 홀로 남았다고 기록하고 있다. 그런데 『서유기』의 제16회에 이와 비슷한 이야기가 등장한다. 관음원의 장로가 당승의 보배 가사에 욕심을 들여 당승이 머물고 있는 선당에 불을 질렀는데, 손오공이 '불을 피하는 덮개'로 당승을 덮었다는 것이다. 사찰은 거의 모두 불에 타버렸으나 선당만이 불바다에 그대로 남는다. 정덕 6년은 오승은의 어린 시절이니 용흥사와 이웃한 동네에서 살던 그가 이 이야기를 들었을 가능성이 높다.

용흥사의 탑 아래에는 정오의 짧은 그림자가 누워있었다. 그러나 신라방과 신라인의 흔적은 어디에도 없었다. 대신 중국의 국보급 옛 인물인 한신, 오승은처럼 또 하나의 명인이 부근에 그의 모습을 드러내고 있었다. 탑 북쪽의 길가에 있는 전 공화국 총리 주은래周恩來의 옛 고향집이었다. 이 건물은 부근의 '주은래기념관'과 더불어 '주은래고향 관광풍경구'를 이루고 있었다.

"신라방이 명당인가 보네요. 역사적으로 유명한 장령과 소설가, 정치가 등 절세의 명인을 셋이나 배출했으니…"

그런데 이 말을 하고나니 오히려 이름 못할 서운함이 금세 파도처럼 밀려왔다. 정작 회안 역사의 일부를 화려하게 장식한 신라인은 쓰러진 비석에 옛 지명만 어설프게 남기고 있기 때문이다.

홀연히 대로를 지나는 궤도전차가 마치 바닷길을 떠나는 한 척의 돛배처럼 눈앞에 환영으로 떠오르고 있었다. 돛배는 그렇게 천 년 전 기억의 편린을 싣고 역사의 뒤안길로 총망하게 멀어지고 있는 듯했다.

신라촌의 옛 문자에 숨겨진 천년의 미스터리

　정말이지 마을의 수호신이라고 하는 장승長丞을 머리에 떠올리게 하고 있었다. 집채만큼큰 거석이 마치 돌사자처럼 마을 어귀에 웅크리고 있었다. 뒷이야기이지만, 마을 노인들은 이 거석을 '풍수석風水石'이라고 부르고 있었다.

　천주泉州 도심에서 북쪽으로 10여 km 떨어진 이 자연부락은 '신라촌'이라고 불린다. 이름 그대로 옛날 신라인들이 살던 곳으로, 중국에 있던 신라 유민과 한반도의 신라인들이 유입되어 생긴 천년 역사의 마을이라고 한다.

　당唐나라 때 대륙 연안에는 신라마을이 적지 않았다. 그러나 천년 후에도 이처럼 옛 이름 으로 불리고 있는 마을은 천주의 이 '신라촌'이 유일한 걸로 알려지고 있다.

　장승이 기운을 잃었는지 아니면 풍수석이 영기靈氣를 상실했는지 모른

🔼 동네 어귀의 풍수석 부근에서 이야기를
나누고 있는 두 노인. 왼쪽 노인이 왕배원이다.

다. 마을에는 신라인들이 언제인가 종적을 감추고 말짱 왕씨 성의 후예들이 살고 있다. 왕씨의 선조는 한반도의 신라인이 아니라 600여 년 전 산서성山西省 태원太原 지역에서 이주한 사람들이라고 왕씨의 족보가 밝히고 있다.

"선조님들이 오시기 전에도 이곳에서 살던 사람들이 있었다고 하지요" 왕배원(王培元, 76세)은 이렇게 노인들에게 들었던 이야기 주머니의 끈을 풀었다.

왕배원은 마을의 토박이인데, 시골 사람치고는 드물게 명함을 갖고 있었다. 현지에서 꽤나 이름 있는 종이공예 예술가라고 한다. 다른 노인과 합심하여 마을의 문화재를 수집하여 전시관을 운영하고 있었다. '촌사村史'에 남달리 해박한 사람이었다.

언제인가 신라촌에서 신라인들은 소실되었지만, 그렇다고 이 고장에 인적이 끊어진 게 아니었다. 개간자들이 연속부절하게 찾아들었고 황무지를 개간했다. 와중에 대여섯 가구의 왕씨가 와서 보습을 박았으며 미구에 300여 가구의 2천여 명 인구로 덩치를 불렸던 것이다.

옛날의 지명과 이야기들이 현지에 불씨처럼 남아있는 연유가 따로 있었다.

기실 '장승'의 풍수석도 여전히 영험함을 잃지 않고 있는 듯 했다. 왕씨의 말에 따르면 풍수석은 원체 사람 두 키 정도로 높았다고 한다. 그런데 마을 도로를 닦으면서 반나마 매몰되어 지금의 '난쟁이'로 되었다는 것이다. 풍수석이 흙에 묻히던 그해 마을에는 난데없는 횡액이 들이

닥쳤다. 벼락을 맞거나 농약을 마시고 자살하는 등 사건으로 주검이 졸지에 여럿이나 생겼다. 이 때문에 풍수석은 마을 사람들이 경외시하는 '성물聖物'로 되었으며 누구도 함부로 다치지 못한다고 한다.

아무튼 '전위화복'이라는 말은 이와 같은 경우를 두고 하는 것이렷다. 풍수석에 각인된 천 년 전의 옛 글자는 마을에 일어난 난데없는 풍파 때문에 오히려 훼손의 액운을 피할 수 있었다.

왕씨는 말을 하다말고 문득 입가에 웃음을 흘렸다. "어릴 때 놀음을 즐기다가 늘 여기에 뛰어와서 비를 끊었지요"

그러고 보니 풍수석의 머리 부분은 지붕의 추녀처럼 밖으로 돌출되어 있었다. 옛 글자가 비에 젖어 훼손되는 걸 막아주고 있었다. 정말로 풍수석이 그 뭔가의 영험한 기운으로 선인先人들의 참모습을 수호하고 있을까…

"풍년이 들길 기원하는 마을 사람들의 소원을 담은 글로 해석하지요" 왕씨는 바위에 새겨진 글을 한 글자씩 짚어 보이면서 이렇게 말했다.

옛 글자에는 다섯 오五의 글자가 있었고 또 곡식 곡穀의 갑골甲骨 문자가 있었다. 그리고 땅에서 초목이 무성히 자라는 모양을 본뜬 글자가 있었다. 오곡이 풍성하다는 의미의 '오곡풍등五穀豐登'이라는 중국말 성구가 저절로 떠오르고 있었다.

불과 다섯 개의 옛 글자였지만 전부의 해독이 가능한 게 아니었다. 첫 글자는 집 모양의 글자로 되어 있었는데, 이 글자를 글의 내용과 잇고 붙여서 사당 비슷한 장소로 해석하는 사람도 있었다.

갑골문은 상商나라 시기의 문화 산물로 약 3,600년의 역사를 갖고 있다. 상商나라 때 귀신을 미신하고 그 무슨 일에 앞서 늘 거북이의 껍데기나 짐승의 뼈로 길흉을 점쳤다. 나중에 거부기의 껍데기에 복사卜辭거나 행사 과정을 기록했는데, 그 문자를 갑골문이라고 한다. 청나라 말, 하남성河南省 안양安陽의 옛터에서 문자가 새겨진 갑골을 발견한 후 지난 100년 동안 출토된 갑골의 수량은 15만점 이상 된다. 발굴된 갑골문의 단자單字는 약 5천 개 되지만, 이 중에서 식별과 해석이 가능한 것으로 공인된 문자는 단 1천여 자에 지나지 않는다.

　신라마을의 표지석인 풍수석에 상나라의 갑골문이 나타나는 게 정말 흥미롭다. 사실상 이보다 더 흥미로운 것은 마지막 옛 글자에 숨겨진 의미가 아닐지 한다.

　마지막 글자는 제단을 의미하는 보일 시示와 하늘 향해 두 손을 쳐든 사람의 형상의 합체로 이뤄지고 있다. 글자 자체가 하늘에 제사를 지내는 의미가 강하며, 모양새로 미뤄 하늘 현祆으로 풀이할 수 있었다.

　현祆은 종교에서만 나오는 글자로 현교祆敎를 뜻한다. 예언자로 불리는 페르시아의 조로아스터(Zoroaster)에 의해 창시된 종교이다. 현교의 유일신 사상 그리고 선악과 악의 원리로 설명하는 세계관 등은 훗날 불교와 기독교에 큰 영향을 미쳤다. 현교는 중국에서 삼이교三夷敎의 하나로 꼽힌다.

　현교가 중국에 유입된 것은 당나라 전기와 중기로, 여러 종교가 모두 존숭尊崇을 받고 있던 시기였다. 당시 중국 대륙에 왔던 이국의 호승胡僧 가운데는 현교의 신도들도 적지 않았다. 그래서 장안과 낙양에는 모두 현교의 사당祠堂이 설치되어 있었다.

🔼 풍수석에 새겨진 옛글자. 오곡이 풍성하길 기원하는 마음을 담고 있다.

당나라 때 현교 사당은 호인^{胡人}이 복을 기원하는 장소였다. 조정은 자국 국민의 현교 신앙을 금지했다.

그러나 현교가 이민족의 신라마을에 전포^{傳布} 되어 그들의 종교 신앙으로 되었다면 예외일 수 있다. 실제로 현교는 물밑 전포를 통해 대륙 각 지역에 적지 않은 신도를 갖고 있었다. 중국 사상 제일 복잡하고 신비한 종교로 일컫는 백련교^{白蓮敎}도 실은 현교의 변종이라고 전한다.

시초부터 천주의 신라인들에게 현교가 전달되었을 가능성은 없지 않다. 더구나 천주에는 세계 여러 나라의 사절, 항해사, 상인들이 운집했으며 또 여러 종교의 수도자들이 한데 어울렸다. 불교는 물론 도교, 힌두교, 이슬람교, 천주교, 경교 등 종교 유적지가 아직도 현지에 남아있다. 세계의 종교박물관으로 불리는 천주에 현교의 출현은 당연지사였다. 현교의 흔적이 신라마을에 나타나는 게 별로 이상하지 않다.

현교 사당은 당나라 후의 송^宋나라 때에도 잔존했다. 그 후부터 중국의 문헌에서 현교라는 이름 자체가 갈수록 희미해진다. 현교 배경의 봉기거나 반란이 여러 번 일어나면서 역대 조대의 우환으로 되었기 때문이다. 현교 사당이 철거, 훼손되었고 제사장들은 환속을 해야 했다.

종당에는 이 현교가 마을에 재화를 불러 온 듯하다. 신라촌에는 '참대 숲의 미궁' 같은 미스터리의 사건이 일어난다. 관부^{官府}에서 군사를 파견하여 참대 숲에 숨은 승려를 붙잡으려 했던 것이다. 이 이야기는 옛날부터 마을에 야담처럼 전해 내려오고 있었다.

그때 신라마을에는 야화상^{野和尙}이 출몰했다고 한다. 야화상은 승적이 없거나 불가의 계율을 지키지 않는 승려를 말한다. 불교가 아닌 다른 종

교의 승려로도 해석할 수 있다. 현교 승려라는 얘기이다. 이 야화상은 사
찰의 주변에 많은 땅굴을 만들고 또 많은 참대나무를 심어 땅굴을 숨겼
다고 한다. '참대 숲의 미궁'을 만든 것이다. 관부의 군사는 야화상의 종
적을 추적할 수 없게 되자 종국적으로 참대 숲에 불을 질렀다는 것이다.

이 사건이 도대체 언제 일어났는지는 잘 모른다. 마을에서는 다만 사
찰의 후기에 있은 일이라고만 전한다.

이야기에 나오는 사찰은 불교 사원인 '신라선사新羅禪寺'를 이르는 말이
다. 옛날 신라인들이 살던 마을에는 이처럼 모두 사찰이 있었다. 사찰은
이역에서 사는 신라인들의 구심점이요, 안락처로 되고 있었기 때문이다.

"야화상이 관부에 쫓긴 사건은 폐불廢佛 때의 사건을 말하는 게 아닐까
요?" 왕씨가 안내 도중에 이렇게 문의조로 말하는 것이었다.

왕씨가 말하는 것은 당나라 회창(會昌, 841~846) 연간 불교를 금지한
사건이었다. 그러나 신라선사는 신라촌이 생겨났던 당나라 때 설립된 것
으로, 사찰의 후기라고 하면 적어도 당나라의 후대後代로 봐야 한다. 실
제로 5대10국五代十國의 주周나라 세종世宗 때 또 한 번 폐불 운동이 일어
났다. 그러나 신라 사찰은 수백 년을 존속한 고찰로 전하며, 야화상의 땅
굴은 시기적으로 이런 폐불 사건과 맥락을 한데 잇기 힘들다.

천년 마을의 미스터리는 적지 않았다. 왕씨의 이야기에는 물음표가 자
주 엉겅퀴처럼 매달리고 있었다.

그러나 정답은 '참대 숲의 미궁'에 숨었는지 찾을 길이 없었다. 마을
에는 서쪽의 정포산正埔山 기슭까지 농가가 겨끔내기로 일떠서고 있었다.
사찰 옛터의 언덕에도 언제인가부터 새 농가가 서 있었다. 이 농가를 지

을 때 귀 달린 석조 향로, 연꽃 대좌臺座 등 사찰의 옛 유물이 적지 않게 발견되었다고 한다.

사찰의 유물은 마을의 문화재전시관에 보관되어 있었다. 전시관은 옛 신라소학교 건물을 이용한 것이었다. '신라소학교'라니 귀가 솔깃한 이름이었지만, 건물의 지붕 위에 달린 방송 나팔은 더는 아무런 소리도 내지 못하고 있었다. 지난 1980년대 합병되면서 폐교되었고 '신라소학교'라는 이름도 역사가 된 것이다.

✿ 신라소학교 옛터. 어린이들의 글읽는 소리는 더는 들리지 않는다.

이때 따라 옛날 옛적에 나팔처럼 울렸을 사찰의 종소리가 새삼스레 옛 기억을 흔들고 있었다. 그때 그 시절 신라마을은 물론이요, 부근 10여 개의 마을에서 기상과 취침 그리고 밥 먹고 일하는 시간까지 사찰의 종소리에 맞춰졌다고 한다.

'선원禪院의 만종晩鐘'은 신라마을 8경의 하나로 되고 있었다. '쌍계雙溪의 돛'도 마찬가지였다. 쌍계는 진강晉江 상류의 동쪽과 서쪽 두 지류가 합류하는 쌍계구雙溪口를 말한다. 진강은 천주 남쪽에서 바다에 흘러드는데 천주의 제일 큰 강이다. 옛날 선박들은 진강을 따라 신라촌 서북쪽의 쌍계구에서 집결한 후 먼 바다로 떠났다고 한다. 기실 쌍계구가 바로 해상 실크로드의 시발점이라는 것이다. 신라촌 동남쪽의 구일산九日山은 또 관가에서 외국 상선을 마중하고 배웅하던 곳이라고 한다.

아이러니하게도 한반도의 신라로 통한 항구는 대륙의 신라마을에 있었던 것이다.

재미있는 일은 또 하나 있었다. 자연부락 신라촌이 소속된 선하촌仙河村은 산을 기대고 있으며 삼면이 진강에 둘려 있다. 물과 산이 한데 어울린 아름다운 풍경으로 하여 신선의 강이라는 의미의 '선하仙河'라는 이 이름을 얻었다고 한다. 그러고 보면 신선 마을의 풍경이 결국 신라인들의 발길을 끌었을지 모른다.

그런데 왕씨가 자랑하는 선하촌의 전설에는 또 황제가 나타나고 있었다. "진晉나라의 어느 황제가 난을 피해 이 고장에 숨어 살면서 보물을 숨겼다고 전하지요."

진실인지 거짓인지 언뜻 분간이 되지 않았다. 실제로 진강은 4세기 무렵 진晉나라 사람들이 전란을 피해 남하, 강 연안에 살았다고 해서 지은 이름이기 때문이다. 구일산도 이 진나라 사람들이 해마다 9월 9일이면 산정에 올라 북쪽의 먼 고향을 바라보았다고 해서 만들어진 지명이라고 한다.

　문득 엉뚱한 생각이 갈마들었다. 신라마을의 신라인들도 가끔 구일산에 올라서 해가 떠오르는 한반도의 고향을 바라보았을까…

천년 고찰의 뒷골목에서 살던 고려인들

복건성福建省의 천주泉州는 옛날 엄나무라는 의미의 '자동刺桐'으로 더 잘 알려진 고장이다. 엄나무 '자동'은 원산지가 인도와 말레이시아로, 당唐나라 때부터 복건성福建省 천주에 옮겨져 번식되었다. 이 '자동'을 10세기의 5대10국五代十國부터 골목마다 심었다고 해서 천주는 일명 '자동성刺桐城'이라고 불렸다고 한다.

옛 이름에서 드러나듯 천주는 일찍부터 인도 등 서토西土를 연결한 대륙 동남 연해의 중심 항구로 되고 있었다.

그런데 한반도의 신라인이 대륙 천주의 절도사로 있었다니 흥미롭지 않을 수 없다. 『삼국사기三國史記』의 기록에 따르면 신라가 후당後唐에 사신을 파견하여 조공을 하는데, '천주 절도사'라고 하는 왕봉규(王逢規, 생몰년 미상)도 후당에 사람을 보내 방물方物을 바쳤다는 것이다.

절도사는 당나라 때부터 생긴 군정장관의 관직 이름이다. 실제로 '자동'이라는 이 식물을 심도록 명령을 내린 인물이 바로 유종효留從效라고 하는 천주 절도사였다.

　당나라 때 외국출신의 사람이 절도사로 있은 사례는 적지 않다. 와중에 안서安西 절도사가 고구려인의 후예인 고선지高仙芝였고 또 삭방朔方 절도사 역시 고구려 출신의 이회광李懷光이었다. 그러한즉 천주의 절도사가 신라인이지 말라는 법은 없다. 더구나 당나라에는 신라인이 자치적으로 관리하던 신라소新羅所까지 있지 않았던가.

　그러나 천주의 절도사가 신라인이라는 기록은 중국 문헌에 전혀 나타나지 않는다. 이 직함은 실은 해상 호족 왕봉규가 자칭한 '명예직'으로, 그가 천주를 통해 후당과 자주 왕래한 까닭이 아닐지 한다.

🔼 중화로 부근의 옛 고려항. 약 100미터 길이의 작은 골목이다.

아무튼 당나라 때 천주에는 외국의 이런 사절을 접대하는 역참이 없었던 것 같다. 관부가 천주에 역참을 설치하고 전문 외국 사절을 접대한 기록은 당나라 후의 북송北宋 말에 비로소 나타나기 때문이다.

그때 일부 외국인들은 천주의 남부 일대에 집거하여 '번인蕃人' 골목을 이루고 있었다. '번인'은 옛날 중국인들이 이국 사람이나 이족異族을 이르던 말이다. 번인들이 살던 이 골목은 거개 사람들의 단체기억에서 사라지고 문헌상의 기록으로만 남아있다.

고려인들이 살던 동네 '고려항高麗巷'은 명·청明·淸 때부터 '규하항奎霞巷'으로 지명이 바뀌어 있다. 규하항은 천주의 서쪽에 위치하는데, 별자리星宿의 규성奎星 방위에 대응하며 아침이면 햇볕이 골목 구석까지 비춘다고 해서 지은 이름이라고 한다. 규성은 문장을 관할하는 별이다. 실제로 이 때문에 옛날 장서각藏書閣에 규성의 이름을 넣는 경우가 많았다. 역대 임금의 글을 모아 보관한 서울 종정사宗正寺에 규장각이라는 현판을 달게 된 데는 그런 의미가 깃들어 있다.

규하항은 현재로선 주택가가 되어 있으며 장서각이라곤 그림자도 찾아볼 수 없다. 번화가의 중화로中華路에 붙어있는 이 골목은 낡은 주택들이 올망졸망 늘어서 있었다.

골목 어귀에서 기름떡을 팔던 방方씨 성의 아줌마는 그게 뭐가 대수이냐 하는 기색을 짓고 있었다.

"뭐요? 여기가 '고려항高麗巷'이 맞는데요…."

방씨의 떡 난전은 골목 어귀에 안내소처럼 버티고 서서 기름 냄새를 물씬물씬 풍기고 있었다. 어쩌면 이 기름 냄새처럼 안쪽의 한산한 골목

241

🔼 고려항 골목의 잡화점
그리고 고려항의 토박이 황씨 노인

에서 오래 묵은 책의 냄새를 맡을 것 같 았다. 방씨는 그녀가 이 골목에 시집을 온 외지인이라고 하면서 일행의 묻는 말 에 머리를 흔들었다.

"저는 잘 몰라요. 저 할아버지에게 물 어보세요. 이 골목의 토박이거든요."

방씨가 턱짓으로 가리키는 저쪽 가게의 문어귀에 웬 노인이 앉아 있었다. 알고 보니 노인은 황黄씨 성으로 가게의 주인이었다. 그는 한여름의 더위 때 문에 아예 웃통을 활짝 벗어 버리고 있었다.

"고려항을 아는 사람이 많지 않네. 이 이름을 부르면 우리 골목에서 살던 사람이지."

노인은 아직도 규하항보다 고려항이라는 이름이 입에 더 잘 오른다고 말했다. 고려인들이 한데 몰려 살던 이 골목은 현지인들에게 천년이라는 시공간을 뛰어넘어 생생한 지명으로 남고 있는 것이다.

문득 골목에서 상투 차림의 누군가 문을 열고 나와서 수다를 떨고 또 물고기를 요리하는 비린내를 풍길 것 같은 각이 들었다.

잠깐, 골목을 일컫는 거리 항巷은 중국말 독음讀音으로 응당 '샹'이라고 해야 한다. 그런데 노인은 분명히 우리처럼 '항'이라고 발음하고 있었다. 또 노인은 물론 아줌마도 모두 황씨 성과 방씨 성을 거의 같은 독음으로 말하고 있었다. 정말이지 중국말에 익숙하지 않은 연변 조선족 노인들의 발음과 별로 다르지 않았다.

솔직히 '규하항'이 실은 '고려항'의 민남어閩南語의 독음에서 유래되었다는 설이 떠오르는 대목이었다. 민남어는 천주에서 기원한 복건성 지역의 방언이다. 실제로 한반도에서 천주에 전래되었다고 하는 '고려채' 역시 민남어의 독음과 무관하지 않다고 하는 설법이 있다.

양배추는 원산지가 지중해 연안이다. 이 양배추가 먼저 한반도에 전래되었으며 고려 때 다시 해로를 통해 천주 일대로 들어왔다고 전한다. 그래서 '고려채'라고 불린다는 것이다. 일각에서는 현지인들이 시초에 그 모양에 따라 겹겹이 둘러싼 박이라는 의미의 '과라裹瓟'라고 이름을 지었으며, 이 '과라'의 민남어 독음이 '고려'이기 때문에 '고려채'는 곧바로 '과라채'의 변음이라고 주장한다.

어찌됐거나 '고려채'라는 이 이름이 만들어진 데는 그럴 만한 이유가 있다. 천주에는 한반도에서 도래渡來한 고려인들은 군체群體로 나타나고 있다. 서쪽의 영춘현永春縣에는 또 고려산高麗山과 고려촌高麗村, 고려무덤이라는 옛 이름이 있다. 영춘현의 임林씨 족보의 기록에 따르면 임씨 선조는 고려인으로, 남송南宋 시기 난을 피해 천주에서 천입했다고 한다. 임씨의 고려인 선조도 기실 고려인의 동네인 '고려항'에서 살았을 수 있었다는 얘기가 된다. 임씨의 선조처럼 바다를 건너온 '고려채'의 첫 상륙지 역시 이 고려항이 아닐지 한다.

천리 너머 이역이었지만 그래도 행복할 수 있었다. 고려인들에게는 식탁에서 향수를 달랠 '고려채'가 있었고 또 지치고 힘든 마음을 기댈 안락처가 있었다. 고려항에서 도보로 3분 가량 떨어진 북쪽에는 고찰 개원사開元寺가 자리한다. 사찰 뒷골목의 고려항의 위치가 이때 따라 새삼스

243

럽게 다가온다.

천주 개원사는 당나라 수공垂拱 2년(686)에 지은 사찰로, 해내외에 이름이 있는 명찰이었다. 명승이 많이 배출되었고 또 탑과 석벽 등 유명한 경물이 있었다. 남송南宋 시기의 대학자 주희朱熹는 특별히 개원사에 연구聯句의 시를 쓰고 불국佛國의 옛 사찰 주변은 성인聖人으로 넘친다고 했다.

개원사의 앞 골목은 저녁 무렵인데도 말 그대로 인파가 흥성흥성하고 있었다. 현재 복건성에서 제일 큰 사찰이라더니 명불허전이었다. 물론 인파의 주역은 더는 성인이 아니라 가게와 좌판을 차린 장사꾼들 그리고 유람객이나 신도들이었다. 이에 비해 사찰에는 사람이 그리 많지 않았다. 사찰의 객당客堂에도 스님이 자리를 비우고 있었다.

이튿날 다시 찾기로 작심하고 돌아서다가 마침 스님 한 분을 만났다. 도신道新이라고 하는 법명의 이 스님은 개원사에 입적한 지 3년 되었다고 했다.

"한국 스님이 드문드문 찾아옵니다만, 다른 사찰에 갔다가 들리는 경우이지요."

도신 스님은 옛날 한반도의 승려가 개원사를 찾아왔다면 천주의 개원사가 아닌 것 같다고 말한다. 옛날부터 천주 개원사에도 일부 외국 승려가 다녀갔지만, 정작 이런 일로 소문난 곳은 복주福州의 개원사라는 것이다.

복주는 복건성의 소재지로 천주에서 북쪽으로 약 200km 떨어져 있다. 해상 실크로드의 지속시간이 제일 오랜 시발점 항구의 하나라고 전한다. 외국 승려가 빈번하게 복주를 드나들었기 때문에 중당中唐 이후 복주 개원사는 정부가 복건 지역에 오는 여러 나라 승려를 접대하는 곳으로 되었다.

그러고 보면 삼국의 승려가 복건에 왔다면 천주가 아닌 복주의 개원사에 행장을 풀었을 법하다.

기왕 말이 났으니 망정이지 동명의 개원사는 대륙의 동서남북 여러 지역에 현존한다. 당나라 현종玄宗이 개원開元 26년(738) 조서를 내려 전국 각 주와 군에 일련의 사원을 짓고 보수하는데, 이런 사원은 모두 당시의 연호 '개원'을 사원의 명칭으로 삼았다. 지금까지 현존하는 개원사는 모두 대륙 불교계의 유명한 사원으로 되고 있다.

복주의 개원사는 현존하는 제일 오랜 사원으로 일찍 황실의 사원이고

종묘였다고 한다.

사찰은 복주의 도심에 자리를 잡고 있었다. 고층 아파트에 둘린 사찰은 별다른 운치를 자아내고 있었다. 산문부터 벌써 청아한 독경 소리가 날려 왔다. 이날 객당에 앉아있는 스님은 사찰의 감원監院으로 있는 영원靈願 법사였다. 사찰 역사를 숙지하고 있을 법한 그는 옛날 개원사에 인도와 일본 고승이 있었지만 신라 승려의 이름은 들은 적 없다고 말하는 것이었다.

실제상 『삼국유사三國遺事』에도 928년 묵화상默和尙이 당나라에 가서 대장경을 싣고 왔다는 짧은 기록밖에 없다. 이 묵화상은 『고려사高麗史』에 나오는 같은 시대, 같은 사건의 주인공인 승려 홍경洪慶과 동일 인물로 보는 게 통설이다. 『고려사』는 태조 11년(928) 홍경이 후당後唐으로부터 대장경大藏經 1부를 얻어 배에 싣고 예성강禮成江 하구에 이르자 태조 왕건王建이 직접 마중을 나와 환영하였다고 전한다. 대장경은 경, 율, 논 삼장이나 여러 고승의 저서 등을 모은 총서를 말한다.

『고려사』가 밝힌 홍경의 출발지는 민부閩府이며, 이에 따르면 홍경은 복주 개원사에 들렸을 수 있다. 민부는 복건의 소재지로 복주를 가리키기 때문이다. 곳집 부府는 원래 정부의 창고 또는 역소役所의 의미이며 당나라 때부터 지방 행정구획의 명칭으로 되었다.

한 번 더 짚어서 홍경 역시 다른 외국 승려처럼 복주 개원사에서 수학했을 개연성이 크다. 개원사는 승려들의 체류지 뿐만 아니라 참학參學의 유명한 도장으로 되고 있었다. 일본 천태종 5조로 된 고승 엔친圓珍도 개원사에서 6년 동안 수학했다고 한다. 그때 복주 개원사의 명성을 듣고 찾아와서 수학한 일본 승려는 아주 많았다. 홍경은 생몰일 미상의 승려로 사찰의 옛 기억에는 무명의 승려로 되고 있는 게 아닐지 한다.

아무튼 개원사는 한반도의 삼국과 불연佛緣을 떨어뜨리지 못하고 있었다. 대륙 남부의 광동성廣東省 조주潮州의 동명의 고찰 개원사에는 삼국 승려의 족적이 남아 있다. 사찰 대전의 천년 향로에는 "선당禪堂의 향로를 영원히 공봉 하는 삼한三韓 제자 임국조任國祚"라는 한자가 새겨져 있다. 임국조는 당나라 때 조주 개원사에서 수학하던 신라 승려라고 전한다.

그 무렵 복건성 지역에는 서민이나 상인들의 발길도 적지 않게 닿고 있는 듯하다. 현지에서 옛날 '신라갈新羅葛'이라고 불렸던 참외는 신라에서 전래된 것으로 전한다. 식물 이름인 신라삼新羅參이나 신라송新羅松도 이와 마찬가지이다. 그러고 보면 바다 건너 해가 솟아오르는 한반도는 엄연히 '해상 실크로드'의 하나의 축이 되고 있었던 것이다.

훗날 고려인들이 이역의 천주에 나타나고 또 천주에 '고려채'라는 야채 이름이 생긴 이유를 비로소 알 것 같다.

사찰을 나서는데 골목 어귀의 채소시장에서 흘러나오는 사구려 소리가 목탁소리처럼 귀맛 좋게 달려온다. 시장에 들어서면 금세 "오이소! 보이소! 사이소!" 하는 소리가 반겨 맞아줄 것만 같았다. 그러나 가게의 좌판에는 알아듣기 힘든 현지 사투리가 생선의 비릿한 냄새처럼 흩날리고 있을 뿐이었다.

용문의 동굴에 신라인이 숨어 있었나

옛말에 "잉어가 용문龍門을 뛰어넘으면 용이 된다"고 했다. 그럼 인간이 용문을 건너면 뭐가 될까?

"그거야 두 발로 건너보면 금방 알 거 아니겠어요?"

솔직히 그래서 옛날부터 "백문불여일견百聞不如一見"이라고 했을지 모른다.

용문은 하남성河南省 낙양洛陽의 도심에서 남쪽으로 8km 떨어져 있다. 기실 용문에 앞서 이궐伊闕이라고 불렸다고 한다. 궐은 대문을 뜻하는 것으로 두 건물 사이에 공간이 있는 형국을 말한다. 낙양 남쪽을 흐르는 강 이하伊河의 동쪽과 서쪽 양쪽의 산이 마주하고 서 있는는 모양이 흡사 대궐과 같았던 것이다.

수隋나라 양제煬帝는 등극한 얼마 후 이궐을 용문이라고 지칭하면서 이하의 바로 북쪽에 동도東都 낙양을 짓는다. 이궐은 이때부터 이름 그대로 용문 즉 낙양 남쪽의 천연적인 문호門戶가 되었다. 황성의 정남쪽 성문은 이궐을 향하고 있었으니, 용문을 건너면 곧바로 인간세계의 '용'이라고 일컫는 황제가 나타나고 있었다.

옛말이 그른 데 없나 보다. 각도에 따라 보는 색채가 달라지듯 용문의 남북에서 만나는 세계도 각각이다. 용문의 남쪽에는 황제의 궁실이 아닌 부처의 세계가 있다.

일찍 북위北魏 때부터 용문에 석굴을 만들고 불상을 모셨다고 한다. 용문에 현존하는 굴과 감실은 2천 3백여 개이며 석상은 9만 7천존에 이르는 것으로 알려지고 있다. 와중에 제일 큰 불상은 높이가 17m, 제일 작은 불상은 불과 2cm이라고 하니 그야말로 '거인'과 '소인'이 공존하는 대천세계大千世界였다.

그러나 이 불국의 세계에서 신라인이 만든 불상을 찾기란 쉽지 않았다. 안내소의 예쁘장한 도우미는 신라인 이름의 석굴을 모른다고 말한다.

"예? 우리 용문에 그런 감실龕室이 있어요?"

언제인가 책을 보다가 찾은 석굴 번지수를 말했더니 도우미는 핸드폰으로 어딘가를 열심히 검색한다. 그런데 이번에도 역시 모른다는 궁색한 대답을 바닥에 내려놓는다. 그렇다면 신라인은 불국의 세계에서 종적을 감추고 있는 걸까.

안내소를 나서니 전동차가 꼬리에 꼬리를 물고 있었다. 전동차의 행렬 자체가 한 마리의 꿈틀거리는 '용'을 방불케 하고 있었다. 전동차는 매표소에서 남쪽으로 3km 떨어진 용문의 입구에 연이어 관광객을 토해 놓는다.

먼저 가게에 들려 안내 책자 한 권을 샀다. 용문의 이모저모를 소개한
『용문백문龍門百聞』이었다. 안내소의 도우미가 방금 전에 이 책을 극구 권
장했던 것이다. 길가의 한적한 곳을 찾아 벽돌처럼 두툼한 책장을 한 장
두 장 번지기 시작했다.

웬걸, 지나가는 사람들이 흘끔흘끔 돌아본다. 하긴 그럴 법하다. 용의
비늘처럼 다닥다닥한 굴과 감실을 구경하기에 눈 두 개가 모자라는 판
인데 엉뚱하게 책을 펼쳤으니 말이다. 이거야말로 구경꾼인지 아니면 독
서광인지 도통 분간할 수 없다. 용문의 석굴에 본의 아니게 유별난 그림
을 그리는 모양새가 되어버린 것이다.

다행이 천 년 전 한반도에서 도래渡來한 신라인은 책갈피에서 현신現身
하고 있었다. 책의 소개에 따르면 용문에 외국인이 만든 감실은 2개뿐이라고 한다. 신라인이 만든 감실이 서산에 있었고 토화나吐火羅 즉 중아시아 옛 나라의 승려가 만든 불상은 동산에 있었다.

신라감실의 표식물이나 다름없는 진주천珍珠泉은 용문 풍경구의 입구에서 그리 멀지 않았다. 『용문백문』에 따르면 진주천은 물밑

🔼 가게 옆 돌층계 끝머리에 신라불상 감실이 있지만, 다들 모르고 이곳을 스쳐 지나간다.

의 돌구멍에서 기포가 구슬처럼 솟구쳐 오른다고 해서 지은 이름이라고 한다. 그러나 아직 샘물이 나오지 않아서 하마터면 진주천을 근처에서 언뜻 스쳐 지날 뻔 했다.

『용문백문』에는 진주천 남쪽 15m 되는 곳에 '신라감실'이 있다고 분명히 기록되어 있었다. "웬일이지?" 하고 잠깐 우두커니 서 있었다. 산체에 벌집처럼 숭숭 뚫린 석굴들이 저마다 눈을 크게 뜨고 혼돈세계에서 오락가락하는 이 속인을 비웃고 있는 듯했다.

그런데 "모른다"는 말은 이곳에서 염불이 되고 있는 게 아닐지 한다. 진주천 바로 남쪽 기념품가게의 점원들도 또 "몰라요"를 연발하고 있었다. 그들의 호감을 얻으려고 일부러 기념품까지 샀으니 손님의 물음이 귀찮아서 짐짓 우엉을 까는 얘기가 아니렷다.

"제494호 석굴이라니요? 여기에는 석굴 번지수를 표기한 게 없어요"

"신라인이 만든 감실이라구요? 그런 걸 몰라요"

"……"

251

⬆ 신라인이 만든 용문 484호 감실. 어귀에 표지석이 따로 놓여있다.

기념품가게의 옆쪽으로 10여m 가량의 돌층계가 있었다. 머리의 바로 위로 석굴이 걸려 있었다. 신라인이 만든 감실이 정말로 진주천 남쪽에 있다면 이 석굴일 수밖에 없었다. 그런데 돌층계에는 '관광객 출입금지'라는 금속물의 패쪽이 세워져 있었다. 무슨 영문인지는 모르지만 이곳은 10년 전부터 지금까지 출입금지 상태로 되어 있다고 한다.

그러고 보면 이 패쪽 때문이 아닐지 모른다. 관객들은 기념품가게를 지나고 또 돌층계를 지나면서도 위쪽으로는 눈 한 번 주지 않고 있었다. 그들을 탓할 일이 아니었다. 실제로 돌층계 위의 석굴은 나무에 반쯤 가려 있었고 또 홀로 떨어져 있어서 유표하지 않았다. 특별한 관심이 없다면 이 석굴이 신라상감일지라도 그냥 무심히 지나치기 마련이었다.

관람허가를 받고자 관리인을 찾으려다가 그만두었다. 공연히 긁어서 부스럼을 만들 것 같았다. 도둑놈처럼 사방을 두리번거리다가 몇 발자국 뛰어서 냉큼 올라갔다. 사람의 키 높이의 작은 석굴 앞에 서기까지는 불과 몇 초밖에 걸리지 않았다.

결국 석굴에서 내릴 때 그만 관리인에게 들켜서 눈알이 쑥 빠지도록 한바탕 꾸중을 들어야 했다.

이야기의 장면이 또 바뀐 것 같다. 다시 석굴 이야기로 돌아가자. 눈 앞에는 눈동자가 없는 확처럼 우묵한 석굴이 불쑥 나타나고 있었다. 높이 약 2m, 너비 1.7m, 깊이가 1.7m라고 안내책자가 설명하고 있었다. 석굴의 발치에 '제484호 굴, 신라상감新羅像龕'이라고 적은 석판이 있지 않았던들 신라인이 만든 감실이라고 판정을 내리기 힘들었다. 여느 감실과 구조가 엇비슷했고 또 그 무슨 석상이라곤 없었다.

그럴지라도 경탄은 이하 기슭의 샘처럼 저절로 흘러나왔다. 천 년 전 신라인이 벌써 이곳에 와서 석굴을 만들었다는 사실 자체가 놀랍기만 했다.

신라상감은 용문의 석굴에서 신라인이 만든 유일한 감실이다. 감실의 문미門楣 위쪽에 '신라상감'이라는 예서체의 글자가 음각되어 있다고 하는데, 책에 나오는 탁본이 아니라면 그런 글자가 있는지도 모를 정도였다. 얼기설기 패인 석벽에는 글자의 획이라곤 알리지 않았다. 잔존한 흔적으로 미뤄 감실에는 석상이 7존 있던 것으로 추정되고 있었다. 부처 석상 하나와 제자 석상 둘, 보살 둘, 역사 둘이었다. 이런 석상은 움직일 수 있는 석상이었으며 따라서 다른 석상보다 더 쉽게 소실된 것 같다.

거짓말 같은 이야기가 하나 있었다. 용문 석굴에서 많은 석상은 민국 (民國, 1912~1949) 시기에 유실되었으며 정작 '문화대혁명' 시기에는 '혁명적'인 학생과 군중들의 보호를 받았다는 것이다. 그래서 이때 대륙의 첫 사찰이라고 하는 낙양의 백마사白馬寺의 유적도 일부 훼손되었지만 용문 석굴은 이 전대미문의 겁난劫難을 피할 수 있었다.

현재 해외에 유실된 문물 가운데서 70여 점의 행방을 찾았지만 신라 감실의 석상은 여전히 베일에 가려 있다고 전한다. 와중에 누군가는 "혹여 신라인이 만든 불상은 일본에 유실된 건 아닐까?" 하는 의문을 제기한다고 한다. 하긴 신라상감 남쪽의 고양동古陽洞의 예불도禮佛圖 조각은 물론이요, 근처의 빈양동賓陽洞 보살의 두상頭像도 모두 일본에 가있는 것으로 나타나고 있으니 말이다. 더구나 용문의 문물을 가져간 나라들 가운데서 신라의 석상에 특별히 욕심을 부릴 나라를 찾는다면 아무래도 일본이 첫손에 꼽힌다.

그건 그렇다 치고 신라상감의 석상은 언제 잃어졌는지 그 시기마저 불명한 것으로 『용문백문』에 기록되고 있었다.

아쉬운 일은 그뿐만 아니었다. 토화나의 감실은 "경운景云 원년(710) 승려 보륭寶隆이 만들었다"고 명명백백하게 문자로 기록되고 있었다. 그러나 신라상감을 만든 주인공은 감실의 소실된 석상처럼 형체를 그리기 힘들었다.

당시 신라와 당나라의 교류는 아주 활발했으며 양국을 오가는 인원은 아주 많았다. 신라 사절과 승려, 상인, 유학생이 줄을 이었다. 이에 따라 대륙에 전문 신라인을 상대한 숙박소인 신라관新羅館, 신라원新羅院 그리고

255

신라인들의 집거지인 신라촌新羅村과 신라방新羅坊이 출현했던 것이다.

낙양과 장안은 대륙의 중심이었으며 이에 따라 신라인들의 발길이 잦았다. 낙양 용문 석굴의 신라상감은 그들의 중원에 남긴 흔적이었으며 여느 석굴처럼 불교 교리를 선전하고 수행, 예불을 하던 도장이었다.

일각에서는 용문의 많은 석굴이 당나라 때 생겼다는 데 주목, 이 시기 부측천(武側天, 624~705)의 요청에 응해 경전번역 작업을 했던 고승 원측(圓測, 613~696)일 가능성에 무게를 두고 있다. 원측은 신라의 왕손으로 15세에 당나라에 와서 낙양과 장안長安에 머물면서 불법을 배웠다. 그의 부도탑浮屠塔은 장안의 홍교사興教寺에 있지만 입적했을 때 다비茶毘된 장소는 용문 석굴의 맞은쪽에 있는 향산사香山寺 부근의 계곡이다. 신라의 국사國師가 된 고승 무염(無染, 801~888)도 신라상감의 주인공으로 지목되고 있다. 그 역시 신라 왕손 출신이며 낙양에 와서 불법을 수행했다. 고승 무상(無相, 684~726)도 한때 중원을 다녀갔으며 당唐나라 현종玄宗까지 알현한바 있다. 화엄종華嚴宗의 창시자인 신라의 고승 의상(義湘, 625~702)도 중원지역에 오랫동안 머물렀다.

군계일학群鷄一鶴의 이런 명승을 제외하고 또 헤아릴 수 없는 많은 신라 승려들이 중원에 머물렀거나 다녀갔다. 그리하여 일본 승려 엔닌(圓仁, 794~864)은 그가 장안에서 만났던 호승胡僧을 출신국에 따라 '○○국승國僧'으로 표기한 데 반해 신라 승려만은 '제사諸寺'의 신라 승려라고 한데 묶어서 기록하고 있는 것이다.

그렇다고 해서 신라 승려가 용문의 감실을 만들었다고 콕 집어서 애기하는 건 어불성설이다. 이역에서 생활하고 있던 신라인들에게 부처는 둘도 없는 구심점으로 자리 잡고 있었다. 그때 대륙의 신라 촌락마다 해와 달처럼 어김없이 출현했던 사찰이 바로 이를 견증한다.

용문의 산체에 출현하는 석상에는 북위부터 여러 조대를 거치는 4백년의 연륜이 조각되어 있었고 이하의 수면에 그림자로 비껴 있었다. 석굴을 만들던 석공들과 석굴에서 수행하던 승려 그리고 석굴에 와서 예불하던 신도들은 모두 이 강물을 길어먹었다. 또 승려들과 신자 그리고 문인들은 이 수로를 따라 용문 석굴에 와서 예불하고 노닐었다. 당나라의 시인 백거이白居易는 지인인 승려 불광佛光과 함께 일엽편주를 타고 석굴의 사찰에 와서 차를 마시고 시를 읊었던 것이다.

산기슭을 따라 단 한 시간 만에 용문의 4백년 세월을 주파했다. 용문을 건너 다시 낙양 시내로 들어가는데 문득 시가 아닌 옛 노래가 머리에 떠올라 가락을 젓고 있었다.

낙양성 십리 허에 높고 낮은 저 무덤은
영웅호걸이 몇몇이며 절세가인이 그 누구냐…

일순간 한반도의 낯익은 사람들이 배를 타고 노래처럼 홀연히 다가오고 있었다. 정말이지 그 속에서 신라인 석굴의 주인공이 세월의 물결을 헤가르고 당금이라도 눈앞에 떠오를 듯 했다.

실은 구름처럼 물 위에 비낀 천년의 환영幻影이었다.

한강의 기슭에 울린 신라사의 종소리

땅의 이름은 무심코 생긴 게 아니다. 설화 같은 이야기가 담겨 있고 나침반처럼 위치를 나타내며 또 거울처럼 모양을 흉내 낸다.

한양漢陽은 '놈을 기르다'는 뜻의 한양漢養에서 유래했다는 설이 있다. 실은 한강漢江의 북쪽에 있다고 해서 불린 이름이다. 산의 남쪽, 물의 북쪽을 '양陽'이라고 하기 때문이다. 한양의 삼각산은 세 봉우리가 흡사 세모꼴 모양을 하고 있다고 해서 생긴 지명이다.

한강漢江은 삼각산의 근처에서 장강長江으로 흘러들고 있다. 장강은 대륙의 제일 긴 강이며, 한강은 장강의 제일 긴 지류이다.

"가만, 뭔가 잘못된 것 같은데?" 하고 이 대목에 이르러서는 누구라도 머리를 갸우뚱할 법하다.

그러나 백번 말해도 틀리지 않는다. 이 한양은 대륙 중부에 위치한 무한武漢의 옛 이름이기 때문이다. 훗날 몸뚱이에 '발'이 달려서 대륙에서 한반도에 건너간 동명의 지명이라는 것이다. 실제로 한강은 백제가 이에 앞서 동진東晉과 교류하면서 대륙의 문화를 받아들여 중국식으로 고쳐서 부른 강 이름이라고 전한다. 한강과 함께 한반도에 나타나는 지명 삼각산은 기막힌 우연이라고 할 수밖에 없다.

그건 그렇다 치고 한인漢人은 한漢나라 때문에 민족의 이름을 얻었으며 한나라는 유방劉邦이 한중왕漢中王으로 분봉되면서 얻은 이름이다. 한중漢中의 곡지谷地는 한족漢族의 발원지인데, 그 지명 내원은 한양과 마찬가지로 한수漢水 즉 한강과 이어진다.

그러고 보면 한족의 발원지가 또 한민족의 삶의 터전이 되고 있는 것이다.

한반도 한양의 지명 역시 한강처럼 대륙보다 뒤늦게 출현했다. 대륙의 한양은 수隋나라 양제煬帝가 605년 지금의 호북湖北 지역에서 한진현漢津縣을 개명하면서 나타났다. 한진현은 나루 진津을 이름에 넣었듯 역시 한반도의 한양처럼 한강으로 인해 생긴 지명이다. 한반도의 한양은 신라 경덕왕(742~764) 때 한양군漢陽郡으로 불리면서 세상에 등극했다.

경덕왕 하면 솔직히 한양보다 에밀레종을 눈앞에 떠올리게 된다. 에밀레종은 경덕왕이 선왕 성덕왕을 기리기 위해 만들었다. 아이가 어미를 부르는 소리와 흡사하다고 해서 붙여진 이름이다. 종의 제소리를 내게 하기 위해 아이를 쇳물에 던져 넣었으며, 엄마를 찾는 아이의 울음소리가 종의 소리로 울린다는 것이다. 경주 성문을 여닫을 때면 어김없이 에밀레종을 타종打鐘했다고 한다.

경주는 신라 천년 수도로 서울에서 남쪽으로 약 300km 떨어져 있다.

　재미있는 일이 있다. 당唐 나라의 서울 장안長安에서 남쪽으로 수백 리 떨어져 있는 고장인 안강安康에 신라사新羅寺의 범종梵鐘이 동네방네 소문을 놓고 있었다. 이 범종은 당나라 정관(貞觀, 627~649) 연간에 만든 일이니, 시기적으로 신라 경덕왕 때의 에밀레종과 비슷한 시기에 나타난다. 잠깐, 우연인지 필연인지 이 안강은 또 한강의 기슭에 위치하고 있다.

　동명의 지명과 물품은 이처럼 대륙과 한반도에 거듭 나타나면서 '나'와 '너'를 자꾸 헷갈리고 있는 것이다.

　안강은 섬서성陝西省과 사천성四川省, 호북성湖北省이 접경한 지역의 중심 도시이다. 교통망이 발달하여 어느 때든 이동하기 쉽다. 장안 즉 오늘의 서안西安에서 열차로 불과 세 시간 정도 걸렸다.

　이른 아침의 한강 공원은 우리 일행만 있는 것처럼 조용하고 한적했다. 이웃한 한강대교에도 아직 다니는 차량이 드물었다. 강기슭의 건물에 걸려있는 '한성漢城'이라는 이름의 간판이 더구나 유표한 듯 했다. 서울의 옛 한자 이름이 바로 '한성'이 아니던가. 강가에서 산보하는 노인을 만나 영문을 물어보았다.

　"한강에서 생긴 이름인데요, 한강을 끼고 있는 도시니까 '한성'이라고 하는 거지요"

　실은 몇 년 전 한 부동산회사가 '한성'이라는 이름을 쓰기 시작했다는 것이다. 어찌됐거나 이제는 서민들에게도 안강이자 '한성'이라는 이미지가 뿌리를 내리고 있는 듯 했다.

　그럴지라도 안강은 '한성' 즉 서울은 아니었다. 안강은 서진西晉 태강太

康 원년(280), 부근 파산巴山 일대의 유민들을 안치하면서 '만년풍락萬年豐樂, 안녕강태安寧康泰'의 의미를 담아 지은 이름이라고 한다.

이 무렵 신라인들은 또 남쪽의 복건성福建省 용암龍岩 지역에 나타나고 있었고 뒤미처 대륙의 연해지역에 여기저기 군락으로 출현하고 있었다. 그러나 옛 문헌의 기록으로 볼 때 안강에 나타난 신라인은 유민이나 이주민이 아닌 구법승과 사절이었다.

당나라 정관 10년, 신라승려 자장慈藏이 일행을 인솔하여 장안에 온다. 자장은 장안 남쪽의 종남산終南山에서 3년 동안 수도, 당나라 태종太宗의 두터운 예우를 받은 이국 승려이다. 그는 귀국한 후 경주의 황룡사黃龍寺에 9층 목탑을 세웠으며 제2대 주지로 있었다. 황룡사는 삼국시대의 제일 큰 사찰로 대표적인 왕실사찰이다.

그만 이야기의 '물곬'이 또 바뀌었다. 다시 안강으로 돌아가자. 그때 자장의 제자 승실僧實이 사절과 함께 안강으로 왔는데, 승실은 동명의 한강을 보자 도무지 발걸음을 뗄 수 없었다고 한다. 그래서 이곳에 사찰을 세워 고향에 대한 그리움을 달래게 해줄 것을 풍왕酆王에게 요청했다고 한다.

훗날 사찰 터에서 발굴된 비좌碑座의 위치로 볼 때 신라사의 대전은 서남쪽에 자리하고 동북 방향을 향하고 있었다. 사찰은 분명히 한반도 방향을 향하고 있었던 것이다. 고향에 대한 그리움을 달래기 위해 한강에 신라사를 세웠다는 옛 이야기가 새삼스럽다.

누군가 일부러 지어낸 이야기는 아니다. "당나라 정관 초, 풍왕이 신라 승려를 위해 (사찰을) 세웠다."고 명明나라 때의 지방문헌 『흥안주지興

^{安州志}』가 밝히고 있다.

풍왕 이원형李元亨은 고조高祖 이연李淵의 막내아들이다. 정관 연간 이원형은 금주金州 자사刺史로 임명되었다. 금주는 안강의 옛 별칭이다. 우연인지 몰라도 동명의 금주는 또 한반도의 경상남도 김해에도 나타난다.

승려 자장의 속성俗姓이 김씨라고 하니, 그야말로 일장 드라마를 만드는 것 같다.

정작 기이한 이야기는 신라사에서 나온다. 먼 옛날 한강에 갑자기 홍수가 났다고 현지에 전하고 있다. 홍수는 하루 밤 사이에 안강의 위쪽에 작은 언덕을 만들었고, 한강은 이로 하여 물길을 바꿨다는 것이다. 신라사는 흔적 없이 물에 밀려갔고, 쇠로 만든 큰 종은 마치 가랑잎처럼 모래톱에 둥둥 떠내려갔다.

그러나 현지에서 구전되는 민요는 이와는 전혀 다른 이야기를 전하고 있다.

> "신라사를 허물고 사씨謝氏 무덤을 지었네.
> 낮에는 천 그루의 참대가 보이지 않고
> 밤에는 만 개의 등불이 켜지지 않네."

사찰을 훼손한 사씨 가문에 불만을 토로한 이 민요는 또 신라사에 참대가 병풍처럼 서 있고 불등佛燈이 찬란한 풍경을 그리고 있다. 8백년을 존속한 신라사는 사씨의 손에 의해 '멸문지화滅門之禍'를 당했다는 것이다. 사씨는 명明나라 중반 금주에서 어사御使로 있었던 사문謝文이라고 하는 관원을 말한다.

종국적으로 '멸문지화'를 당한 건 신라사만이 아니었다. "사문이 사찰을 허물고 조상을 묻었으며, 사찰이 파괴되고 사씨도 가문이 끊어졌다."고 『흥안주지』가 기록하고 있다. 허황한 욕심은 결국 사씨 가문에 화를 부른 것이다. 길지라고 빼앗아 사찰 터에 만든 사씨의 조상 무덤도 현재로선 종적을 찾을 수 없다.

안강에는 옛 사찰은 일고여덟 개 되는 걸로 전하고 있다. 와중에 신라사는 금주의 4대 사찰의 하나로 꼽히고 있다.

신라사는 비록 신라 승려가 세웠다고 하지만 나중에 이름난 승려는 안강 출신의 고승 회양懷讓이다. 회양은 당唐나라 경종敬宗 이담李湛에 의해 대혜大慧 선사

⬆ 한강공원의 지저분한 뒷골목.
　서울의 달동네인가.

의 시호諡號를 받은 고승이다. 회양은 12살 때 신라사에서 출가했으며 한때 신라사에서 수도했다고 한다. "신라사가 주州의 치소 서쪽 6리 되는 곳에 있으며 회양 선사의 암자가 있다"고 『명일통지明一統志』가 밝히고 있다.

솔직히 신라사는 사씨가 훼손할 무렵 벌써 피폐해진 듯하다. 무덤자리로 쓰겠다고 사찰을 밀어버리는 일은 황제라도 엄두를 내기 힘든 일이기 때문이다. 사씨는 사찰을 허문 후 종, 불상 등 물품을 강가에 버린 듯하다. 오랜 세월이 흐른 후 사람들은 종이 '홍수'에 의해 떠내려간 것으로 여긴 것이다.

신라사의 이 종은 "송宋나라 가정嘉定 7년
(1214)에 만든 종으로 높이가 다섯 자 여섯
치요, 허리의 둘레가 석자 여덟 치이며 무게
가 만근이다"고 민국(民國, 1912~1949) 시기에
편찬된 『중속흥안주지重續興安州志』가 기록하고
있다.

『안강현지安康縣志』 등 지방문헌의 기술에 따
르면 신라사의 종은 성내의 중앙궁重陽宮에 방
치하다가 또 백신묘百神廟의 소유가 되는 등
이리저리 자리를 옮긴다. 신라가 망한 후 에
밀레종이 한때 천덕꾸러기의 신세가 되었다더
니 사찰이 파괴된 후 신라종은 주처住處를 잃
은 것이다.

종각에 걸려 있는 신라종.
뒤에 도교 설화를 형상한 그림들이 있다.

항일전쟁 시기, 신라사의 종은 옛 성 북문
에 이전되어 방공경보 설비로 되었다. 20세기
80년대에는 홍계동紅溪洞풍경구에 특별히 종각을 만들어 보관하였다고 한
다. 홍계동은 말이 풍경구이지 그보다 도관으로 유명한 곳이다. 도교 신
화에서 등장하는 여덟 신선의 하나인 여동빈呂洞賓이 수련하면서 선단仙丹
을 굽던 곳이라고 전한다.

여동빈의 수련장소라고 하는 팔선동八仙洞 등 홍계동의 명소는 무려 50
개가 넘는다. 그러나 일행은 다른 데는 제쳐놓고 곧바로 종각이 있는 산
마루로 직행했다. 하늘로 통하는 사다리라는 의미의 천제天梯를 톺아 오

르자 종각은 이내 시선에 뛰어들고 있었다.

종각 관리인은 50대의 아줌마였다. 인기척을 듣고 어느 결에 바람처럼 달려와 종각의 자물쇠를 열어준다.

홍계동 종각의 종은 대륙의 유일한 신라 성씨의 종이다. 진품은 지난 해부터 박물관에 소장되고 홍계동의 종각에 걸려 있는 종은 모조품이었다. 당목撞木 역시 옛 '진품'이 아니었다. 밋밋한 망치나 바다의 고래가 아니라 중국의 습관대로 용의 모양을 하고 있었다.

범종은 절에서 사람이 모이게 하거나 시각을 알리기 위하여 치는데, 종교적으로는 종소리를 듣는 순간만이라도 번뇌에서 벗어날 수 있다고 한다.

"종을 한 번 치는데 1원인데요, 엄청 싸죠?" 관리원 아줌마가 은근히 권하는 말이다.

그의 말에 따르면 신라종은 아주 영험하다고 한다. 명절이면 복을 빌기 위해 종을 치고자 하는 사람이 종각 앞에 줄을 설 정도라고 한다.

"한 번이나 열 번이 아니고 108번을 치는 사람도 있어요"

108번의 타종은 인간의 108개의 번뇌 즉 인간의 모든 번뇌를 없애기 위해 절을 하면서 마음을 내려놓는 불교의 수행법인 108배拜와 비슷한 말이다. "강을 건너면 귤나무도 탱자나무가 된다"고 하더니 사찰의 범종은 도관에 온 후 중생의 서원을 들어주는 안식처가 되고 있는 것이다.

기실 사찰 자체가 이역에 살고 있는 신라인들의 마음의 안식처요, 구심점이었다. 대륙의 신라인들의 군락마다 부근에 사찰이 등장하고 있었다면 신라사의 부근에는 또 신라인들이 꼭 촌락으로 집거하고 있었다.

이에 따르면 한강 신라사 부근에 신라인들이 집단적으로 살고 있었을 수 있다. 그러나 이와 관련한 기록은 지방문헌에 단 한 줄도 남아 있지 않다. 향냄새가 없는 종소리에는 부처의 모습이 없었다.

"산에 가면 산 노래를 부르라"고 했다. 서원을 하고 타종을 했다. 웅근 종소리에 귀가 다 먹먹하다. 아, 한강 기슭의 한양에 이 신라종의 소리가 들릴 수 있을까…

『서유기』에 등장하는 신라의 승려

"아니, 그게 뭐꼬?" 제목을 미리 말했더니 사람들의 한결같은 반응은 이 물음이었다.

그러고 보면 이 이야기를 모두 그 무슨 환상소설처럼 여기고 있는 것 같았다. 법어法語 같은 화두를 이야기의 꼭지로 삼게 된 이유이다.

줄거리를 다 빼고 얘기한다면 『서유기西遊記』의 주인공 당승唐僧처럼 신라의 승려가 서행 즉 '서유西遊'를 하고 있었으며 또 진기록을 남기고 있다. 『서유기』는 당승 현장(玄奘, 602~664)의 천축天竺 여행을 모티브로 삼아 명明나라 때 나온 신괴神怪 소설이다.

"그렇다면 신라승려는 '손오공'인가요, 아니면 저팔계인가요? 사오정은 아니구요?"

손오공孫悟空과 저팔계豬八戒, 사오정沙悟淨은 『서유기』에 등장하는 인물로, 당승의 천축 여행을 신변에서 수행한 제자이다. 그러나 신라의 승려가 72가지 변신술을 갖고 있은 들 손오공은 물론 저팔계, 사오정으로 둔 갑할 가능성은 전혀 없다. 손오공은 본디 화과산花果山에서 살고 있던 원숭이요, 저팔계와 사오정은 죄를 지어 천계에서 쫓겨난 장군이기 때문이다.

먼저 『서유기』의 주인공 당승이자 실존 인물인 현장을 알고 건너갈 필요가 있다. 현장은 당나라 초기의 고승이자 번역가, 여행가이다. 10세 때 낙양洛陽의 정토사淨土寺에서 불경을 공부하다가 13세에 승적에 이름을 올려 현장이라는 법명을 얻게 되었다고 한다. 소설에서 나오는 그의 다른 이름인 삼장三藏은 불교 경전을 통칭하는 것으로 경장經藏, 율장律藏, 논장論藏 이 세 가지를 의미한다.

◆ 현장법사의 다른 이름을 따서 만든 흥교사의 삼장원. 현장법사와 두 제자의 신상을 모신 법당이 있다.

🔼 흥교사의 뜰에 있는 현장과 원측. 규기의 사리탑. 오른쪽 탑이 원측 사리탑이다.

현장은 당시의 한문 불교경전의 내용과 계율에 대한 의문점을 팔리어와 산스크리트어 원전에 의거하여 연구하려고 627년 또는 629년 천축 즉 지금의 인도에 들어갔다. 훗날 이 이야기에 살과 피가 덩어리로 붙어서 신괴소설 『서유기』를 만들어낸 것이다.

이보다 훨씬 앞서 『서유기』의 추형雛形은 벌써 민간에 형성되고 있었다. 유명한 돈황敦煌 막고굴莫高窟의 서하西夏 시기 벽화에 당승 그리고 백마를 끌고 있는 손오공孫悟空이 등장한다.

막고굴은 16국의 전진前秦 시기부터 시작하여 원元나라 때까지 여러 조대를 거쳐 건설, 동굴이 735개 되며 벽화가 4만 5천점 된다. 대륙 서부의 실크로드의 연선에 위치하며 따라서 '실크로드의 보물'로 불린다.

바로 이 막고굴에서 또 다른 한편의 『서유기』가 발굴된다. 1900년, 막고굴 장경동藏經洞에서 『왕오천축국전往五天竺國傳』을 비롯하여 대량의 고서가 쏟아져 나왔다. 『왕오천축국전』은 신라의 고승 혜초(慧超, 704~787)가 집필한 여행기이다. 이 여행기에는 천축과 서역 각국의 종교, 풍속, 문화가 기록되어 있다. 잠깐, 혜초는 당승처럼 육로를 선택한 게 아니라 바닷길을 타고 천축으로 갔다.

어찌됐거나 혜초는 명나라가 아닌 신라의 '당승'이요, 『왕오천축국전』은 명나라가 아닌 신라의 『서유기』인 셈이다.

이맘쯤이면 누군가 글줄에서 눈길을 돌려 버리지 않을지 한다. "이게 바로 '제목'에 묻어놓은 복선인가 보네. 그럼 이야기를 더 읽을 필요가 없지 않을까?"

잠깐, 당승 현장의 제자로 있던 신라의 승려가 진짜로 있었다. 손오공이나 저팔계, 사오정이 아니라 실존한 인물이다. 신라의 승려 원측圓測이 바로 현장의 이름난 제자였다. 원측은 신라의 왕손으로서 일찍 3세 때 출가했고 15세 때 구법을 위해 서쪽으로 여행 즉 '서유西遊'를 해서 당나라의 서울 장안長安 즉 지금의 서안西安에 건너갔다고 전하고 있다. 그때가 정관貞觀 2년(628)이니, 현장이 천축으로 떠나던 그 무렵이었다.

궁금한 이야기부터 한다면 원측은 천축 구법을 선택하지 않았다. 그는 장안에 짐을 풀고 유식학唯識學 연구의 개척자인 고승 법상法常과 승변僧辨을 스승으로 모신다. 유식학은 불교의 종파인 법상종法相宗의 성전聖典이다. 원측이 제자로 현장을 신변에서 수행하게 된 건 조금 후의 이야기이다.

이때는 원측이 아닌 다른 신라승려가 현장처럼 천축으로 구도를 떠나고 있었다. 이 인물은 『삼국유사三國遺事』에서 모습을 드러낸다. 『삼국유사』는 고려 후기의 승려 일연一然이 편찬한 역사서이다. 책은 신라의 승려 아리나阿離那가 정관(627~649) 연간 당나라의 서울 장안長安을 떠나 오천축五天竺으로 갔다고 기록한다. 아리나의 천축 여행은 현장의 구법 시기와 거의 맞물리는 것이다. 아쉽게도 아리나가 현장과 서로 만났는지는 알 수 없다. 아리나를 이어 그 후에도 한반도의 승려 혜업慧業, 현태玄泰, 구본求本, 현각玄恪, 혜륜慧輪, 현유玄遊 그리고 이름 미상의 두 법사가 석가의 교화를 보기 위해 중천축中天竺에 가는 등 서유西遊를 했다. 그들은 "혹은 중도에서 죽고 혹은 현지 절에 있었으며" 오직 현태만 당나라에 돌아왔으나 어디서 입적入寂을 했는지 모른다고『삼국유사』가『대당서역구법고승전大唐西域求法高僧傳』의 기록을 인용하여 밝히고 있다. 이런 승려를 흠모했던 고려 중기의 승려 각훈覺訓도『해동고승전』에 그들의 전기를 수록했다.

신라승려가 보리심을 등불로 삼고 옛 실크로드를 따라 바다를 건너고 사막을 가로질러 성지를 순례하면서 구법한『서유기』는 그렇게 여러 고서에 기록되고 있는 것이다.

이야기가 그만 다른 데로 흐른 것 같다. 천축에서 유식학을 오랫동안 연구했던 현장은 드디어 645년에 귀국했다. 이때부터 원측은 현장의 문하에 들어가서 또 유식학을 닦았다. 유식학은 결국 원측과 현장을 서로 이어놓는 연기緣起가 된 것이다.

『송·고승전宋·高僧傳』에 따르면 원측은 나중에 무측천武側天에 의해 '살아있는 부처'로 존숭尊崇을 받았다. 그래서 무측천의 후대厚待를 받아 역경관譯經館에 있으면서 유식唯識의 주석 서적과 기타 경론의 해설을 했다. 『대승현식경大乘顯識經』 등을 번역할 때 원측은 영변靈辨, 도성道成 등 여러 석학과 함께 증의證義를 맡아 함께 18부 34권을 번역했다. 이 무렵 그는 또 고증자考證者로서 번역 집단의 우두머리였다. 원측은 어학에 남다른 천부를 갖고 있었으며 중국어, 범어, 서역어 등 6개국 언어에 능통했다고 전한다.

무측천이 등극한 만세통천萬歲通天 원년(696) 7월 22일, 원측은 임종을 앞두고 제자에게 스승의 사리탑 옆에 매장할 것을 부탁한다. 원측의 이 마지막 숙원은 그로부터 400여 년 후에 비로소 이뤄진다.

원측은 원적한 후 처음에는 낙양洛陽 용문龍門에 매장되었다. 이때 원측의 신라 제자 승장勝庄 등이 일부 유골을 장안에 갖고 와서 풍덕사豊德寺 근처에 매장하며 송宋나라 정화政和 5년(1115)에 소릉원少陵原의 흥교사興敎寺 현장 사리탑 왼쪽에 이장되는 것이다. 소릉원은 장안의 남쪽 약 20km 되는 곳에 위치, 두 강 사이에 끼어 있는 작은 언덕지대이다.

와중에 이야기가 하나 있다. 흥교사는 '불교를 대흥大興한다'는 의미를 갖고 있지만, 실은 현장 때문에 생긴 사찰이다. 664년, 현장은 원적한 후 장안 동쪽의 백록원白鹿原에 매장되었다. 백록원은 지세가 높아서 황궁 대명궁大明宮에서도 환히 보인다. 고종高宗 이치李治는 현장을 몹시 경중敬重했는데, 궁전에서 멀리 현장의 영탑靈塔을 볼 때마다 눈물을 흘렸다. 성체의 안강安康을 위해 고종의 황후 무측천이 조령詔令을 내려 총장總章 2년(669) 장안 남쪽의 소릉원에 이장하고 이와 함께 사원을 세워 현장을 기리었다. 이때 사찰은 '대당호국흥교사大唐護國興敎寺'로 명명되었으며 그 시기 장안 남쪽 여러 사찰의 으뜸으로 꼽혔다.

"하루가 멀다하게 한국 스님들이 사찰에 찾아와요" 흥교사에서 불교 용품 가게를 운영하고 있는 거사居士가 이렇게 알려주고 있었다.

거사는 우리 일행이 주고받는 말이 전혀 낯설지 않다고 말했다. 이날 오전에도 한국 승려가 여럿이 다녀갔다고 한다. 그의 말을 실증하는 듯 한국 어느 사찰인가에서 증정한 쇠종이 종루에 걸려 있었다. 바다 건너 저쪽의 일본의 승려도 흥교사를 자주 다녀가고 있었다. 흥교사의 동쪽에는 중국과 일본 친선을 기리는 '광명탑光明塔'이 서 있었다.

옛 실크로드 연선의 이 고찰에는 해동 승려들의 발길이 계속 이어지고 있는 듯 했다.

그러나 거사는 얘기 가운데 자주 개탄을 하고 있었다. "지금은요, 사찰에 남아있는 옛날의 유물이 별로 없거든요"

정말이지 그래서 무엇이든 더 소중하게 여기고 있을지 모른다. 종루에는 자물쇠가 걸려 있었고, '광명탑'에는 진입을 불허하는 끈이 드리워 있었다.

　홍교사는 천년 동안 여러 번 훼손과 중수 과정을 반복하고 있었다. 전란과 멸불지화滅佛之禍로 인해 한때는 사찰에 승려가 없고 탑에 주인이 없는 피폐한 정경이 출현했다고 한다. 현존하는 건물은 대부분 민국(民國, 1912~1949) 시기에 중수한 것이었다.

　유물로 잔존한 사탑寺塔은 중수한 사찰의 상징물로 되고 있었다. 사탑은 현장과 그의 유명한 제자 원측, 규기窺基의 세 사리탑을 합한 이름이다. 규기는 현장에서 비롯한 법상종을 자은종慈恩宗 종파로 확립한 인물이며 이로 하여 일명 자은대사라고 불린다.

　규기는 원측과 함께 현장의 양쪽에 사리탑으로 시립하고 있지만, 살아 있던 현생에는 전생의 그 무슨 업보인지 불협화음을 빚고 있던 듯하다. 어쩌면 "하나의 산에 두 마리의 호랑이가 살지 못한다"는 말은 불문佛門에도 통하는 것 같다.

　원측의 도청설盜聽設은 옛 문헌에 기록되고 있는 이야기이다. 『송·고승전』에 따르면 『성유식론成唯識論』을 번역할 때 현장은 규기 등 몇몇 제자에게 윤색과 집필, 검문, 편찬을 담당하게 했다. 현장의 고의인지 아니면 실수인지 원측은 이에서 배제되고 있었다. 원측은 문지기를 매수하고 몰래 들어와서 현장의 강의를 들었다. 그리고는 규기에 앞서 승려들에게 『성유식론』을 강의했다. 이를 못마땅하게 여긴 현장은 원측 몰래 규기에게 『인명론因命論』을 강의했으며 규기는 이에 대한 해의解義를 써서 미구에 이름을 떨쳤다는 것이다.

275

　　실제로 원측은 종파적인 모든 선입 관점을 떠나 유식의 진전만 탐구
했으며 또 『반야심경찬般若心經讚』 1권과 『인왕경소仁王經疏』 3권을 남기는
등 법상종의 다른 학승學僧에 비해 진보적인 학문의 경지를 보여주고 있
다. 주변의 시샘하던 자들이 도청을 했다고 원측을 무함했다는 설이 나
올 법하다.

　　원측은 현장의 유골을 소릉원으로 이장할 무렵인 668년 산속에 들어
가 은거했다. 이때 그는 장안 남쪽의 만화산萬花山 운제사雲際寺에서 선정禪
定을 닦았다고 전한다. 산은 장안의 귀족들이 늘 와서 꽃놀이를 했다고
해서 '완화산玩花山'이라고 했으며 훗날 비슷한 발음의 '만화산'으로 불렸
다고 전한다. 만화산의 정상은 해발이 약 2천m이며 산꼭대기에 위치한
운제사는 이름 그대로 방불히 흰 구름의 바다 위에 두둥실 떠 있는 듯하

다.

원측은 후에 운제사 근처의 다른 곳에서 수련했으며 나중에 장안 서명사西明寺에 머물렀다. 당시 황후였던 무측천은 그에게 서명사를 관장하도록 하고 국사國師로 모시는 등 극진한 대우를 했다.

운제사는 국사 원측이 수련한 도장이라고 해서 사찰 근처에 '신라왕자의 누각新羅王子臺'이 만들어졌다. 당나라 때 '왕자의 누각'에는 고승이 운집했으며 문인들이 꼬리에 꼬리를 물었다고 한다.

그런데 시초부터 뭔가 어긋나고 있는 것 같았다. 누군가 그걸 콕 집어서 이야기했다. "이름이 왕창 틀렸네요, '왕자의 누각'이 아니라 '왕손의 누각'이라고 해야 하지 않을까요?"

왕자이든 아니면 왕손이든 운제사에 처음 나타난 신라승려는 실은 원측이 아니었다. 신라 진골眞骨 귀족의 출신인 승려 자장(慈藏, 590~658)은 636년 서쪽 여행 즉 '서유'를 해서 당나라에 왔을 때 조정의 허가를 받고 운제사 근처에서 3년 동안 수련하면서 마침내 득도했다고 『삼국유사』가 전하고 있다.

그리고 보면 '왕자의 누각'보다 '귀족의 누각'이 먼저 서야 하는 게 순서이다. 아니, 이 개명보다 꼭 앞세울 게 하나 있었다. 명나라 판본의 『서유기』에 앞서 신라 판본의 『서유기』가 먼저 기술되어야 했다.

가만, "이게 뭐꼬?" 하고 힐문할 사람이 이번에도 또 있을까.

신라의 사절은 왜 머리가 떨어졌을까

결론부터 밝힌다면 양산梁山에는 무덤 귀신만 있었다. 양산 자체가 하나의 거대한 무덤이었다. 그러나 양산에 도착하면서 눈앞에 언뜻 떠오른 것은 어느 풍만한 여인이었다. 택시기사가 말하는 산의 이름은 그대로 여인을 연상케 하고 있었던 것이다.

"다들 '유봉乳峰'이라고 부르지요. 봐요, 모양이 비슷하지 않아요?"

이른 봄의 양산은 산의 누런 속살을 드러내고 있었다. 주봉 남쪽의 봉긋한 두 봉우리의 꼭대기에는 탑 모양의 건물이 있었는데, 젖무덤 즉 유봉을 방불케 하고 있었다. 별칭도 이와 별로 다르지 않은 의미의 내두산奶頭山이라고 한단다.

유봉은 섬서성陝西省 함양咸陽의 건현乾縣 현성에서 북쪽으로 6km 떨어져 있다. 건현은 당唐나라 고종高宗 이치李治와 황후 무측천武側天의 합장무덤인 건릉乾陵으로 해서 얻은 이름이다. 이 합장무덤은 중국 나아가 세계

적으로 유일하게 2대 제왕의 부부를
매장한 능이다.

⬆ 양산의 유봉, 가운데로 신도가 지나고 있다.

건릉은 유봉 북쪽의 주봉에 있으며
'산을 능으로 삼는' 옛날의 건조建造 방
식으로 인해 산 자체가 거대한 능으
로 되고 있다. 마를 건乾은 하늘과 지
아비, 황제 등을 뜻하고 있으니 건릉
이라는 이름은 결국 고무지우개처럼 양산의 여성스런 참모습을 지우고
있는 것이다.

실제로 양산은 황후 무측천에 의해 능 자리로 결정되었다고 한다. 고
종이 병으로 사망한 후 무측천은 그의 임종 유언에 따라 장안長安 즉 지
금의 서안西安 부근에서 음택陰宅의 길지를 선택하기로 했다.

이때 황궁의 유명한 방사方士 이순풍李淳風은 칙지를 받고 진천秦川의 땅
을 밟고 다녔다. 진천은 지금의 섬서 북부의 평원지대로 옛 진秦나라의
땅이라고 해서 생긴 이름이다. 어느 날, 이순풍은 기이한 돌산을 발견하
였다. 남쪽에서 북쪽을 바라보면 흡사 웬 여인이 흰 구름 아래에 다소곳
이 누워있는 양상이었다. 이 여인은 이목구비를 오목조목 다 갖추고 있
었다. 젖무덤이 가지런히 솟아있었고 젖꼭지가 있었으며 배꼽까지 있었
다. 두 다리의 사이에는 또 시냇물이 졸졸 흐르고 있었다. 이순풍은 급급
히 주봉에 올라 방위를 잡고 머리핀을 땅에 박아 표식으로 삼았다.

미구에 무측천이 대신을 파견하여 무덤자리를 확인할 때 기괴한 일이
생겼다.

🔼 신도 양쪽에 늘어서 있는 석인과 석수는 제왕의 의장대를 의미 힌다.

"글쎄 머리핀이 면바로 동전 복판의 네모 구멍에 박혀 있더라는 겁니다." 가이드의 다소 흥분된 말이다.

방사方士 원천강袁天罡이 이에 앞서 표식으로 동전을 땅에 묻어 놓았다고 한다. 원천강도 실은 이순풍처럼 칙지를 받들고 무덤자리를 찾고 있었다. 그는 밤중에 천체 현상을 살피다가 상서로운 기운이 솟구쳐 북두칠성과 서로 교접하는 것을 발견했다고 한다. 상서로운 기운이 똬리처럼 서린 그곳에 원천강은 일부러 동전을 묻어 놓았던 것이다.

말 그대로 건과 곤, 음과 양이 양산에서 절묘한 만남을 하고 있었다.

홍도弘道 원년(683), 건릉 공정이 시작되었고 이듬해 고종 이치가 능에 묻혔다. 건릉 공사는 계속되었고 신룡神龍 2년(706) 중종中宗 이현李顯이 조서를 내려 무측천을 능에 안치했다.

주봉의 건릉으로 향한 신도神道에 들어서기 전에 가이드를 졸라 유봉에 올랐다. 유봉에 오르는 관광객은 우리가 처음이라면서 가이드는 머리를 설레설레 흔든다. 언덕 같은 나지막한 산마루에 금세 올라설 수 있었다. 산꼭대기에 솟아오른 조형물은 봉화대인 줄로 알았는데 실은 흙무지의 옛터에 상상을 동원해서 각색한 망루였다.

솔직히 봉화대라고 해도 반론을 할 사람이 별로 없을 것 같다. 장안 서쪽의 이 산정에 봉화대가 나타나는 게 이상하지 않기 때문이다. 당나라 초기 돌궐突厥과 전쟁이 이어졌고 또 서역을 두고 토번吐蕃과 쟁탈전이 있었으며 나중에는 대식大食과 전투를 벌인다. 대식은 당·송唐·宋시기 아라비아를 이르던 말이다. 정말로 봉화대에 불을 지폈다면 분명 당나라의 쇠패를 알리는 신호였다는 얘기가 된다.

이 전쟁 이야기는 결코 유봉이라는 지명처럼 속인俗人의 허망한 상상이 아니었다.

천보(天寶, 742~756) 연간, 당나라 군대는 대식 정벌에 나섰다. 대식은 속국의 20만 군대를 연합하여 이에 대항했다. 천보 10년(751), 드디어 사상 유명한 전역인 탈라사坦邏斯 전역이 시작되었다. 이 전역에서 실패한 당나라는 궁극적으로 세계 최대 제국의 자리를 대식에 내주게 된다.

이때 대식 연합군에 포로가 된 당나라의 병사 가운데는 제지製紙 장인匠人이 있었다. 탈라사 전역의 실패는 중국 섬유질의 제지술을 서방으로 전파하는 계기로 되는 것이다. "화가 변하여 복으로 된다"는 속담은 이 같은 경우를 두고 하는 말인 것 같다.

"똑 마치 전쟁의 실패를 두고 구실을 찾는 말처럼 들리는데요" 일행 중 누군가 이렇게 꼬집듯 말한다.

🔲 주작문의 남쪽에 공경하게 시립한 석인. 하나같이 머리가 떨어져있다.

정말로 억지 구실이 아닐지 한다. 전쟁의 실패는 엉뚱한 곳에서 시작되고 있었다.

당나라의 야사를 적은 『개원일요開元逸要』의 기록에 따르면 당나라 초기 서역에는 명마가 많이 났다고 한다. 페르시아의 상인이 중원의 종마를 대식에 갖고 가서 명마와 교배, 새끼를 밴 후 다시 갖고 올 것을 제안했다. 이 제안을 수용한 안서安西 절도사 고선지高仙芝는 훗날 당나라군의 장령으로 출전한 인물이다. 고선지는 고구려 유민의 출신으로 일찍 당나라의 서역 정벌에 크게 기여하고 명성을 떨쳤다.

각설하고, 새끼 말은 성장한 후 과연 몸집이 우람졌으며 모두 전마로 징집되었다. 이에 고선지는 기뻐서 당나라의 준마라는 의미의 '당준唐駿'이라는 이름을 지었으며 군대에 있던 옛 말들을 거의 모두 폐기했다. 그런데 탈라사 전역에서 '당준'은 대식의 전마와 접근하면 곧바로 겁에 질려 부들부들 떨었다. 종국적으로 당나라군이 전패한 원인으로 되었다. 페르시아 상인은 대식이 파견한 첩자였던 것이다. 그가 당나라의 종마와 교배시킨 것은 당나귀였으며, 고선지의 '당준'은 준마가 아닌 노새였다.

'당준'이 싣고 온 비운은 이로써 가셔지지 않았다. 4년 후 고선지는 안녹산安祿山의 난을 진압하기 위해 출전했으나 부하의 모함을 받아 진중에서 참형되었다.

그런데 목이 떨어진 이 슬픈 이야기는 신도神道가 끝나는 주작문朱雀門에서 다시 나타나고 있었다. 주작문 밖의 신도 양쪽에는 각기 석상들이 시립侍立하고 있었는데, 웬 영문인지 석상의 머리는 하나같이 전부 댕강 잘려 있었다.

신도 양쪽의 석인石人과 석수石獸 등 석상은 제왕의 생전의 의장대를 상징한다. 그러나 주작문 근처의 석상 군체는 제왕의 의장대를 뜻하는 게 아니었다.

"'번상蕃像'이나 '빈왕상賓王像'이라고 해요. 혹은 '61번신상蕃臣像'이라고 하지요." 가이드의 설명이다.

석상은 신도의 서쪽에 32존이 있었고 또 동쪽에 29존이 있는 등 도합 61존이었다.

당나라 고종의 장례식에는 민족 관원과 이웃나라의 왕자, 사절이 참석했다고 한다. 무측천은 당나라의 위세를 선양하기 위해 그들의 조각상을 진짜 사람의 크기 모양으로 만들어 이처럼 건릉 앞에 세워놓았다는 것이다.

석상은 저마다 복색이 다르지만 모두 손을 가슴 앞에 모아 잡는 등 공경한 자태를 하고 있었다. 마치 능 앞 일부러 대열을 지어 황제의 행차를 맞이하고 있는 듯 했다. 당나라는 서방 호인胡人의 경교景敎가 전래될 정도로 상당히 개방된 나라였다. 만국의 사절이 꼬리에 꼬리를 물고 찾아왔다. 건릉 앞에 시립한 61명 번신 석상은 이국 사절의 활약상을 보여주는 단면도라고 하겠다.

乾陵六十一宾王像中的新羅王（東列后排）

⬙ 전시실에서는 신라사절의 신분을 신라왕이라고 적고 있다.

가이드는 일행이 신라사절의 조각상을 찾자 아주 놀라운 기색을 짓는
다. "여기에 신라사절도 있어요?"

석상의 잔등에는 원래 장례식에 참석한 인원의 국별과 관직, 성명이
각기 낱낱이 적혀 있었다고 전한다. 그러나 현재로선 '토화나왕자지갈달
건吐火羅王子持羯達犍' 등 글의 흔적이 약간이라도 남아있는 석상은 오로지 7
존뿐이라고 한다.

비록 서안은 대륙의 오지였지만, 서울이었고 또 실크로드의 대륙 시발
점이었다. 이에 따라 고구려, 신라, 백제 등 한반도의 삼국을 비롯하여
이방의 공식 사절과 구법승이 구름처럼 모여들었다.

신라는 618년 대륙의 통일왕조로 출현한 당나라와 621년부터 외교관계를 수립하고 거의 해마다 외교사절을 파견하고 있었다. 와중에 성덕왕(聖德王, 703~737)은 재위 30여 년 동안 무려 40차례나 사절을 당나라에 보낸다. 신라 승려도 사절의 대열에 들어 있었다. 당나라에 온 신라의 일부 구법승들은 또 이런저런 원인으로 황제의 소견召見을 받았으며 당나라와 신라 쌍방의 교섭에 긍정적인 영향을 미쳤다.

아무튼 신라사절이 건릉 61명 번신 석상으로 있을 개연성이 크다는 얘기가 된다. 실제로 학계에서는 신도 동쪽의 석상 군체에서 제일 마지막 줄에 홀로 떨어져 있는 석상을 신라사절로 보고 있다.

석상은 백의민족이 잘 다루는 활을 들고 있고 또 신라인들의 옷차림에서 나타나는 3겹의 복장을 갖추고 있다. 위층과 중간층, 아래층 등 3겹으로 옷을 입은 방식은 여러 석상의 복장과 뚜렷하게 구분되고 있었다. 이런 복장은 소릉(昭陵, 당태종의 능묘) 주변에서 발견된 진덕(眞德 ?~654) 여왕 좌대의 하반신에도 또렷이 남아있다. 건릉 근처의 장회 태자묘의 벽화 '예빈도禮賓圖'에 나오는 신라사절도 이 같은 모양의 옷을 입고 있다.

아니, 뭔가 잘못 된 것 같다. 신라사절의 신분은 신라왕으로 껑충 승격하고 있었다. 장회 태자묘의 전시실에서 그렇게 버젓하게 소개되고 있었다. 신라사절만 아니라 61명의 번신이 모두 빈왕으로 되고 있었다.

그렇다면 신하가 감히 왕으로 '자처'하는 이 불경스러운 행동 때문에 석상의 머리가 잘렸을까?…

뜻밖에도 가이드가 맨 처음 지목한 주범은 번군蕃軍 즉 이방의 군인이었다. "어떤 사람들은 이 석상의 목을 자른 '흉수'는 8국 연합군이라고 말하지요."

8국 연합군은 1900년 중국 북방의 의화단 운동을 진압하고자 중국에 침입한 연합 원정군을 이르는 말이다. 연합 원정군은 영국, 미국, 프랑스, 독일, 러시아 일본, 오스트리아-헝가리제국, 이탈리아 등 나라의 군대로 편성되었다.

이때 8국 연합군은 건릉에 시립한 번신의 군상을 보고 화를 버럭 냈다고 한다. 대륙을 휩쓰는 그들의 군위軍威가 낙엽처럼 땅에 뒹군다는 것이었다. 그래서 누군지를 알아보지 못하도록 석상의 머리를 일부러 베어버렸다는 것이다.

사실상 8국 연합군은 서안에 진격하지 않았고, 오히려 자희慈禧 태후와 광서光緖 황제 등이 멀리 이곳에 와서 연합군을 도피하고 있었다.

"진범은 인간이 아니고요. 사실인즉 지진이 빚어낸 끔찍한 재앙입니다." 가이드는 이렇게 이야기의 복선을 활 풀어버린다.

명明나라 가정嘉靖 연간인 1555년 1월 23일, 섬서성 화현華縣 일대에 리히터 규모 8 이상의 강진이 일어났다. 이 지진으로 무려 80여 만 명이 숨진 것으로 전한다. 건릉은 화현에서 불과 100km 떨어져 있고 역시 진앙 지대에 위치한다. 이로 하여 건릉도 큰 타격을 입었던 것이다. 주작문의 석상은 물론 신도 양쪽에 서 있는 석인石人과 석수石獸의 일부도 머리가 떨어졌다.

잠깐 생각의 끈을 놓치고 망연히 서 있었다. 이름 모를 어느 무덤이 불현듯 눈앞에 떠오르고 있었다. 와중에 가이드가 무심히 흘리는 말 한마디가 잠언처럼 마음에 와서 닿는다.

"머리가 떨어졌다고 해서 그냥 없어지는 게 아니지요"

국왕의 암살명부에 오른 신라의 고승

승려 무상無相이 신라 국왕의 암살명부에 오른 건 절대 우연이 아니다. 실은 그가 왕자 출신이라고 할 때부터 이 암살사건은 미리 예고되고 있었다. 『신승전神僧傳』의 기록에 따르면 "스님의 동생이 (신라) 본국에서 새로 왕이 되었으며, (왕은) 그 자리가 위태로움을 두려워하여 자객을 보내 죽이고자 했다." 『신승전』은 민간에서 유전되는 승려들의 사적을 기록한 명나라 때의 불교전적이다.

다행히 국왕의 암살 시도는 미수에 그치고 있었다. 자객은 웬 일인지 천정에서 머리와 몸이 분리되어 무상이 좌선坐禪하던 땅바닥에 떨어지는 것이다.

"무상 스님이 이인異人이라고 하니 그 무슨 신명神明이 스님을 지키고 있었을까요?" 솔직히 무상의 암살사건 이야기를 읽었다면 누구라도 머리에 떠올리게 되는 물음이다.

나한당에 있는 오백나한의 한 사람인 무상 대사(북경 벽운사)

실제로 무상은 중국불교에서 숭상하는 오백나한五百羅漢의 455번째 나한羅漢으로 모셔져 있다. 오백나한은 아라한과阿羅漢果를 성취한 5백 명의 성자聖者이다. 선종禪宗의 초조初祖인 달마達摩가 307번째 나한이며, 6조 혜능慧能은 오백나한에 포함되지 않는다.

정작 암살사건이 벌어졌던 사천성四川省 성도成都의 정중사淨衆寺에서 무상은 무명의 승려로 되어 사찰의 명부에 잘 떠오르지 않고 있었다.

"만불사萬佛寺는 이름처럼 부처의 조각상으로 유명한 곳이지요" 사천 박물관의 해설원은 이렇게 조각상만 일일이 열거하고 있었다.

만불사는 정중사의 다른 이름으로서 일찍 동한東漢 시기에 세워졌다. 남조南朝 때 안포사安浦寺라고 했고 당唐나라 때 정중사라고 불렀으며 송宋나라 때 또 정인사淨因寺라고 개명했다. 명明나라 말, 병란으로 훼손될 때는 만불사라고 불리고 있었다.

고찰은 19세기 말 성도의 만불교萬佛橋 근처에서 웬 농부의 호미에 묻어나와 마침내 볕을 보았다. 그날 농부는 신이 들렸는지 밭에서 무려 백여 존의 불상을 파냈다고 한다. 성도에서 일장 큰 파문을 일으켰다. 그 후 만불교 근처에서 또 불상 등이 발견되는데, 1950년대 초에는 한꺼번에 200여 존의 불상이 출토되었다고 한다. 2009년, 사천박물관이 정식으로 개관하며 특별히 만불사 석각관石刻館을 따로 만들었다.

"아육왕阿育王 조각상은 중국에 그리 많지 않은데요, 고고학적으로 발굴된 조각상은 우리 성도에서만 출토되었다고 합니다."

석각관의 부처상, 보살상, 삼존불… 흙으로 빚고 금칠을 올린 조각상은 해설원의 입에서 줄을 이어 나온다. 아니, 해설원의 자랑거리는 또 하

나 있었다. 세계의 첫 지폐인 교자交子는 북송北宋 시기 성도에서 탄생했
는데, 바로 정중사에서 찍어냈다는 것이다. 당·송唐·宋 시기 정중사는
장경藏經을 조각, 인쇄하는 등 상당히 높은 수준의 인쇄술을 장악하고 있
었다.

↑ 만불사 석각관에 있는 조각상

아쉽게도 무상은 석각관의 정중사에서 끝내 만나지 못했다. 정중사에서 20여 년을 수행하면서 중생을 교화했고 정중종淨衆宗의 개조開祖로 칭송되었던 무상은 기어이 석각관에 상像을 드러내지 않고 있었다. 혹여 무상은 아직도 정중사 옛터의 땅속 어디엔가 그의 형체를 감추고 있을까…

사실상 무상이 신라왕자라는 신분부터 미스터리한 부분이 있다.『신승전』은 "무상 스님은 본래 신라국의 사람이요, 그 땅 왕의 셋째 아들이라"고 전한다. 무상은 당唐나라 보응寶應 원년(762)에 79세를 일기로 원적했으니, 684년에 출생한 것이 된다. 이에 따라 신라 신문왕(神文王, 재위 681~692)의 태자라고 추정하는 사람들이 있다.

그러나 신문왕에게는 셋째 태자가 없는 걸로 전하며 무상은 성덕왕(聖德王, ?~737)의 셋째 아들이라고 하는 설이 있다. 성덕왕은 신문왕의 둘째 아들이니, 무상은 신문왕의 왕손이 되는 것이다. 어찌됐거나 선종禪宗 법통의 전승사傳承史로 일컫는『역대법보기歷代法寶記』에도 "무상선사는 속성俗姓이 김씨이요, 신라왕의 족속이다"라는 기록이 있는 걸로 미루어 무상의 신라왕족 신분은 확실한 것 같다.

시야비야를 떠나 무상의 행적은 신화 같은 이야기처럼 하나하나 모두 신비스럽다. 그의 이런 자취는『송·고승전宋·高僧傳』,『신승전』등 불교 전적의 행간에 어느 정도 드러나고 있다.

무상은 당나라 개원開元 16년(728) 바다를 건너 입당入했다. 그가 44세 되는 해였다. 장안長安에 이른 후 현종玄宗을 알현했으며, 현종은 그를 장안의 선정사禪定寺에서 수행토록 하였다. 그 후 무상은 오지의 사천성四川

省으로 옮겨가서 지선智詵 선사를 알현하며 고승 처적處寂의 문하에 들어간다.

무상의 남다른 이적異蹟은 처적 선사에게서 제일 먼저 나타난다. 무상이 도착하기 전 처적 선사는 "내일 밤에 손님이 오니 너희는 마땅히 닦고 쓴 후 기다리라"고 주변에 귀띔을 한다. 그로부터 하루 사이에 과연 무상이 도착했다. 이때 처적 선사는 무상에게 가사袈裟와 더불어 무상이라는 이 법호를 내리는 것이다.

무상은 처적 선사에게 구족계를 받은 후 혼자서 수행처修行處를 찾아나섰다. 그곳은 성도에서 서북쪽으로 약 70km 떨어진 청성산靑城山이었다. 청성산은 상고시절 황제黃帝가 선인仙人으로부터 풍운을 다스리는 술수를 전수받아 수도修道했다고 전하는 곳이다.

사실상 청성산은 도교가 발원한 산이며 또 도교 4대 명산 중 으뜸이다.

아무래도 여기서 설명을 하고 건너가야 할 것 같다. 청성산은 고대 신화에서 "청도淸道, 자미紫薇로 천제의 거소居所"라고 해서 지은 이름이다. 도교의 명산으로 이름난 것은 장릉張陵이 와서 전도를 하면서부터이다. 장릉은 본래 성도 부근의 학명산鶴鳴山에서 수도하면서 도교의 원류인 오두미교五斗米敎를 설립하였는데, 신자에게 다섯 말의 쌀을 바치게 한 데서 이 명칭이 비롯되었다고 한다. 오두미교는 일명 천사도天師道라고 하며 노자老子를 교조敎祖로 삼고, 『도덕경道德經』을 경전으로 삼는다.

잠깐, 고구려의 28대왕 보장왕寶藏王이 이 도교를 신봉했다고 고사古史가 전한다. 그 무슨 운명의 작간인지 몰라도 보장왕은 나중에 고구려가 멸망한 후 도교가 일어난 성도 근처로 유배되는 것이다.

청성산은 수・당隋・唐 시기 도교를 숭상하면서 또 '신선의 거소'로 존숭되고 있었다. 이에 따라 청성산에는 도관이 수풀처럼 일떠섰고 도인들이 구름처럼 밀려들었다.

중국 속담에는 "일산불용이호—山不容二虎" 즉 "산 하나에 호랑이 두 마리가 같이 있을 수 없다"고 했다. 당나라 초, 불교가 급속히 발전하면서 청성산에는 불교와 도교의 영역 다툼이 일어났다.

나중에 종단의 이 소송사건은 당나라 현종玄宗에게 알려지게 된다. 황제의 칙령은 "도관은 도가에 돌리고, 사찰은 산 밖에 의탁하라"는 것이었다. 그리하여 도관은 앞산인 전산前山에 있게 되었고, 사찰은 뒷산인 후산後山에 서게 되는 형국이 되었다. 그런데 조서에서 본명 '청성산淸城山'의 맑을 청淸에 물 삼수변이 없어지면서 푸를 청靑이 되었고, 산 이름도 차츰 푸를 청靑을 쓴 '청성산靑城山'으로 전해진다.

무상은 불교와 도교가 함께 만나는 청성산의 계곡에서 두타頭陀의 수행을 했다. 두타행은 출가인이 세속의 모든 욕망을 떨쳐버리기 위해 고행을 하는 수행법을 말한다. 어찌 보면 무상은 종단의 세속적인 논쟁의 복판에서 그 소용돌이를 몸으로 잠재우고 있는 듯 했다. 실제로 무상無相이라는 이 이름 자체가 바로 형상에 구애되지 않는 초연한 경지를 말한다.

무상은 좌선을 시작하면 5일을 넘기는 일이 많았다고 『신승전』이 기록하고 있다. 산에 머문 지 오래되자 옷은 해지고 머리칼은 길었다. 사냥꾼이 동물인 줄로 의심하여 활을 쏘려다가 다시 멈췄다고 한다.

⬆ 관광객이 붐비는 청성산 입구

어느 날, 맹수 두 마리가 깊은 눈을 밟고 어슬렁어슬렁 다가왔다. 무상은 맹수에게 먹이로 자기의 몸을 보시하기를 원하고 맹수 앞에 흔연히 누웠다. 맹수는 무상의 머리에서 발까지 냄새를 킁킁 맡더니 가 버렸다. 가끔 밤중에 바위의 아래로 호랑이의 털이 손에 잡히고 있었다.

"이야기가 천 년 전의 실화라고 해도 신화로 들어야 하겠네." 일행 중 누군가 이렇게 농을 했다.

하긴 청성산은 더는 청정한 수련장소가 아닌 세속의 관광명소가 되어 있었다. 평일인데도 관광객이 숲을 이뤘다. 산짐승이 있다면 지레 놀라서 천방지축 산 밖으로 달아날 것 같았다. 실제로 일행은 종일토록 청성산에서 네발 가진 짐승이라곤 다람쥐조차 만나지 못했다.

마침내 무상은 두타행의 세계에서 나와 성도에 들어온다. 현령 양익楊翌은 그의 괴이함에 의심을 했다. 무상을 추적하는 방을 붙이고 무리 20

여 명에게 명하여 잡아오도록 했다. 무리는 무상의 몸 근처에 다가서자 모두 두려워서 벌벌 떨었으며 낯빛이 변했다. 갑자기 큰 바람이 일고 돌과 모래가 관청으로 날아들었다. 장막이 펄럭이고 책이 날아갔다. 양익은 머리를 조아리면서 감히 말조차 못했다. 사죄를 하고 나서야 비로소 바람이 멎었다. 이에 무상을 옛 거소에 봉송奉送했으며 시주하는 사람들을 권유하여 정중사, 대자사大慈寺, 보제사菩提寺, 녕국사寧國寺 등 사찰을 짓게 했다. 바깥 마을에 지은 종탑 등속은 헤아릴 수 없었다.

현종은 이때 성도에서 또 한 번 무상을 만나고 있었다. 이맘때 현종은 '안사安史의 난'을 피해 성도에 있었다. '안사의 난'은 755년부터 763년까지 당나라의 절도사 안녹산安祿山과 사사명史思明이 일으킨 반란이다. 이 반란은 당나라를 쇠퇴하게 만든 전환점이다.

거두절미하고, 무상은 구법을 하러 왔던 예전의 그 무상이 아니었다. 수행을 깊이 닦았고 신자들의 존숭을 받는 고승이었다. 이에 현종은 무상을 높은 예의로 대했으며 그들의 이 상봉은 가화佳話로 사책에 기록된다.

그러나 또 있었을 법한 다른 만남은 전하지 않는다. 청성산 부근에는 세계적으로 제일 오랜 수리시설 도강언都江堰이 있다. 도강언은 2천여 년 전에 강줄기를 나누기 위한 제방과 이에 딸린 수로다. 청성산에 들어가는 길가에 있으며 청성산 못지않게 관광객이 붐비는 곳이다. 청성산에 드나드는 사람은 모두 한 사람처럼 이 도강언에 들린다.

"무상 스님도 청성산에 가시면서 도강언을 경유하시지 않았을까요?"

그런데 깜짝 놀랄 일이 일어나고 있었다. 도강언의 입구에서 떡메의

먹임 소리가 들렸던 것이다. 두 사내가 가게 앞에서 떡메를 엇갈아 휘두르고 있었다. 아니, 대륙의 오지에도 찰떡을 쳐서 먹는 풍속이 있던가?…

기실 떡판에 놓인 건 찰떡이 아니라 과자였다. 호두 씨를 엿에 버무리고 떡메로 쳐서 바삭바삭하게 만드는 것이었다.

한순간 좌중에는 웃음이 터졌다. "이거 참, 표상表象에 다들 눈이 싹 가려졌네요"

그리고 보면 눈에 보고 있는 형상은 실상인지 가상인지 구분키 어려운 오묘한 느낌을 주고 있는 것이다.

762년 5월 19일, 무상은 성도의 정중사에서 가부좌를 한 채로 홀연히 입적했다. 이때 "해와 달은 빛을 잃었고 하늘과 땅은 백색으로 변했으며… 사람들은 희망을 잃어버리고 수행자들은 의지하던 곳이 끊어졌다"고 『역대법보기』가 통탄하고 있다. 하늘을 치솟는 무상의 위상을 알려주는 서술의 일부이다.

정말이지 무상의 이름이 중국불교의 오백나한 명부에 들어간 그 이유를 이제는 잘 알 것 같다.

신라의 달이 떠오른 구화산 석굴의 비사

지장보살의 도장인 구화산에 가기 전에 뜻하지 않던 에피소드가 생겼다. 김교각金喬覺의 부친으로 추정되는 인물이 한 종족이라고 주장하는 김씨 성의 예술인을 연변 행차에서 우연히 만났다. 그의 '증명서'는 용담龍潭 김씨의 족보였는데, 이 족보는 계림鷄林의 박혁거세부터 가계를 시작하고 있었다.

"김교각은 신라 국왕의 왕자인데요, 권력다툼을 피해 중국에 건너왔다고 합니다." 김호남 씨는 그가 전해들은 이야기를 이렇게 말했다.

실은 족보에 글로 적혀 있는 이야기가 아니었다. 김교각이 한 성씨라고 알게 된 후 주변 지인들에게 귀담아 들었다고 한다. 김교각은 신라 국왕의 큰 아들이며 왕권의 미련을 벗어던지고 24살 때 당나라에 들어왔다는 것이다. 실제로 김교각이 구화산에서 남겼다고 하는 시『수혜미酬惠米』에는 그가 본디 왕자라는 구절이 나오며 청淸나라의 『전당서全唐書』

에도 김교각은 '신라국 왕자'로 출현한다. 이에 따라 김교각은 신라 제33 대 성덕왕聖德王의 큰 아들 김수충金守忠일 가능성이 높다는 설이 만만치 않다.

그러나 김교각과 동시기의 당唐나라 역사서 『구화산화성사기九化山化成寺 記』는 "신라 왕자의 김씨의 친족近屬"이라고 기록하며 또 『송·고승전宋· 高僧傳』, 『신승전神僧傳』은 "신라왕의 가까운 일가之屬"라고 기록하고 있는 등 시야비야의 논란거리가 있다.

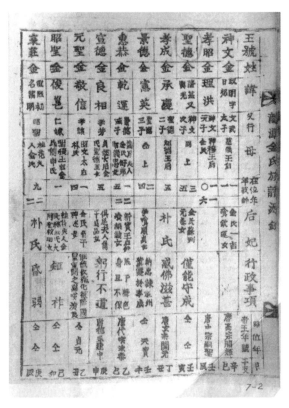

🔼 김교각과 한 성씨라고 전한다면서 김호남 씨가 내놓은 족보의 일부.

용담 성씨의 족보에 형체가 떠오르지 않듯 김교각의 주변에도 늘 실체를 밝히기 어려운 이야기가 뒤따르고 있다. 안내를 맡았던 성철聖哲 스님은 구화산 부근에 김씨 마을이 있다고 특별히 알려주는 것이었다. 성철 스님은 구화산에서 불교공부를 했고 또 구화산에서 승적僧籍을 올렸던 연변 태생의 조선족이다.

"온 마을 사람들이 김씨라고 하는데요, 그들의 족보에 따르면 1,100여 년 역사가 된다고 합니다."

정말이지 성씨는 물론 시간적으로 김교각과 아귀를 맞춘 듯 딱 떨어지고 있었다. 김교각이 일국의 왕자라면 분명 수행자가 많았을 것이며 그들의 군체는 김가촌金家村 같은 이런 촌락을 이뤘을 수 있다는 것이다.

김가촌은 옛 이름이 남계南溪이며 일명 남계고채古寨라고 하는데 구화산의 동쪽으로 수십 킬로미터 정도 떨어져 있다. 삼면이 산에 둘리고 외길로 바깥과 통한다. 원주민은 모두 김씨이지만 기실 남흉노 휴도왕休屠王의 왕자 김일제의 후예라고 한다. 대륙에서 '제일 마지막 흉노부락'인 셈이다. 촌민이 소장한 김씨 족보에서 중국 제2역사서류관의 연구원이 1998년 우연하게 발견한 사실이다.

휴도왕의 아들 김일제金日磾가 한漢나라 무제武帝 때 중신重臣으로 신임을 입어 김씨 성을 하사 받았다고 한다. 족보에 따르면 당나라 때 진사進士 출신의 김씨 후손이 안휘성安徽省에서 관직을 맡았고 그의 후손이 황소黃巢 봉기의 난을 피해 건덕현建德縣 즉 지금의 동지현東至縣에 이주하였다. 이들이 바로 남계 김씨이며 지금까지 약 70대를 이어오고 있다. 외중에 김씨의 7대조는 한나라 말 요동으로 피난한 것으로 문무왕비와 장안의 비림에서 발견되었다.

"남계 김씨는 신라인이고 나중에 족보가 위조되었다고 하던데요" 성철 스님이 이렇게 항간의 '음모'설을 전했다.

옛날 김교각의 수행자가 일부러 심산에 터전을 잡은 것도 그렇지만 그들의 후손이거나 정부가 그 무슨 남모를 원인으로 남계 김씨의 족보 자체를 위조했다는 것이다.

그러나 김교각 친속은 구화산에 오르기 전에 벌써 버젓이 나타나고 있다. 산기슭에는 김교각의 외삼촌이 살고 있었다는 이성전=聖殿이 있다. 이성전은 일명 구화묘九化廟라고 하는데, 옛날 구화산에 오르는 북쪽 등산로에 위치한다. 전하는 바에 따르면 성덕왕이 재위한 후 아들 김교각을 데려 오려고 소우昭佑와 소보昭普 두 외삼촌을 구화산에 보냈다. 청淸나라 때의 『청양현지靑陽縣志』는 두 신하라고 그들의 신분을 기록하고 있다. 그들은 김교각의 불심에 감복하여 함께 수행했다는 것이다. 속인으로서 술과 고기를 금할 수 없었던 그들은 늘 하산하여 입가심을 했다. 두 외삼촌은 지금의 구화산 이성촌에서 일생을 마감했으며, 지인들은 이들을 기념하여 이성전을 지어 기념했다. 그 후 술과 고기의 유혹을 이길 수 없었던 구화산의 승려는 늘 기회를 타서 '이성회=聖會'에 들렀다고 한다.

아무래도 구화산의 이야기를 하고 본론으로 들어가야 할 것 같다. 왜냐하면 구화산은 김교각의 명성이 높아지면서 신도들이 구름처럼 몰리고 있지만, 실은 그 전부터 벌써 빈도 승려의 이야기가 시작되고 있기 때문이다.

사실상 구화산에 제일 먼저 발자국을 찍은 반도의 승려는 신라의 김교각이 아니다. 백제 31대 왕인 의자왕義慈王 12년(652), 의각 스님이 현해탄을 넘어 일본으로 건너갔다가 잠시 후 다시 중국으로 갔다. 이때 의각 스님은 구자산九子山에서 3년 동안 수행했다고 한다. 한국의 고대 역사서 『삼국사기三國史記』는 의각 스님이 불법에 밝으며 『반야심경』을 독송하여 눈과 입에서 광채를 뿜었다고 전한다. 의각 스님은 655년 옥불과 나한을 모시고 귀국한다. 이듬해인 의자왕 16년, 의각선사는 금오산金烏山의 향천사香泉寺에 가람을 열고 대륙에서 바닷길로 모셔온 옥불상과 나한을 봉안했다. 의각 스님이 장소를 물색할 때 금까마귀가 산중턱에 날아가 물을 쪼아 먹던 곳에 바로 이 금오산의 향천사를 만들었던 것이다. 의각 스님은 뒤미처 신라의 김교각이 그의 뒤를 따라 구화산에 온 후 세상에 하도 소문이 나서 그의 산과 같은 그림자에 형체를 가리게 된 것이다.

잠깐, 이야기의 장소가 헷갈리는 것 같다. 의각 스님이 정진수행을 했던 구자산이 바로 훗날 김교각이 수도했던 구화산과 동일한 이름이다. 옛날 아홉 아기가 엄마 몸에 한데 모여 재롱을 하는 것 같다고 해서 일명 구자암九子岩의 구자산으로 불렀다고 한다. 당나라 때 시인 이백李白이 9개의 봉우리의 산의 모양이 마치 아홉 연꽃 같다고 해서 "영산개구화靈山開九化"라는 명구를 지은 후 세간에서 구화산으로 달리 불리게 되었다. 이백은 구화산 부근의 만라산萬羅山을 감돌아 흐르는 청계하淸溪河에서도 푸른 강을 노닐며 또 절세의 시구를 마취암馬嘴岩에 남겼다고 한다.

"이백이 벼루를 씻던 곳이 강기슭에 있는 진주사珍珠寺의 묵지墨池라고 합니다." 성철 스님이 하는 말이다.

　기왕 말이 났으니 망정이지 진주사는 당나라 때 세운 고찰로서 일찍 민국(民國, 1912~949) 때 전란에 의해 파괴되었다. 2003년, 성철 스님이 현지 정부의 인견으로 이곳을 찾아왔으며 고찰을 재건했다.

　이야기가 그만 또 다른 데로 흐른 것 같다. 기실 구화산의 불교의 시작에도 반도가 아니라 대륙 저쪽 천축의 명승이 나타나고 있다. 진晉나라 때의 인물이라고 하는 이 명승은 원래 그 이름이 미상이라고 불교전적 『신승전新僧傳』이 기록하고 있다. 늘 목배木杯를 타고 강을 건너서 세간에서는 배도杯渡 선사라고 불렸던 것이다. 이름처럼 신이한 행적을 많이 남겼던 배도 선사는 부용령芙蓉嶺의 기슭의 구자산 즉 구화산에 초가로 된 암자를 만들고 불교의 시초를 열어놓았다.

　당나라 개원開元 7년(719), 24살의 김교각은 바다를 건너 대륙에 왔으며 종당에는 구화산에 도착했다. 김교각은 산에 오른 후 동애봉東崖峰의 동굴에서 수련 생활을 시작했다. 이 동굴이 바로 후세 사람들이 말하는 지장동地藏洞이다. 이때 김교각은 백토白土에 쌀을 섞어 밥을 지어 먹었는데, 그의 이런 고행수도에 보는 사람마다 감동을 받았다. 이에 출자하여 구화산에 있었던 단호檀號 승려의 옛 곳에 화성사를 재건했다.

김교각은 화성사에 들어간 후 제자들을 인솔하여 물길을 만들고 황무지를 개간했다. 사찰의 주변에는 모두 볍씨를 뿌렸다. 볍씨는 필시 김교각이 당나라에 들어올 때 갖고 왔던 벼 종자 황립도黃粒稻일 것이라고 성철 스님이 말한다.

신라 하늘의 둥근 달은 신라의 하늘에만 뜨는 게 아니었다. 이때 김교각은 또 고국에서 차나무 금지다金地茶와 소나무 오채송五釵松의 종자를 갖고 왔다고 『구화산화성사기』가 전하고 있다. 김교각은 구화산 차도의 명실상부한 시조가 되는 것이다.

화성사 앞쪽의 연못은 바로 그때 만든 저수지라고 전한다. 방생지放生池라는 이름은 훗날 물고기를 공양하면 이 못에 놓아 주었기 때문이었다. 방생지의 바로 앞쪽에는 또 우물이 있었는데, 탑을 세워 '낭낭탑娘娘塔'이라고 명명하고 있었다. 전설에 의하면 김교각의 고행 소식을 접한 모친이 바다를 건너 구화산에 왔다고 한다. 모친은 울다 못해 눈이 멀었으며, 효성이 지극한 김교각은 우물의 물을 떠다가 모친의 눈을 닦았다. 그에

드디어 모친의 눈이 밝아졌으며 훗날 사람들은 이 우물을 '명안천明眼泉'이라고 이름을 지었다는 것이다.

그러나 성철 스님이 하는 이야기는 이와 달랐다. 구화산에 찾아온 사람은 모친이 아니라 김교각의 아내라는 것이다. 일각에서는 또 왕자 시절의 연인이라고 말한다. 낭낭탑의 우물에는 낭낭과 김교각의 이뤄질 수 없는 사랑 이야기가 깃들고 있다는 것이다.

정원貞元 10년(794), 김교각은 99살 되던 해 갑자기 불도佛徒들에게 고별하고 원적圓寂했다. 이때 산이 진동하고 바위가 깨졌으며 새들이 울고 화광이 치솟았다고 전한다. 열반 후 김교각의 육신은 석함石函에 보관했다. 입적한 3년 후 석함을 다시 열어보니 시신이 마치 살아있는 육신과 같았다고 한다. 구화산 최초의 등신불等身佛이었다. 비가 많고 습한 안휘성의 기후로는 이해하기 힘든 기적이었다. 불도들은 『대승대집지장십륜경大乘大集地藏十輪經』에 따라 김교각이 곧 지장보살의 시현示現이라고 인정, 석탑을 세우고 육신을 석탑에 공양하며 김지장으로 존숭했다. 김교각은 그의 평생 서원이 중생구제였는데, 이로써 마침내 지장왕地藏王 보살이 되어 중생과 영원히 함께 한 것이다. 달마達麻 대사나 육조六祖 대사에게도 없었던 보살의 칭호를 붙인 것은 유례없는 일이었다.

이때부터 구화산은 원근에 명성을 날렸으며 차츰 오대산五臺山의 문수文殊, 아미산峨眉山의 보현普賢, 보타산普陀山의 관음과 아울러 지장보살의 응화應化 도장이 되었다.

구화산은 전성기에 사찰이 5백여 개 되었다고 불교협회 관원 왕욱봉王
旭峰 씨가 말했다. 현재 구화산에는 아직 대외에 개방하지 않고 있는 후
산後山의 사찰을 포함하여 공식적인 불교장소가 99개, 승려가 600여 명
된다고 한다.

"제가 공부할 때 불교학원의 학생만 해도 80여 명 되었습니다." 성철
스님이 이렇게 덧붙였다.

이때는 사찰에서 종소리가 높던 1994년 무렵이었다. 불교학원에는 조
선족 불자도 적지 않았다. 현재 대륙에는 성철 스님처럼 사찰의 주지로
있는 조선족 승려가 여럿이다..

그러나 왕욱봉 씨가 불교협회에 오던 1979년 구화산에는 관객조차 가
뭄에 콩 나듯 했다고 한다. "입장료가 35전이었는데도 사람이 없었지요
관리처 직원의 노임이 20위안이었습니다."

그때 산 정상으로 통하는 흙길로 트랙터가 적재함에 사람을 싣고 올랐다. 아스팔트 도로가 통한 건 그 후의 1993년 무렵이며 입장료도 현재는 천정부지로 치솟아 190위안에 이르고 있었다. 구화산은 더구나 사찰과 불자보다 그 주변의 상가, 관광객으로 붐비면서 도심의 번화가를 방불케 하고 있었다.

이윽고 구화산을 떠난 후 성철 스님이 전생의 인연을 이었다고 하는 진주사에 갔다. 사찰은 옛 구화산 불국의 운치를 청정한 유곡의 숲과 물에 그리고 있었다. 정말이지 옛 감로수가 무량한 이 천년의 우물에는 아직도 신라의 둥근 달이 잠겨 있을까.

승려의 이야기에 얽힌 유사

기원전 2세기부터 기원 17세기에 이르는 약 2천년 동안 실크로드는 동·서방의 문화교류에 큰 영향을 미쳤다. 와중에 삼국(고구려, 신라, 백제)이 대륙에서 진행한 구법활동은 고대 실크로드 연선에 많은 흔적을 남겼다.

삼국의 승려는 상인들과 더불어 고대 실크로드 연안에서 활발하게 움직인 군체(群體)였다. 실크로드는 교역활동의 통로와 마당이었고 또 불교활동의 통로와 도장이 되고 있었다.

삼국의 승려가 세웠거나 다녀간 하북성, 하남성, 산동성, 안휘성, 강서성, 강소성, 섬서성, 절강성, 복건성, 사천성 등 지역의 옛 사찰 등 불교활동 장소를 지난해부터 1년 반 남짓이 답사했다. 중국 대륙의 거의 절반을 헤집고 다닌 셈이다.

삼국의 승려는 여행가였고 번역가였으며 또 민간사절이었다. 그들의 구법 역사는 한반도와 대륙을 이은 교류사 그 자체였다. 그들은 불교계만 아니라 여러 분야에 걸쳐 모두 문헌에 기록될 만한 많은 사적을 남겼다.

삼국 승려의 많은 이야기는 구법승들의 기록만 아니라 민간 전설 그리고 고대 사찰 등 유적에 나타난다. 그 중에서도 신라의 승려 이야기가 주류를 이루며 고구려와 백제 승려의 이야기는 상대적으로 아주 적다. 고구려와 백제의 구법승도 신라의 구법승 못지않게 많은 것으로 전하고 있지만 대륙에 유적과 문헌에 남긴 기록이나 전설, 이야기는 별로 없었다.

현지답사를 하면서 예전에는 잘 알지 못했던 사실과 만나게 되었다.

사찰 이름이 신라사라고 한다면 그 부근에는 신라인 집거지가 있었다. 대륙의 신라인 마을에는 그림자처럼 사찰이 따라다니고 있었다. 신라사가 있는 유적지에서 신라인 마을을 찾았을 수 있었고, 신라인 마을이 있던 유적지에서 신라사 등 고찰을 찾을 수 있었다.

이역 땅에서 살고 있던 신라인에게 사찰은 하나의 구심점이 되고 있었다.

현지답사를 하면서 예전에는 생각지 않았던 의문을 가지게 되었다.

한반도에는 6조 혜능 법사의 정상을 탈취하여 신라에 가져왔다는 설이 있다. 단지 설이 아니었다. 지리산의 쌍계사에는 혜능 법사의 정상을 모셨다고 하는 탑까지 있다. 그런데 대륙의 남부 남화사에는 혜능 법사의 진신이 모셔져 있다고 한다.

도대체 어느 게 진실이고 어느 게 거짓일까…

삼국의 승려를 따라 또 통일신라의 승려를 만났고 고려의 승려를 만났다. 옛 이야기에는 선조들의 대륙 이주사가 있었고 삼국을 지나 단군 조선이 있었다. 재발견과 발굴은 뜻하지 않는 실마리를 잡게 했으며 뜻

밖의 결론을 이끌어내기도 했다.

서토에서 대륙, 대륙에서 다시 한반도로 이어지는 옛 바닷길이 있었다. 옛 바닷길의 제일 동쪽 끝에 백의민족의 삶의 현장인 한반도가 있었다. 한반도는 분명히 고대 실크로드의 한 축이었다. 그 축의 개념을 넘어서 실크로드 동쪽의 시발점 혹은 종착지는 대륙을 지나, 해가 떠오르는 한반도에 있었던 것이다.

삼국의 승려는 한때 대륙을 종횡하면서 방방곡곡에 족적을 남겼다. 그러나 지금은 천년의 폐허에 기와 몇 조각 혹은 비문이나 지명으로 남아 있을 뿐이다. 대륙에 만들었던 삼국 승려의 찬란한 이야기는 날이 가고 달이 갈수록 희미하게 사라지고 있다.

답사를 마친 후 오히려 참담한 심정이다. 대륙에서 살고 있는 '나' 조선족의 '미래'가 투영된 '과거'를 보는 것 같기 때문이다.

'나' 조선족은 이 천년의 슬픈 윤회를 하고 있을까?
'나' 조선족의 '미래'는 정말로 '과거'의 삼국 승려일까?
'나' 조선족의 '현재'는 대륙에 아직 얼마나 남아있을까?

백년 혹은 수백 년 후에 또 누군가 대륙을 헤집고 다닐지 모른다. 그 역시 승려의 구법노선을 찾듯 조선족의 이주경로를 찾고 또 승려가 머물던 고찰을 찾듯 조선족이 살던 마을을 찾게 되지 않을까 싶다.

이 생각은 하늘이 무너질까 식음을 전폐했다고 하는 옛 사람의 쓸데없는 걱정이길 바란다. 실제로 답사를 하는 동안 이런 앞날의 우려를 가

질 겨를이 없이 발뒤축에는 늘 현실적인 근심이 묻혀서 따라 다녔다.

솔직히 기사가 모두 특정 종교와 관련한 내용이라서 신경이 곤두섰다. 주지하는 바와 같이 중국 사회에서 종교는 어찌어찌하여 민감한 사항이 되어 있다. 사실상 답사하는 과정에서 정부의 종교관리부문에 가서 인터뷰 허가를 받고 다시 오라고 하는 사찰의 중국 스님이 한둘 아니었다.

기사늘을 책으로 묶으면서 나중에 몇 줄이나 몇 단락씩 첨부한 내용들이 있다. 일부 내용이나 표현은 신문에 실을 때 일부러 쓰지 않은 것들이며 또 어떤 내용은 답사 후 비로소 관련 자료를 찾을 수 있던 것이다.

그리고 기사를 읽고 이해하기 쉽게 하기 위해 책에서는 순서를 바꿨음을 일러둔다.

부족한 기사를 연재기획물로 지면에 실어준 흑룡강신문사와 답사 시 초부터 성원해준 중국과 한국 스님 등 여러 지인들 그리고 책으로 알뜰히 묶어준 글누림출판사에 이 기회를 빌어서 거듭 고맙다는 말씀을 드린다.